WENN WÄNDE REDEN KÖNNTEN

Silke Farmer-Wichmann
Clemens Riha
Bernhard Riha

WIENER ZINSHÄUSER:
IHRE GESCHICHTE UND
IHRE GESCHICHTEN

WENN WÄNDE REDEN KÖNNTEN

K&S

Mit Fotos von Karoline Rais

Inhalt

Vorwort ... 11

Einleitung ... 12

1. BEZIRK, INNERE STADT

„Wir hatten das Kaiserhaus in Miete“
Himmelpfortgasse 13, Peter Andreas Bauer ... 19

Ein missachteter letzter Wille
Parkring 4, Palais Dumba ... 23

Schöner wohnen auf 220 Quadratmetern für 120 Euro
Dominikanerbastei 6, Ferdinand Wild ... 25

Ein 100-Millionen-Euro-Schmuckstück
Stadtpalais Liechtenstein, Bankgasse 9 ... 29

2. BEZIRK, LEOPOLDSTADT

Der letzte Rest der jüdischen Ghettomauer
Tandelmarktgasse 8, DI Dr. Valentin Weber-Wille ... 35

Der Mieter mit dem Liebesnest
Obere Donaustraße 73, Dr. Tibor Fabian ... 39

Ein Hausbesitzer und Bürger von Wien
Obere Augartenstraße 52, Gerhard Schmid ... 42

3. BEZIRK, LANDSTRASSE

Wo Jedermanns Vater das Licht der Welt erblickte
Salesianergasse 12, Dr. Michael Daghofer ... 47

„Manchmal geht es bei uns zu wie in einem Mädchen-pensionat“
Juchgasse 11, Anja Z. ... 50

Vom Offiziershotel zum Künstlerhaus
Schützengasse 25, Dr. Max Wöss 53

4. BEZIRK, WIEDEN

Wenn die Räumungsfirma keine Gnade kennt
Taubstummengasse, Dr. Johannes M. 59

5. BEZIRK, MARGARETEN

Das (ehemals) schiachste Haus der Gasse
Schlossgasse 15, Wilhelmine B. 65

Die Plastiksackerl-Frau und ihr ganz und gar unehrenhafter Mann
Ramperstorffergasse 39, Michael Walla 69

Wo man über den Dächern Wiens schwimmt
Schönbrunner Straße 111, Ing. Wolfhard Kopatschek 73

6. BEZIRK, MARIAHILF

„Eingespielt werden konnte nur nachts“
Linke Wienzeile 42, Philip S. 80

Die Tomatenfrau im Fenster gegenüber
Mittelgasse 7, Mag. Monika Gonzalez-Koss 85

Ein Erbe der Kronen Zeitung
Barnabitengasse 9, Eva-Maria Holubovsky 89

7. BEZIRK, NEUBAU

Dort, wo die Gans war
Mariahilfer Straße 56, Dr. Peter Nuschei 95

8. BEZIRK, JOSEFSTADT

Wo einst die Disco-Queen in der Badewanne trällerte
Piaristengasse 34, Martin S. 102

9. BEZIRK, ALSERGRUND

Die Tränen des Herrn Capek
Berggasse 15, Ursula Pichler 109

Der Student, der ganz ohne Geld ein Zinshaus kaufte
Dietrichsteingasse 3, Elisabeth und Conrad Heberling 113

„Zu den drei Sternen": Wo Mozart seine letzten drei Symphonien komponierte
Währinger Straße 26, DI Nikolaus Morawitz 117

Schneeschaufeln auf dem Dachboden
Van-Swieten-Gasse 16, Harald und Werner Kerck 120

10. BEZIRK, FAVORITEN

Der Amok-Ninja von Favoriten
Buchengasse, Sonja und Sabine W. 128

11. BEZIRK, SIMMERING

Das Katastrophenhaus zu Simmering
Simmeringer Hauptstraße, Franziska B. 133

12. BEZIRK, MEIDLING

Der liebestolle Einbrecher mit der Stichsäge
Bonygasse 28, DI Michael Wagner 138

Wo der Feuerteufel wütete
Wilhelmstraße 30, Thomas Mailer 141

Besser ein Miet-Ende mit Schrecken als ein Schrecken ohne Miet-Ende
Thunhofgasse 5, Margrit E. 145

Eine Dame mit zweifelhaften Absichten
Belghofergasse 41, Dr. Gabriela Weihs-Dengg 148

Das Haus mit den zwei Gesichtern
Schönbrunner Allee 49, Dr. Gedeon Perneczky 151

Ein Zinshaus mit Zwilling
Lehrbachgasse 4, Michael Winter 155

13. BEZIRK, HIETZING

Dort, wo sich auf einmal die Fassade verabschiedete
Speisinger Straße 24, Gertraude S. 161

Geometrisch spazieren gehen im eigenen Park
Speisinger Straße 73, Dr. Veronika Zwatz-Meise 164

14. BEZIRK, PENZING

Ein sehr entbehrlicher Untermieter
Hadikgasse 118, Mag. Britta Philipp 171

Als das Bett in der Nacht spazieren fuhr
Penzinger Straße 48, Wilhelmine Melzer 174

Wo der Wein baden ging
Penzinger Straße 34, Wolfgang W. 178

„Ein bisserl Glück war schon dabei“
Kienmayergasse 31, Dr. Georg und Dr. Elisabeth Morgenstern 182

15. BEZIRK, RUDOLFSHEIM-FÜNFHAUS

Die Frau, die aus dem Fenster fiel
Goldschlagstraße 49, Martin Urbanetz 189

Ein Toter in der Einfahrt und a Nackerte im G'schäft
Kröllgasse 31, Renate Waltschek 192

16. BEZIRK, OTTAKRING

Bassena-Raub im Künstlerhaus
Hasnerstraße 107, Friedrich Novopacky 199

Klingelkasten, Kirtagsbaum und k. & k.-Säbel
Lienfeldergasse 40, Ewald Lokaj 202

Schmuckkästchen mit Schönheitsfehler
Enenkelstraße 16, Dipl.-Ing. Dr. Karl-Heinz Schwarz 205

17. BEZIRK, HERNALS

„Nein, mir kommt kein Haus ins Haus"
Rötzergasse 3, Christoph T. 213

Wohnung zum Mieten gesucht – Haus zum Kaufen gefunden
Neuwaldegger Straße 59, Ludwig Larott 217

18. BEZIRK, WÄHRING

Mieter aus Tradition
Gymnasiumstraße 37, Gabriele Stockert 223

Das Haus mit der Riemenscheibenfabrik – oder vom Luxus eines zweiten Zimmers
Lacknergasse 86, Evelyn Müller 227

19. BEZIRK, DÖBLING

Wo Theophil Hansen am Werk war
Reithlegasse 10, Elfriede S. 235

Ein Zinshaus mit dem gewissen Etwas
Pyrkergasse 7, em.o.Univ.-Prof. Wolfgang Klos 239

Dachausbau mit Granate und Gerüstturner
Goltzgasse 7, Gerlinde und Hans Hörmayer 243

20. BEZIRK, BRIGITTENAU

Da, wo sie aufeinander schauen oder: der Corona-Klub
Marchfeldstraße 9, Mag. Corinna Gulder 250

21. BEZIRK, FLORIDSDORF
22. BEZIRK, DONAUSTADT

Ein Jugendstiljuwel in Floridsdorf
Leopoldauer Straße 5, Dr. Andrea Pach 258

Mister Zinshaus und sein Baby
Janis-Joplin-Promenade 26, Günter Kerbler 263

23. BEZIRK, LIESING

Ein Zinshaus zum Hochzeitstag
Elisenstraße, Johann M. 270

Kleines architektonisches Glossar 273
Danksagung 275
Biografien 276
Literaturauswahl und Quellen 279

Vorwort

Warum dieses Buch? (Bernhard und Clemens Riha)

Echt jetzt, Bernhard und Clemens, ein Buch? Ist euch wirklich so fad?“ So etwa reagierten unsere Freunde und Bekannten, wenn wir von unserer Idee erzählten, ein Buch über Zinshausbesitzer:innen und ihre Erlebnisse schreiben zu wollen. Aber was sollten wir machen? Der Weg zu diesem Buch war ein unausweichlicher. Quasi Schicksal. Nein, im Ernst: In der Immobilienbranche erleben wir so viel Unterhaltsames, Kurioses, Berührendes – teils Unfassbares, dass irgendwann der Gedanke da war: Da machen wir jetzt ein Buch daraus.

Im ersten Schritt loteten wir aus, ob vonseiten der Hauseigentümer:innen Interesse an einem solchen Projekt bestand. Wir schrieben Briefe – gefühlt 10.000 – und fragten nach. Dabei waren wir auf das Schlimmste gefasst: Vielleicht wollte ja niemand mitmachen? Ja, nun. Ehrlicherweise muss man sagen, dass es zuerst ganz danach aussah: Es hagelte Absagen. Die Reaktionen reichten von „kein Interesse“ bis hin zur Androhung einer Klage, sollten wir es wagen, uns nochmals zu melden. Aber Ablehnung gehört in unserem Business dazu und ab und zu kam ja auch eine verhalten positive Antwort à la: Vielleicht, unter Umständen, wenn wir mehr über das Projekt wüssten, machten wir eventuell mit ... Das machte Mut.

Und was dann passiert ist, wissen wir nicht so recht. Nach ein paar Wochen war der E-Mail-Posteingang voll von Nachrichten, die ausdrücklich Interesse signalisierten. Insgesamt waren es an die 200 – und damit viel, viel mehr, als wir je in unser Buch aufnehmen konnten. Jetzt wussten wir: Wir waren auf dem richtigen Weg und konnten loslegen mit dem Buchprojekt. Es blieb nur eine klitzekleine Kleinigkeit zu klären, die wir vernachlässigt hatten:

Wer schreibt es? (Silke Farmer-Wichmann)

Na, ich! Als ich von dem Projekt erfuhr, wollte ich es machen – ganz unbedingt. Ein Buch über Wiener Zinshäuser zu schreiben mit dem Fokus auf Alltagsanekdoten, das klang nach Abenteuer: nach tief tauchen und Geschichten-Perlen heben, nach Gold schürfen und Story-Nuggets finden, nach buddeln im Sand und Episoden-Schätze ausgraben – kurz: nach einem Jackpot in der Auftragsschreiberei. Perlen und Nuggets habe ich gefunden, und nicht nur in Form von Anekdoten und schönen Häusern. Vor allem die interviewten Frauen und Männer möchte ich als Schätze bezeichnen, die ihr Haus hegen und pflegen, obwohl es keine großartigen Renditen abwirft. Im Gegenteil. Viele Zinshausbesitzer:innen stecken alles, was sie herausbekommen, umgehend wieder ins Haus hinein – weil das Dach kaputt ist, das Stiegenhaus marode oder die Fassade bröckelt.

Mich hat es ziemlich überrascht, dass Zinshäuser keine Goldgruben sind, sondern eher so etwas wie Sparschweinchen, die man regelmäßig mit Münzen füttern und streicheln muss, damit sie über die Jahre ein wenig fetter werden. Und genau das machen die meisten, denn sie wollen ihr Zinshaus für künftige Generationen erhalten. Aus dem einfachen Grund, weil sie ihr Haus, das oft auch ihr Heim ist, lieben und es nicht selten selbst schon von ihren Großeltern und Urgroßeltern geerbt haben. Diese Liebe war an allen Ecken und Enden zu spüren und das machte es so schön, dieses Buch zu schreiben – ein Buch über Häuser und Menschen.

Im Übrigen haben sich Bernhard und Clemens Riha als heldenhafte Co-Autoren entpuppt mit untrüglichen Spürnasen für die Quintessenz der Geschichten und einem Hang zur Headline.

Danke, Bernhard und Clemens! Silke Farmer-Wichmann

Bitte! Clemens Riha Bernhard Riha

Einleitung

Szene eins: Ein Mann kämpft sich auf dem vollgeräumten Dachboden seines eben erworbenen Zinshauses durch das Gerümpel, das er mitübernommen hat. Er inspiziert kaputte Sofas, alte Kleiderkästen und Kisten mit Geschirr sowie Kartons mit Kinderzeichnungen, Fotos und alten Rechnungen – wertloses Zeug, soweit er das beurteilen kann. Irgendwo in einer Ecke findet er drei Ölbilder, die surreale Figuren und Landschaften zeigen. Mit Kunst hat er nichts am Hut, trotzdem nimmt er eines der Bilder mit, das ihm gefällt, und verwahrt die anderen beiden in einem schwarzen Kasten. Danach ruft er bei der Räumungsfirma an.

Szene zwei: Eineinhalb Jahre später. Der Mann sitzt in seinem Büro und empfängt einen Kunden. Als der Kunde das gerahmte Bild an der Wand sieht, ist er hin und weg. „Wahnsinn, Sie haben eine echte Maria Lassnig?!" „Maria Wer?"

Szene drei: Der Mann wartet im Büro eines Kunsthändlers auf das Ergebnis des Schätzgutachtens. Als der Experte dem Mann den Schätzwert des Ölbildes nennt, fällt der fast vom Stuhl: „Gratuliere! Dieses Bild von Maria Lassnig schätzen wir auf 250.000 Euro."

Gründerzeitluft inhalieren

Was sich wie ein Märchen oder ein Kinofilm anlässt, ist so passiert. Und es ist nur eine der Geschichten, die uns während unserer Interviews mit Zinshausbesitzer:innen untergekommen sind. Übrigens eine mit Wermutstropfen am Schluss, aber dazu später.

Beginnen wir ganz allgemein mit der Frage, was denn ein Zinshaus per definitionem ist. Im eigentlichen Wortsinn handelt es sich bei einem Zinshaus um ein Gebäude, das sich im Eigentum einer oder mehrerer Personen befindet und aus mehreren Wohneinheiten besteht, die langfristig vermietet einen monatlichen Zins erwirtschaften. Theoretisch sagt das noch nichts über Alt- oder Neubau aus. Allerdings assoziiert man mit dem Begriff Zinshaus in Österreich vor allem die mehrgeschossigen Gründerzeithäuser, die zwischen 1840 und 1918 errichtet wurden. Zwar fungieren auch weit ältere Gebäude wie barocke Palais und Vorstadthäuser der Biedermeierzeit als Zinshäuser, jedoch wurden gerade im 19. Jahrhundert, im Zuge der Industrialisierung, Tausende Zinshäuser gebaut – Mehrgeschosser, die vorwiegend im Stil des Historismus sowie ab der Jahrhundertwende im Stil des Secessionismus bis zum heutigen Tag das Gesicht dieser Stadt prägen. Und zwar facettenreich, denn die Bandbreite erstreckt sich von Zinspalästen und noblen Mietvillen über gehobene Bürgermiethäuser bis hin zu ehemaligen Arbeiterkasernen mit ihren typischen Bassenas und Gangklos. Es sind architektonisch prächtige Bauten, die in einem noch großteils geschlossenen Verband mit üppig geschmückten Fassaden Wien zu einer der historisch interessantesten Städtebauperlen Europas machen. Hier lässt sich an jeder Ecke Gründerzeitluft inhalieren. Noch.

Eine bedrohte Art

Denn so sehr der Tourist die verschnörkelten Stuckfassaden der Altbauten liebt und der Eingeborene sie als ureigenstes Habitat betrachtet – die Spezies der Wiener Zinshäuser ist heutzutage bedroht. Und damit ist nicht gemeint, dass die UNESCO das historische Zentrum Wiens im Jahr 2017 aufgrund bestimmter Bauvorhaben auf die Rote Liste des gefährdeten Erbes der Welt gesetzt hat. Nein, wir meinen damit ganz generell, dass klassische Zinshäuser als Wohnform immer mehr verschwinden. Konkret gingen zwischen 2007 und 2021 pro Jahr 150 bis 200 Gebäude vor allem durch Parifizierung, also Umwandlung in Wohnungseigentum, aber auch durch Abriss verloren. Das zeigen Erhebungen, etwa eine Studie der Österreichischen Akademie der

Haus-Ordnung

Die nachstehenden Punkte entsprechen einesteils den bestehenden Gesundheits- und Bau-Polizei-Vorschriften, für deren Durchführung die Hausverwaltung den Behörden gegenüber verantwortlich ist, andernteils betreffen sie Maßregeln für die Aufrechterhaltung der Ordnung, Ruhe, Sicherheit und Reinlichkeit im Hause, welche die Grundlage eines angenehmen Wohnverhältnisses bilden.

1. Die Mietobjekte müssen in gutem Zustande erhalten werden und dürfen nicht mehr abgenützt werden, als es der unbedingte Gebrauch derselben erfordert.

2. Zerbrochene Fensterscheiben sind sogleich auf Kosten der Mietpartei durch neue ersetzen zu lassen. Werden in den Mietobjekten einzelne Gegenstände ungewöhnlich beschädigt, so müssen diese entweder sogleich, längstens aber vor Rückgabe der Mietobjekte wieder in vollkommen guten und benützbaren Zustand gestellt werden.

3. Bauveränderungen (Ergänzungen, Umgestaltungen usw.) dürfen von der betreffenden Partei nur nach vorheriger Anzeige bei der Hausverwaltung und nur mit deren schriftlichen Bewilligung vorgenommen werden. Die Gefahr und Kosten dieser Herstellung trägt die betreffende Partei.

Nach Ablauf der Miete sind die Objekte ohne jedwede Entschädigung in dem betreffenden Zustande zu belassen oder auf Verlangen der Hausverwaltung wieder in frühere Form auf Kosten der betreffenden Partei umändern zu lassen.

Sowohl die vorher erwähnten Bauveränderungen als auch etwaige Wiederherstellung der Mietobjekte in den früheren Zustand sind auf Kosten der Partei auszuführen und bleibt der Mieter hiefür haftbar und verantwortlich.

4. Eine Neben- oder Weitervermietung des Mietobjektes oder eines Bestandteiles desselben an Untermieter darf nur mit Vorwissen und Zustimmung der Hausverwaltung geschehen.

5. Keine Partei darf ihre Wohnung an jemand anderen ohne schriftliche Vereinbarung mit der Hausverwaltung abtreten oder überlassen.

6. Harte Brettelböden und Parketten dürfen niemals gewaschen oder mit Farbe angestrichen, sondern nur mit Wachs eingelassen werden.

7. Jede lärmende Hantierung, das Klopfen und Putzen von Möbeln, Matratzen, Teppichen und dergleichen in den Gängen ist nicht gestattet. **Das Klopfen von Teppichen ist nur im Hofe oder auf dem vorhandenen Klopfbalkon in der Zeit von** 7 **Uhr Früh bis** 11 **Uhr Vormittag gestattet.** Das Verstellen des Hauseinganges, der Einfahrt des Hofes, der Gänge und Stiegen durch Gerätschaften irgendwelcher Art ist verboten.

8. Wo eine Waschküche vorhanden ist, darf nur in dieser gewaschen werden. Die Benützungsbestimmungen sind beim Hausbesorger einzuholen. Nach Benützung ist die Waschküche in gereinigtem Zustande zu übergeben.

9. Das Verkleinern des Holzes und der Kohlen darf nur im Keller oder in den Höfen auf den vorhandenen Hackstöcken stattfinden und ist **niemals im Inneren der Wohnung gestattet.**

10. Die Wasserleitungsmuscheln und Aborte müssen reingehalten und dürfen in dieselben **keine Fetzen, Knochen, Asche** und dergleichen geworfen werden.

Wenn der **Ablauf verstopft wird,** so geschieht die Ausbesserung **auf Kosten der Parteien.** Werden Gebrechen an Aborten, Gas- und Wasserleitungen oder andere Baugebrechen bemerkt, so sind dieselben sofort dem Hausbesorger zu melden. Das Einschlagen von Haken oder Nägeln in den Aborten und Badezimmern ist den Parteien nicht gestattet, da sonst die Wasserleitungsrohre leicht beschädigt werden können.

11. Die Verschwendung von Wasser ist verboten und ist besonders darauf zu achten, daß ein Überlaufen der Wasserleitungsmuscheln, Ausgüsse, Badewannen usw. nicht vorkommt.

In den **Badewannen ist das Wäschewaschen,** selbst auch nur die sogenannte kleine Wäsche **nicht gestattet** und sind dieselben reinzuhalten; auch ist das Schließen oder Verstopfen der Sicherheitsrohre verboten. Beim Anheizen eines Bades ist unter allen Umständen darauf zu achten, daß mittels des kalten Hahnes so viel Wasser in die Wanne eingelassen wird, **daß das Einlaufsieb bis zu seinem oberen Rande mit Wasser bedeckt ist.**

12. Der Hauskehricht und sonstige Abfälle sind in der im Bezirke üblichen Weise fortzuschaffen, ohne Gänge und Stiegen zu verunreinigen.

13. **Auf dem Dachboden dürfen keine feuergefährlichen Gegenstände,** keine Asche, Knochen und sonstige Abfälle aufbewahrt werden. In der Regel sind Boden und Keller versperrt zu halten. Der Schlüssel zum Boden wird nur bei Tag, jener zum Keller von 6 Uhr morgens bis 10 Uhr abends vom Hausbesorger ausgefolgt.

Das Betreten der Böden mit Licht ist **absolut nicht gestattet,** das Betreten der Keller jedoch nur dann, wenn das Licht in **verschlossener Laterne** verwahrt ist.

14. Nur mit **Bewilligung der Hausverwaltung** dürfen Doppelschlüssel für die Wohnungen gemacht werden und sind beim Ausziehen **kostenlos** abzugeben, widrigenfalls dem Vermieter das Recht zusteht, Schloß und Riegel auf Kosten der ausziehenden Partei umändern zu lassen.

15. Das Anbringen von Schildern und Anzeigen am Hause, in der Einfahrt oder in den Gängen ist nur mit der schriftlichen Genehmigung der Hausverwaltung gestattet und sind dieselben beim Ausziehen aus dem Hause sofort zu entfernen.

Auch ist das Anbringen von Kleiderrechen außerhalb der Wohnung, von Gucklöchern, Briefkasten, Sicherheitsschlössern usw. nur **mit Bewilligung** der Hausverwaltung erlaubt.

16. Vom Transporte von Klavieren, eisernen Kassen und schweren Kisten über Stiegen und Gänge **ist vorher die Hausverwaltung** zu verständigen und ist nur mit deren Einverständnis gestattet. Der Mieter haftet für den durch diesen Transport oder den anderer Gegenstände und Möbel verursachten Schaden; gleichviel, ob die Beschädigung während der Mietzeit oder beim Ein- und Ausziehen stattfindet oder stattgefunden hat.

17. Nur mit **mit Genehmigung** der Hausverwaltung dürfen Haustiere gehalten werden.

Hunde sind von der Wohnung bis zum Haustor oder umgekehrt zu tragen oder an der Leine zu führen. Die

Wissenschaften. Recherchen der GR Real zufolge gibt es zum heutigen Tag noch etwas mehr als 10.000 klassische Gründerzeit-Zinshäuser in Wien. Das entspricht einem Anteil am Gesamtgebäudebestand von nur noch etwa sechs Prozent – und stetig wird er kleiner. Die Gründe: Die Mietpreisdeckelung für Altbauten (bei Kategorie-A-Wohnungen: 5,81 Euro) macht niemanden mehr reich. Im Gegenteil. Die geringen Renditen von durchschnittlich zwei Prozent können Zinshausbesitzer:innen ganz schön in Bedrängnis bringen, wenn notwendige Sanierungen anstehen. Und wenn es dann im Haus auch noch Mieter:innen mit alten Verträgen gibt, schrumpft das, was übrigbleiben sollte, noch weiter zusammen. Freilich, den Friedenskronenzins, den Kaiser Karl 1916 für die Kriegswitwen ins Leben rief, um sie und ihre Kinder zeitlebens abzusichern, gibt es nicht mehr. Er wurde 1982 abgeschafft. Aber alte Verträge mit wertgesichertem Mietzins, die an Kinder und Kindeskinder weitergegeben werden können, sehr wohl. Da ist ein Filetieren des Zinshauses in einzelne Wohnungshäppchen manchmal die einzige Möglichkeit, ein Zinshaus lukrativ zu verwerten.

Übrigens ließ man sich auch früher Dinge einfallen. Vor 1982, als in Altbauten lediglich 1 Schilling pro Quadratmeter und Monat verlangt werden durfte, griff so manch ein Vermieter zu kreativen Lösungen, wie Prof. Thomas Malloth, Jurist, gerichtlich beeideter Sachverständiger und ehemaliger Präsident des österreichischen Verbandes der Immobilienwirtschaft erzählt: „Oft war eine nicht offizielle Ablöse zu berappen, wenn jemand eine repräsentative Wohnung mieten wollte. Eine gute Bekannte etwa hat in den 1960er-Jahren eine 200 Quadratmeter große Wohnung in der Nähe des Schwarzenbergplatzes bezogen für nur 200 Schilling pro Monat. Vorher musste sie allerdings dem Hausherrn 1 Million Schilling in bar im Stiegenhaus übergeben, das war der Deal. Für die Dame war das viel Geld, sie musste einen Kredit aufnehmen, den sie 20 Jahre lang zurückzuzahlen hatte. Aber sie wohnt heute noch dort – hoch betagt – und bezahlt immer noch diesen wertgesicherten Spottpreis, aber natürlich zuzüglich Betriebskosten und Umsatzsteuer."

Prof. Malloth meint, dass sich der Markt immer schon ein Ventil gesucht habe, um Missverhältnisse auszugleichen. Waren es damals schwarze Ablösen, seien heute neben Dachbodenausbauten, für die die Mietpreisdeckelung nicht gilt, eben Parifizierung oder der Abriss und Neubau Möglichkeiten, Renditen zu erhöhen und Gewinn zu erzielen.

Die Stadt verändert sich

So oder so verändert sich das Gesicht der Stadt. Nicht nur durch Schleifung und Neubau, auch durch Umwandlung in Wohnungseigentum wird dies nach und nach geschehen. Allein schon deshalb, weil es statt einer Person, die für anstehende Erhaltungsmaßnahmen zuständig ist, dann viele sind, die sich bei der Sanierung der Fassaden einigen müssen – und dies sicherlich zum kleinsten gemeinsamen Nenner tun.

Und nicht zuletzt wird auch an der sozialen Durchmischung geschraubt, denn im Zinshaus leben Studierende in Wohngemeinschaften genauso wie Hofratswitwen, Fabriksarbeiter:innen, Menschen, die Start-ups begründen oder ein Handwerk ausüben sowie Akademiker:innen und Freischaffende. Parifizierung reduziert die Bewohnervielfalt. Einkommensschwächere Haushalte werden von wohlhabenderen verdrängt, kleinteilige Strukturen werden aufgeweicht, die Sozialstruktur von Häusern und schließlich ganzer Grätzel wird homogener. Oder anders gesagt: Die Gentrifizierung schreitet voran.

Ob diese Entwicklung aufzuhalten ist? Wahrscheinlich nicht. Umso mehr erschien es uns wichtig, unsere Nasen hinter die Fassaden und Gemäuer der Wiener Zinshäuser zu stecken, um Geschichten auszugraben, die es wert sind, erzählt zu werden – weil sie es sind, die all den Ziegeln und dem Mörtel in unserer Stadt Leben einhauchen. Vielleicht kann das vorliegende Werk als eine Art Oral History dienen und Wiens Zinshausleben ein wenig konservieren.

Das Glas ist halb voll

Zum Schluss noch einmal zur eingangs erwähnten Geschichte. Sie ahnen es bestimmt schon: Nachdem der Mann beim Kunsthändler vom Wert seines Bildes erfahren hat, erinnert er sich wieder an die anderen beiden Gemälde auf dem Dachboden seines Zinshauses. Direttissima schlägt er den Weg dorthin ein, einigermaßen nervös, ist er doch seit dem allerersten Mal nie wieder auf dem Dachboden gewesen. Vielleicht haben die Entrümpler entgegen seiner Anordnung damals auch den alten, schwarzen Kasten entsorgt? Mit Herzklopfen schließt er die Tür auf – und kann erst einmal durchatmen: In dem ansonsten vollkommen leeren Raum steht einsam und verlassen der schwarze Kasten. Doch als er die Schranktüren öffnet, holt ihn die Enttäuschung hochhaushoch ein: Der Kasten ist leer, die Bilder, die darin verwahrt sein sollten, sind weg.

Wer sie mitgenommen hat? Alle Nachforschungen dazu sind bisher erfolglos geblieben. Zum Glück gehört der Zinshauseigentümer zu jenen Menschen, auf die das Glas eher halb voll als halb leer wirkt. „Ich bin dankbar über den umwerfenden Fund. Wer weiß schon, ob die anderen Bilder ebenfalls von Maria Lassnig stammen und wertvoll sind." Und selbst wenn: Dann hat auch jemand anderer viel Glück gehabt."

Er markiert zwar nicht die geografische Mitte Wiens, denn die liegt irgendwo am Rand des Augartens, dennoch gilt er als Mittelpunkt der Stadt, als Stadtkern, als Herzstück des ersten Bezirks, Besuchermagnet und Epizentrum von Sightseeing-Touren: Die Rede ist – no na net – vom Stephansplatz.

Kein schlechter Ort also, um unseren Spaziergang zu den markantesten, spannendsten, schönsten, kuriosesten Häusern Wiens zu starten.

Die Himmelpfortgasse und ihre Häuserperlen

Unweit vom Stephansplatz – zu Fuß etwa fünf Minuten über die Kärntner Straße Richtung Oper – zweigt linker Hand die Himmelpfortgasse ab. Benannt ist sie nach dem Nonnenkloster „Maria Porta Coeli", dessen Kirche sich bis zum Jahr 1784 an jener Stelle befand, an der heute ein roséfarbenes Zinshaus mit der Hausnummer 7 steht.

Häuser gibt es in der schmalen Straße viele, die Beachtung verdient hätten. Wir wählen daraus ein ausgesprochen schönes Gebäude – das Palais Erdődy-Fürstenberg (Nummer 13), kommen aber nicht umhin, vorab auch ein paar Worte über die besondere Umgebung zu verlieren.

Denn dass in der Himmelpfortgasse seit jeher die gute Gesellschaft wohnt oder sich ein Stelldichein gibt, ist kein Geheimnis: So wohnte Hugo von Hofmannsthal hier (auf Nummer 17), die Malerfamilie Pock (im heutigen Residenzhof, Nummer 21–23) sowie der berühmte Komponist Carl Maria von Weber (auf Nummer 14). Gedenktafeln weisen Wienbesucher dezent darauf hin.

Keineswegs dezent, weil kaum zu übersehen, ist hingegen der Barockpalast des Prinzen Eugen auf Nummer 8. Erbaut zwischen 1696 und 1724 von den beiden Wiener Barockarchitekturgiganten Johann Bernhard Fischer von Erlach und Johann Lukas von Hildebrandt, diente das Palais dem berühmten Feldherrn als Stadt- und

1. BEZIRK INNERE STADT

Die Reise beginnt

Winterresidenz. Heute ist das herrschaftliche Gebäude Teil des Finanzministeriums, aber im 18. Jahrhundert empfing Prinz Eugen dort Gesandte aus aller Welt.

Das Nobelrestaurant von Maria Theresias Leibkoch

Auch im Haus nebenan, in der Himmelpfortgasse 6, gaben sich vor 250 Jahren Persönlichkeiten von Rang und Namen die Klinke in die Hand. Denn dort, wo heute das nach eigenen Angaben älteste Kaffeehaus Wiens sein Zuhause hat, das Cafe Frauenhuber, befand sich im ausgehenden 18. Jahrhundert ein Nobelrestaurant: Jahns Traiteurie, benannt nach dem Hausherrn, dem Ungarn Ignaz Jahn, seines Zeichens Hof-Traiteur (sprich Leibkoch) bei Maria Theresia. In Jahns Lokal speiste das gehobene Bürgertum bei bester Tafelmusik; es gab zudem ein Spielzimmer und einen Salon für Tanzveranstaltungen sowie einen Konzertsaal, in dem Mozart mehrmals auftrat, ebenso wie der Geiger Ignaz Schuppanzigh. Letzterer sogar einmal gemeinsam mit Ludwig van Beethoven, dessen Quintett opus 16 in diesem Lokal uraufgeführt wurde – und zwar am 6. April 1797.

Der Ort dafür war gut gewählt, denn Beethoven war in jenen Jahren auch ein paar Häuser weiter häufig zu Gast, nämlich im eingangs erwähnten Palais Erdődy-Fürstenberg in der Himmelpfortgasse 13. Im Jahr 1806 wohnte der Komponist sogar einige Monate dort und erfreute seine Gastgeber mit spontanen Konzerten. Der Tochter des Hauses hatte er auch schon ein wundervolles Musikstück gewidmet, aber dazu später.

„Wir hatten das Kaiserhaus in Miete“

Himmelpfortgasse 13, Peter Andreas Bauer

Das Haus Nummer 13 fällt auf, zweifellos: Die hochbarocke Fassade mit den beiden Atlanten am Portal, die mit viel Körpereinsatz den Balkon schultern; der zweigeschossige Sockel mit den quadratischen Fenstern, der sich durch seine Farbgebung und das Gesims von der dreigeschossigen Oberzone abtrennt, sowie das schmucke Fürstenbergwappen über dem Mittelfenster des Balkons in der Beletage – all das wirkt alles andere als gewöhnlich.

Dabei ist der Baumeister des Palais unbekannt. Möglicherweise waren aber hier dieselben Architekten am Werk wie beim Barockpalast des Prinzen Eugen schräg gegenüber, vermutet Peter Andreas Bauer, der Hausherr des Palais Erdődy-Fürstenberg: „Es lassen sich jedenfalls zwei Stile erkennen. Experten meinen, bei der Fassadengliederung Anklänge von Hildebrandt zu erkennen, während die Atlanten am Eingang Fischer von Erlach zugeschrieben werden.“

Als Andreas Bauers Vater das Palais im Jahr 1987 von der Familie Fürstenberg kaufte, ließ er besagte Atlanten von italienischen Steinmetzen restaurieren. „Bei uns konnte das damals ja keiner", schmunzelt der Hausherr.

Ein Gemäuer mit Geschichte und viel blauem Blut

Vor dem Gebäude stehend, erläutert Peter Andreas Bauer weitere Besonderheiten des Palais: Ursprünglich als Renaissancegebäude auf den Gründen des Himmelpfortklosters errichtet, erfuhr es im Barock einige Umbauten. „Die Grundmauern gehen auf das Jahr 1400 zurück, im Keller ist noch Gemäuer im Original erhalten." Auch das Erdgeschoss, der Halbstock sowie der erste Stock zeugen noch von der ursprünglichen Entstehungsperiode und nicht zuletzt das Eingangsportal, wie Bauer sagt: „Dass der Eingang früher wesentlich schmäler war und das Barockportal quasi aufgesetzt wurde, ist daran zu erkennen, dass sich die Fenster links und rechts viel zu nah neben dem Eingang befinden. Die kleben praktisch daran."

Wann es konkret zu diesem Umbau kam, ist nicht bekannt – zumal das Gebäude mit verwirrend vielen blaublütigen Besitzern aufwartet. Im Jahr 1625 kauften etwa Paul Freiherr von Rákóczi und seine Frau Anna das Gebäude, das Anfang des 18. Jahrhunderts in den Besitz ihrer Enkelin Elisabeth sowie deren Mann Georg Graf Erdődy überging. Dessen Neffe, Georg Graf Erdődy von Monyókerék, ließ es dann um das Jahr 1720 aufstocken und gab dem Palais so seine heutige Form.

Dazwischen aber gehörte es Ende des 17. Jahrhunderts einige Jahre lang Ferdinand Gobert Graf Aspremont und seiner Frau Juliane, selbst eine geborene Rákóczi. Das ist allein schon deshalb interessant, weil zu dieser Zeit des Öfteren Julianes Bruder im Haus wohnte, und der war niemand Geringerer als der ungarische Nationalheld Fürst Ferenc Rákóczi II. Heute erinnert eine Gedenktafel an der Fassade des Palais daran, und zwar mit folgenden Worten: „In diesem Gebäude verweilte während seiner mehrmaligen Wiener Aufenthalte in den 1690er Jahren Fürst Ferenc Rákóczi II., der nachher an der Spitze des ungarischen Freiheitskampfes 1703–1711 stand."

„Das war natürlich brisant", sagt Peter Andreas Bauer. „Fürst Rákóczi hat hier mitten in Wien Ränke gegen die Habsburger geschmiedet, und das noch dazu gleich gegenüber von dem Platz, wo gerade Prinz Eugen sein Stadtpalais errichten ließ."

Ein zerbrochenes Stiegenhausfenster

Apropos Habsburger. Das ist ein gutes Stichwort – immerhin wohnte Francesca Habsburg-Lothringen

mehr als ein Jahrzehnt im Palais Erdődy-Fürstenberg. „Ja, man könnte sagen: Wir hatten das Kaiserhaus in Miete“, sagt Peter Andreas Bauer breit lächelnd. Er meint damit, dass die gebürtige Schweizerin damals noch mit Karl Habsburg-Lothringen verheiratet war, dem Enkel des letzten österreichischen Kaisers, Karl I.

Nach der Trennung von ihrem Mann im Jahr 2003 war Francesca Habsburg-Lothringen mit ihren drei Kindern in das Palais eingezogen. Sie war, wie Peter Andreas Bauer sagt, natürlich nicht irgendeine Mieterin: „Sie hat hier residiert und das gesamte Palais bewohnt und genutzt. Der Sitz ihrer Kunststiftung TBA21 war genauso hier wie die dazugehörigen Ausstellungsräumlichkeiten. Der ganze erste Stock, die Prunkräume der

Beletage, waren zu einer Art Museum umgebaut, in dem halbjährlich wechselnde Ausstellungen gezeigt wurden.“ Auch den Hof, das hofseitige Geschäftslokal sowie partiell den Dachboden nutzte die Kunstmäzenin zu Ausstellungszwecken.

Sehr viele Künstler seien im Haus ein- und ausgegangen und tolle Vernissagen gefeiert worden. „Zu einer der größten Ausstellungseröffnungen kamen einmal 2.500 Besucher an einem einzigen Tag“, erinnert sich der Hausherr, der Francesca Habsburg-Lothringen bescheinigt, wie keine andere Menschen für Kunst begeistern zu können. „Sie ist eine faszinierende Persönlichkeit. Das Jahrzehnt, in dem sie bei uns gewohnt hat, war eine besondere Zeit.“

Da machte es auch nichts, wenn einmal etwas zu Bruch ging, beispielsweise

wenn Francescas Sohn im Hof Fußball spielte. „Heute ist er 24 und Autorennfahrer, aber damals hat er gern Bälle gekickt – und das nicht zu zart. Einmal, erinnere ich mich, hat er dabei eine historische Glasscheibe mit Facettenschliff im Stiegenhaus-Aufgang eingeschossen. Aber, mein Gott, so sind halt Kinder!"

Eine Sonate wie eine Fantasie für die Fürstin in spe

Eine andere Geschichte sind wir noch schuldig geblieben. Wie eingangs erwähnt, wohnte Ludwig van Beethoven im Jahr 1806 für einige Monate in der Himmelpfortgasse 13 als Gast des damaligen Hausherrn, Joachim Egon Landgraf zu Fürstenberg-Weitra, und seiner Frau Sophia Theresia. Die Fürstenbergs hatten das Palais im Jahr 1773 von den Erdődys übernommen. Drei Jahre später kam im Haus ihre Tochter Maria Josefa Sophie zur Welt. Und ihr, der sechs Jahre Jüngeren, widmete der Komponist im Jahr 1801 seine Klaviersonate opus 27 Nr. 1 „Quasi una fantasia". Nachdem dies bereits einige Jahre vor seinem mehrmonatigen Aufenthalt im Palais Erdődy-Fürstenberg geschah, ist anzunehmen, dass Beethoven und die Fürstenbergs einander schon länger verbunden waren.

Genaueres ist dazu leider nicht bekannt. Ebenso nicht über die Beziehung der beiden jungen Leute zueinander. Aber es ist kaum anzunehmen, dass die hübsche und wohlhabende junge Frau Augen für den zwar genialen, aber doch wenig attraktiven Virtuosen hatte. Zudem war Josefa zu dieser Zeit schon verheiratet, und zwar mit Prinz Johann I. Josef von und zu Liechtenstein, dem späteren 10. Fürsten des Hauses Liechtenstein. Wahrscheinlich war die Widmung also nicht mehr als eine aufmerksame Geste an eine einflussreiche Freundin. Schließlich war Beethoven als selbstständiger Musiker auf das Wohlwollen zahlungskräftiger adeliger Eliten angewiesen.

Aber wie dem auch sei: Uns bringt diese kleine Anekdote weiter auf unserer Reise nämlich zum Stadtpalais der Fürstenfamilie Liechtenstein, wo es auch schon Landgräfin Maria Josefa Sophie zu Fürstenberg-Weitra hingezogen hatte. Zuvor aber machen wir einen kurzen Abstecher zum Palais Dumba am Parkring 4, das wir vom Palais Erdődy-Fürstenberg in sieben Minuten zu Fuß über die Seilerstätte, die Liebenberggasse und schließlich den Ring erreichen, sowie zur Dominikanerbastei Nummer 6.

Ein missachteter letzter Wille

Parkring 4, Palais Dumba

Erbaut 1865 bis 1866 nach Plänen des Architektenduos Johann Romano und August Schwendenwein für den griechisch-österreichischen Kunstmäzen, Industriellen und Politiker Nikolaus von Dumba, wirkt das fünfgeschossige Gebäude von außen hübsch, aber sicher nicht pompös. Der Fassadenluxus beschränkt sich auf zwei Balkone über dem Eingangsportal, Fensterbekrönungen und dekoratives Kranzgesims. Im Inneren allerdings glänzt das Palais mit einem von vier Steinsäulen gestützten Foyer, einem Stiegenhaus mit klassizistischer Marmorbüste (geschaffen vom Barockbildhauer Leopold Kiesling), einer dreiarmigen Treppe, die bis ins zweite Obergeschoss führt, und einem mit zwei Pawlatschengängen begrenzten, schmucken Innenhof, in dem sich auch ein einfacher Sandstein-Brunnen mit Löwenmaul findet. Dennoch: Allein dafür wäre das Palais sicher nicht berühmt geworden. Das Außerordentliche war die Inneneinrichtung, die

Kostbarkeiten en masse, beispielsweise Malereien von Friedrich Schilcher und Gustav Klimt sowie Hermenfiguren aus Marmor von Edmund Hellmer, Carl Kundmann, Rudolf Weyr und Caspar Zumbusch sowie eine Musikaliensammlung.

Zum Schauen nach Venedig

Am eindrucksvollsten dürften aber die Inneneinrichtung und die Deckengemälde von Hans Makart gewesen sein, die das Arbeitszimmer des Hausherrn schmückten. Dumba schickte den Maler und Dekorationskünstler eigens auf Inspirationsreisen: „Gehen Sie nach Venedig und thun Sie dort nichts als schauen [...] und dann machen Sie mir ein ganzes Zimmer", wies Dumba Makart an, wie im von Ludwig Hevesi verfassten Artikel „Das Heim eines Wiener Kunstfreundes" der Monatsschrift „Kunst und Kunsthandwerk" 1899 nachzulesen ist.

Die Ausbeute dieser Reisen war groß: Makart stopfte das Arbeitszimmer Dumbas voll mit Malereien, Schnitzereien, Mobiliar und Zierrat, und zwar in einem Übermaß, das wir nach heutigem Geschmack wohl kaum ertragen würden. Damals aber gefiel es und galt vielen als Nonplusultra der Wohnkultur. Wie prunkvoll Dumbas Reich war, lässt sich heute allerdings nur mehr durch alte Fotografien und anhand von Aquarellen von Rudolf von Alt nachvollziehen. Denn obwohl Nikolaus Dumba testamentarisch verfügte, dass das Interieur seines Arbeitszimmers zusammenbleiben sollte, wurde der Großteil der kunstvollen Innenausstattung 1937 im Dorotheum versteigert. Anderes, wie Klimts und Schilchers Werke, verbrannte im Zweiten Weltkrieg.

Vom Palais Dumba sind es nur drei Minuten bis zur Dominikanerbastei 6. Dazu gehen wir ein paar Schritte Richtung 2. Bezirk bis zum Traditions-Kaffeehaus Prückel, biegen dort links ab auf den Dr.-Karl-Lueger-Platz und dann nach etwa 70 Metern scharf rechts auf die Dominikanerbastei.

Schöner wohnen auf 220 Quadratmetern für 120 Euro

Dominikanerbastei 6, Ferdinand Wild

Es ist ein imposantes sechsgeschossiges Gebäude, das die Ecke Dominikanerbastei/Falkestraße ziert. Das gelb gestrichene Haus, 1906 vom Architekten Theodor Bach erbaut, hat einen zweigeschossigen Sockel, auf dem durch drei Stockwerke hindurch konvexe Erker aufbauen. Diese werden im letzten Stockwerk von einem kleinen Balkon gekrönt, dazwischen schnörkelt späthistoristisches Dekor und oben unter dem Dach Kranzgesims. Im Inneren sind vor allem das Foyer mit den marmorierten Applikationen, die Treppen-Marmorpfeiler, die Brüstung sowie die Deckenbeleuchtung ein Blickfang.

Ob es das gefällige Erscheinungsbild war, das Josefine und Leopold Kraft im Jahr 1930 dazu bewog, das

Zinshaus zu kaufen, oder ob es einfach ein Schnäppchen war, lässt sich heute nicht mehr sagen. Gewiss aber wollten sie das Geld, das ihr Wirtshaus „Kraft's Weinhaus" abwarf, gut für die Nachkommen anlegen, ist ihr Enkel Ferdinand Wild überzeugt. „So ein Gasthaus dürfte früher ein wahnsinnig gutes Geschäft gewesen sein. Immerhin haben die Großeltern zu Lebzeiten insgesamt vier Zinshäuser gekauft: Zwei in der Ullmannstraße im 15. Bezirk, eines am Radetzkyplatz im 3. und die Dominikanerbastei 6. Allerdings muss man sagen: Sie waren auch extrem fleißig!"

Der Plan der Großeltern ging jedenfalls auf; sie konnten jedem ihrer drei Kinder (Leopoldine, Hilde und Friedrich) ein eigenes Zinshaus vererben und jenes auf der Dominikanerbastei wurde gerecht gedrittelt. Viele Jahre später erhielt Ferdinand Wild, der Sohn von Leopoldine, das Drittel der Dominikanerbastei 6, während seine Schwester das Haus im 3. Bezirk bekam. Leider, so der Geschäftsmann, sei es immer ungünstig, wenn man sich Besitz teilt. Innerhalb der Familie war es noch einfach, aber mittlerweile gehören zwei Drittel einer Immobilienfirma, weil Cousin und Cousine bereits vor Jahren ihre Anteile verkauften. Wild allerdings denkt gar nicht daran, sein Drittel herzugeben, „auch wenn's mühsam ist." Aber Arbeit sei das Vermieten ja immer. Das fange schon beim Aussuchen der richtigen Hausverwaltung an.

Ein Versorgungsposten für die Gattin

„Vor Jahren hatten wir einmal einen Rechtsanwalt, der uns die Dienste seiner Frau als Gebäudeverwalterin angetragen hat. Er hat sich sehr darum bemüht, dass seine Frau beschäftigt ist. Nur: Sie wollte eigentlich nicht so recht arbeiten", berichtet Wild und lacht. „Aber Spaß beiseite. Es war wirklich ein Jammer mit der Dame: Es sind keine Erhöhungen durchgeführt worden, die Abrechnungen waren oberflächlich und so weiter."

Der schlimmste Fehler sei dann aber ihrem Mann passiert. Letztlich hatten die Eigentümer den Rechtsanwalt deswegen sogar verklagen müssen. Aber für die Geschichte müsse er ein wenig ausholen, so Ferdinand Wild. „Wir haben das Zinshaus in der Dominikanerbastei Schritt für Schritt hergerichtet. Wenn eine Wohnung frei geworden ist, haben wir einen Mieter gesucht und dann nach dessen Wünschen renoviert." Er habe dabei kräftig mit angepackt, das habe gut funktioniert. Für Sonderwünsche musste ein Aufpreis bezahlt werden, doch das Ergebnis konnte sich sehen lassen und sowohl Mieter als auch Eigentümer waren zufrieden. Klassisches Win-win. „Aber dann war bei uns irgendwann das zweite Kind unterwegs und mir ist das dann doch zu viel geworden: unsere Fleischerei, die größer werdende Familie und dann noch so nebenbei die Wohnungen herzurichten." Also habe er diesen Part abgegeben, der Rechtsanwalt sollte sich darum kümmern. Herausgekommen sei dabei allerdings in einem Fall ein Vertragskonstrukt mit nachhaltigen Folgen.

Ein Tropfen auf dem heißen Stein

„Mit einem Mieter hat der Anwalt einen Vertrag ausgehandelt, dass dieser drei Jahre lang in der Wohnung wohnen konnte, ohne etwas zu bezahlen. Erst ab dem vierten Jahr sollte er Miete berappen und in der Zwischenzeit die Wohnung renovieren", erzählt Wild und hält kurz inne. Wir ahnen: Da ist etwas gehörig danebengegangen.

„Genau", sagt Wild und nickt. „Unser Rechtsanwalt hat den Vertrag irrsinnig patschert aufgesetzt, mit dem Ergebnis, dass der Mieter drei Jahre lang nichts an der Wohnung verbessert hat und danach zum Schiedsgericht gelaufen ist. Er wollte für eine Wohnung, die immer noch Kategorie D gewesen ist, keine Kategorie-A-Miete zahlen." Unter diesem Gesichtspunkt habe er natürlich Recht bekommen. Das Schiedsgericht urteilte, dass er nur Kategorie-D-Zins entrichten musste. „Mein Cousin meinte daraufhin, dass wir den Anwalt klagen müssen für seinen Fauxpas. Und tatsächlich haben wir diesen Rechtsstreit gewonnen und 280.000 Euro zugesprochen bekommen", erzählt Ferdinand Wild. Allerdings: Das Sümmchen war lediglich ein Tropfen auf dem heißen Stein ...

„Der Riesenhaken an der Geschichte ist, dass der Mieter einen unbefristeten Mietvertrag hat. Für seine 220-Quadratmeter-Wohnung im 1. Bezirk muss er monatlich nur 120 Euro berappen. Ausziehen wird der unter diesen günstigen Konditionen nie und nimmer."

Und die Wohnung habe der schlaue Fuchs natürlich mittlerweile auf eigene Kosten wunderschön hergerichtet.

Wer jetzt noch Lust und Laune hat, einen schönen Innenstadtspaziergang zu machen, braucht etwa 20 Minuten von der Dominikanerbastei bis zur Bankgasse 9, wo das Stadtpalais der Fürstenfamilie Liechtenstein steht. Dabei führt der Weg durch so geschichtsträchtige Straßen und Gassen wie die Wollzeile (benannt nach den dort sesshaft gewesenen Wollwebern und -händlern), die Rotenturmstraße (die früher zum ehemaligen Rotenturmtor führte), die Brandstätte (namensgebend war ein Brand 1390, durch den ein freier Platz entstandenen war), die Tuchlauben (Geschäftsstraße der Tuchhändler), den Kohlmarkt (hier verkauften die Holzkohlenhändler ihre Ware), die Wallnerstraße (der ursprüngliche Name Walichstraße könnte sich von den „fremden" Händlern und Fuhrleuten ableiten, die dort vor der damaligen Burgmauer wohnten; wallisch = welsch, fremd), die Leopold-Figl-Gasse (seit 1985 zu Ehren des ersten Bundeskanzlers der Zweiten Republik benannt) sowie die Herrengasse mit ihren vielen schönen Palais.

Für jene, die schon ein wenig fußfaul sind: Mit den Öffis gelangen wir in 3 mal 3 Minuten zum Liechtensteinschen Fürstenpalais. Die ersten drei Minuten marschieren wir zum Stubentor. Dort steigen wir in die U3, die uns in weiteren drei Minuten zur Station Herrengasse befördert, von wo wir nach drei Minuten zu Fuß am Ziel ankommen.

Ein 100-Millionen-Euro-Schmuckstück

Stadtpalais Liechtenstein, Bankgasse 9

Und hier stehen wir nun vor dem Stadtpalais Liechtenstein, und bevor wir es genauer in Augenschein nehmen, schicken wir voraus: Zinshaus ist es keins. Doch als uns diese Geschichte im Zuge eines Zinshaus-Interviews zu Ohren kam, gefiel sie uns so gut, dass wir darüber berichten wollten. Zumal sie sozusagen ein Sidestep ist zu einer der nachfolgenden Geschichten. Zurück zum Augenschein: Groß ist es, keine Frage, typisch Palais eben (mit 12.000 Quadratmetern dem Majoratshaus der Fürstenfamilie Liechtenstein durchaus angemessen), und schön ist es auch in seiner barocken Gestalt mit den edlen Säulen um den Haupteingang und den Figuren, die oberhalb des Eingangsportals thronen und den Balkon der Beletage schmücken.

Wenn wir jetzt schon wüssten, was wir etwas später über den Umbau des 1705 fertiggestellten Gebäudes erfahren werden, würden wir staunen. So aber sind wir augenblicklich einfach nur erfreut über den gefälligen Anblick mit der hübsch restaurierten Fassade. Und weil zufällig Freitag ist und wir uns für eine Führung durchs Haus (empfehlenswert) angemeldet haben, bekommen wir auch einen Teil des prunkvollen Innenlebens im fürstlichen Palais zu sehen. Es ist ein imposantes Zusammenspiel an barocken Stuckdecken, ausladenden Lustern, üppigen Neorokoko-Interieurs sowie Originalmöbeln aus dem 18. Jahrhundert und – nicht zu vergessen – beeindruckend raffinierten Parkettböden von Michael Thonet, das uns da im ersten und zweiten Obergeschoss entgegenschwappt. Insgesamt ein Augenschmaus bereits vergangener Epochen.

Fünf Jahre, 16 Architekten und 1.500 Pläne

Dabei war das vor gar nicht allzu langer Zeit ein bisschen anders, wie uns DI Dr. Valentin Weber-Wille verrät. Er war einer von 16 Architekten des auf Denkmalpflege spezialisierten Büros „Wehdorn Architekten", die sechs Jahre lang unter Leitung von Univ.-Prof. DI Dr. Manfred Wehdorn die Generalsanierung des Palais begleiteten, bevor es 2013 in vollem Glanz erstrahlen konnte. Und obwohl Weber-Wille schon an vielen spannenden Projekten mitarbeiten durfte, sei das wohl sein aufregendstes gewesen. Bis jetzt zumindest, fügen wir hinzu. „Nein, nein, ich denke, diese Dimensionen waren einzigartig", wendet Weber-Wille ein. „Nur damit Sie eine Vorstellung haben: Wir haben 1.500 Detailpläne gezeichnet, ein dreigeschossiges Kunstdepot in 20 Meter Tiefe versenkt, und die Bausumme betrug 100 Millionen Euro. Das gibt's kein zweites Mal."

Herausfordernd sei auch die Restauration des fast 200 Jahre alten Thonet-Parkettbodens mit seinen hartnäckigen Verschmutzungen gewesen. „Man kann sich das nicht vorstellen: Da waren Einschusslöcher von den Russen aus dem Zweiten Weltkrieg, wo Kugeln steckengeblieben sind. Und in den Ritzen hatte sich ganz viel Wachs angesammelt, weil vor allem die Beletage mit Tausenden Kerzen beleuchtet worden war. Es gab zwar Strom im Haus, als wir mit unseren Arbeiten begannen, aber die großen Luster in den Prunkräumen waren immer noch mit Kerzen bestückt. Die gesamte Technik war auf dem Stand von 1847, da mussten wir gehörig nachrüsten. Und wie gesagt: Das Intarsienparkett war eine Sache für sich. Abschleifen war bei dem kostbaren Boden keine Option. Zuerst waren wir ein wenig ratlos, aber dann haben wir zum Glück in Deutschland eine Firma gefunden mit einer tollen Trockeneismethode." Trockeneis zur Bodenreinigung? „Ja, das ist speziell", sagt Weber-Wille. „Das Gerät dazu

sieht aus wie ein überdimensionaler Staubsauger aus den 1950er-Jahren. Dieser Staubsauger sprüht einen Hauch Trockeneis auf den Boden, der in einem zweiten Schritt sofort wieder abgesaugt wird." Fast wirke das wie ein Zauberpinsel: Quasi einmal darübergewischt und der verschmutzte, dunkle Boden leuchtet wieder wie neu, in all seinen ursprünglichen Holzfarben, ohne dass auch nur ein Millimeter von seiner Substanz abgetragen worden ist." Ein bisschen Magie also? „Irgendwie schon", nickt Weber-Wille.

Ja, es muss magisch gewesen sein. Denn auch heute noch, fast zehn Jahre nach Abschluss der Arbeiten, kann der Architekt nicht einfach so am Gebäude vorbeigehen, ohne zumindest kurz innezuhalten. „Ich glaube, das kann keiner von uns, die wir am Bau mitgewirkt haben", sagt Weber-Wille und lächelt verträumt. „Dazu war es zu einzigartig."

Das Karmeliterviertel im 2. Bezirk ist schick. Angesagt. In. Zum Wohnen wie zum Ausgehen – und kulinarisch sowieso. Gut, böse Zungen bezeichnen es als boboesk und nennen das Herzstück des Viertels, die Gegend um den Karmelitermarkt, gar Bobograd, weil sich am Markt neben den Alteingesessenen an den Wochenenden massig Hipsters, Kreative wie auch gut Betuchte tummeln. Bobos eben. Allein ... wer kann es ihnen verdenken? Wer einmal bei „Kaas am Markt" oder im „Zimmer 37" eingekauft oder gespeist hat, kommt wieder. Schlange stehen hin oder her – das Marktambiente ist multikulti und das Glaserl Wein in der „Weinschenke" zum frisch zubereiteten Premium-Burger ein Genuss.

Die Bars, Kaffeehäuser und Restaurants rundherum warten ebenso mit Gaumenfreuden auf: Zum Beispiel das Retro-Cafe in der Hollandstraße 16 mit dem treffsicheren Namen „Fett + Zucker", wo man auf 50er/60er-Jahre-Fauteuils aus Omahäferln Kaffee schlürft und Kuchen isst, der glücklich macht. Oder das Szenebeisl „Skopik & Lohn" in der Leopoldsgasse 17, das stadtbekannt ist für seine Schnitzel wie auch für das extravagante Deckengraffiti des Wiener Künstlers Otto Zitko, das einem entwirrten, schwarzen Wollknäuel ähnelt. Hier lässt es sich jedenfalls leben!

Die Metamorphose zum neuen Gesicht

Früher war das anders. Prostituierte, Zuhälter, Obdachlose. Vergammelnde Zinshäuser, Spekulanten und ein hoher Ausländeranteil – die Gegend um den Karmelitermarkt war ein richtiges Problemkind für die Stadtältesten. Mitte der 1990er setzte dann mit dem neuen Mietrechtsgesetz ein Umschwung ein, weil die Hausbesitzer nun ein wenig mehr Zins verlangen und so ihre Gebäude renovieren konnten. Aber auch die Stadt ging daran, Straßen und Plätze aufzuhübschen sowie Fußgängerzonen einzurichten, und unter dem Markt wurde eine Tiefgarage gebaut.

2. BEZIRK LEOPOLDSTADT

Ein Abstecher ins Karmeliterviertel

Das äußere Erscheinungsbild begann sich also zu wandeln und diese Metamorphose zog Künstler:innen, Kreative, Szenemenschen und Geschäftsleute magisch an. Nach gut 25 Jahren lässt sich jetzt sagen: Aus dem einstigen Verfallviertel hat sich ein Szenebezirksteil herausgeschält mit einer stattlichen Anzahl an modernen Dachausbauten, Ateliers und schicken Lofts. Kein Wunder, dass das Wohnen und Arbeiten in den Straßen und Gassen zwischen Donaukanal, Taborstraße und Augarten mittlerweile so attraktiv ist, dass die Quadratmeterpreise jene der Nachbarschaft in den Schatten stellen und die Gentrifizierung voranschreitet.

Was glücklicherweise immer noch Bestand hat und was sich wie ein roter Faden durch die Geschichte des Karmeliterviertels zieht, ist sein jüdisches Erbe. Nicht umsonst heißt die Gegend auch die Mazzesinsel – aber dazu gleich mehr.

Jetzt machen wir uns erst einmal auf den Weg und schauen uns, ausgehend vom Karmelitermarkt, wo wir einen Kaffee im Cafemima genossen haben, drei der vielen Zinshäuser dieses Stadtteils an. Unsere erste Station ist gleich ums Eck: die Tandelmarktgasse 8, wo wir DI Dr. Valentin Weber-Wille treffen. Und wem der Name jetzt bekannt vorkommt: Ja, er hat uns ein paar Seiten vorher schon übers Palais Liechtenstein erzählt. Welch Zufall!

Der letzte Rest der jüdischen Ghettomauer

Tandelmarktgasse 8, DI Dr. Valentin Weber-Wille

Wenn man vor dem Haus mit der Adresse Tandelmarktgasse 8 steht und es anschaut, dann möchte man nicht glauben, dass es vor einigen Jahren noch eine Ruine war, wie DI Dr. Valentin Weber-Wille sagt. „Als wir damals erfahren haben, dass hier Wohnungen hergerichtet und verkauft werden, war klar: Wir müssen sofort zuschlagen. So eine Chance kommt nicht wieder.“ Denn seine Frau und er hatten genau das schon länger im Visier gehabt: eine Altbauwohnung im 2. Bezirk, genauer gesagt im Karmeliterviertel, mit einem Lift im Haus und einem Balkon in den Innenhof. „Meine Schwiegermutter ist Immobilienmaklerin. Unsere Vorstellungen hat sie kommentiert mit: ‚Schön. Aber so eine Wohnung in dieser Gegend, die all das spielt, das könnt ihr euch nicht leisten!‘ Na ja, und dann kam diese Gelegenheit“, erzählt Weber-Wille und grinst. Die beiden packten also ihre Chance am Schopf und kauften die Wohnung – in ruinösem

Zustand und ohne sie vorher genauer in Augenschein genommen zu haben.

Von der Ruine zum Jugendstil-Schmuckstück

Heute ist von diesem ruinösen Zustand nichts mehr zu bemerken: Das ursprünglich vierstöckige, jetzt durch den Dachausbau sechsstöckige Zinshaus ist ausnehmend hübsch. Gebaut hat es 1910/11 Rudolf Weiser, der (wie auf www.architektenlexikon.at nachzulesen ist) einer Architektengeneration angehörte, „deren Ausbildung vom Aufbruch der frühen Moderne geprägt war" und dessen in den letzten Jahren vor dem Ersten Weltkrieg in Wien errichtete Miethäuser „neben secessionistischen Tendenzen vor allem auch dem Formenvokabular des damals aufkommenden Neoklassizismus verpflichtet sind". Nun, wir würden sagen: Das Haus kann sich wirklich sehen lassen mit seiner in mehreren Grautönen gestrichenen, einfallsreich gegliederten Jugendstil-Fassade. So schmücken sieben Säulenpilaster vom Erdgeschoss ausgehend die Beletage, während verschieden gestaltete Balkone und Balkonette die vier Hauptstockwerke behübschen, dazwischen gibt's

Dekor in Form von Gesichtern, Medaillons sowie floralen Elementen und nicht zuletzt originale Spätjugendstilfenster mit wabenartiger Ornamentik.

Kloster- und zugleich Ghettomauer

Besonderes erwartet uns auch im Innenhof des Zinshauses, und zwar ein uraltes, denkmalgeschütztes Gemäuer – eines aus dem 17. Jahrhundert, wie Weber-Wille weiß. „Es ist der letzte Rest der barocken jüdischen Ghettomauer, die zugleich die Klostermauer des Karmeliterordens bildete. Alte Pläne zeigen noch genau den Mauerverlauf in der Mitte der Karmeliter- und der Tandelmarktgasse."

Dazu ein Zeitsprung 400 Jahre zurück in die Vergangenheit. Damals regierte Kaiser Ferdinand II., der Katholische, das Heilige Römische Reich. Und obwohl er sich auf seine Fahnen geschrieben hatte, den Katholizismus hochzuhalten, behandelte er auch seine jüdischen Untertanen nicht so schlecht wie viele andere Herrscher. Im Jahr 1620 erkannte er beispielsweise ihre Gemeinschaft in Wien offiziell an. Anhaltende Proteste in der Bevölkerung zwangen den Kaiser allerdings bereits vier Jahre später dazu, die Juden aus der Stadt (damals der heutige 1. Bezirk) in die Untere Werd umzusiedeln. Das war zweifellos eine populäre Maßnahme, denn bei der Unteren Werd handelte es sich um Schwemmland der unregulierten Donau – ein Gebiet, das ohnehin nicht heiß begehrt war. Rund um diesen sumpfigen Siedlungsraum mussten die Juden zudem eine Mauer um ihre neue Heimat bauen. Einerseits war das als Ausgrenzung zu interpretieren, andererseits bot die Mauer wohl auch eine gewisse Sicherheit für die jüdische Minderheit. Denn Antisemitismus gab es schon weit vor den Nationalsozialisten.

Steine, die so viel gesehen haben

Tatsächlich konnten die Wiener Juden in der Unteren Werd keine 50 Jahre in Frieden leben: 1670 wurden sie von Kaiser Leopold I. aus ihrem Ghetto vertrieben, und zwar auf Intervention seiner Gattin Margarita Theresa, die den Juden die Schuld an ihren Fehlgeburten sowie am Tod ihres erstgeborenen Sohnes gab und die Bevölkerung gegen sie aufbrachte. Als die Juden fort waren, wurde ihre Synagoge geschleift und an deren Stelle die Kirche zum Heiligen Leopold gebaut. Seit dieser Zeit heißt das Gebiet der Unteren Werd Leopold-

stadt, ein Name, der Mitte des 19. Jahrhunderts auf den gesamten zweiten Bezirk überging.

Von all dem könnte das Mauerwerk im Hof des Hauses berichten. Es würde uns erzählen, wie die jüdische Minderheit in Wien vor 350 Jahren behandelt wurde; wie die Menschen ihr Heim verlassen mussten und nur das mitnehmen durften, was sie am Leib trugen. Und wie später die Nationalsozialisten die jüdischen Bewohner und Bewohnerinnen des Hauses abtransportierten, um sie anschließend in den Konzentrationslagern zu Tode zu quälen. Die Steine haben viel gesehen.

Weiter geht's Richtung Große Schiffgasse. Dazu marschieren wir ein paar Schritte zurück Richtung Karmeliterplatz, biegen aber gleich links in die Große Sperlgasse ein, vorbei am Ludwig-Hirsch-Platz, wo uns zwei kunstvoll gestaltete Hauswände ins Auge springen. Auf der einen prangen Original-Leuchtschriftzüge Altwiener Geschäftslokale, auf der anderen hat sich der spanische Street-Art-Künstler Zesar Bahamonte mit einem haushohen Gemälde verewigt, das Frau und Mann mit zwei Gitarren darstellt. Alte und neue Zinshauskunst in Reinkultur.

Am Ende des Parks, beim „Aperitivobeisl Madai", biegen wir wieder nach links ab in die Krummbaumgasse. (Wer Zeit hat: Im „Madai" gibt's herrliche Mittagspasta und später, ab 17 Uhr, kleine Abendteller mit saisonalem Wow-Effekt oder, wie die Homepage zu Recht verspricht: „Dinnersnackisfaction pur"). Jetzt geht's direkt am Karmelitermarkt vorbei, wo wir an der Ecke nochmals links in die Große Schiffgasse abbiegen und nach wenigen Metern vor der Hausnummer 1 stehen.

Der Mieter mit dem Liebesnest

Obere Donaustraße 73, Dr. Tibor Fabian

Ein bisschen erinnert das um 1890 erbaute Gründerzeithaus mit seiner abgerundeten, turmartigen Eckkonstruktion an den mächtigen Bug eines Kreuzfahrtdampfers. Und das passt ja bestens zur Adresse, denn das Gebäude steht an jener Stelle, wo die Große Schiffgasse im spitzen Winkel in die Obere Donaustraße mündet.

Das cremeweiß gestrichene, ursprünglich fünfgeschossige Haus mit dem grün-grauen Dachausbau hat zwar kaum noch schmückenden Fassadenstuck, denn dieser fiel einem Bombentreffer im Zweiten Weltkrieg zum Opfer und wurde anschließend nicht mehr restauriert, dennoch lässt es sich von einem Prachtbau sprechen – schon des eingangs erwähnten Halbturms wegen. In der Beletage im ersten Stock wird dieser von einem runden Balkon gekrönt und im vierten Stock von einem Mauervorsprung veredelt. Der zweistöckige Dachausbau fügt sich nahtlos in die Turmkonstruktion

Ein Hausbesitzer und Bürger von Wien

Obere Augartenstraße 52, Gerhard Schmid

Das schlicht blau gestrichene Haus in der Oberen Augartenstraße 52 wurde Mitte des 19. Jahrhunderts erbaut – im Jahr 1842 von Stadtbaumeister Ignaz Ram, um genau zu sein. Das hat der Hauseigentümer Gerhard Schmid eigens für uns recherchiert und dafür in den Familienchroniken gestöbert. „Wem es damals gehört hat, habe ich aber nicht herausgefunden“, sagt Schmid.

Macht nichts. Und es ist ja auch verständlich, schließlich dauerte es noch geschlagene 76 Jahre, bis das schmucke Frühgründerzeithaus in den Besitz der Familie des mittlerweile pensionierten Betriebswirts kam. „Mein Urgroßvater mütterlicherseits hat das Gebäude mit acht Geschäftslokalen und 18 Wohneinheiten 1918 gekauft, und zwar um 16.356 Kronen.“

Als wir uns später schlau machen wollen, wie viel Geld das denn heute wäre, werden wir auf www.eurologisch.at fündig, einer Internetseite der Österreichischen Nationalbank. Der historische Währungsrechner vergleicht den Preis eines Bündels von Gütern und Dienstleistungen im Ausgangsjahr und heute. Und da staunen wir nicht schlecht: Nach dieser Berechnung entsprechen 16.356 Kronen im Jahr 1918 etwa der heutigen Kaufkraft von gerade einmal 8.500 Euro.

Der Urgroßvater konnte von den Erträgen leben

Das ist nun wirklich nicht viel. Allerdings sind solche Berechnungen – so steht es auf der Seite schwarz auf weiß – nur als eine grobe Annäherung zu betrachten. Aber ob grob oder nicht: Gerhard Schmids Urgroßvater hatte ein gutes Geschäft gemacht, zumal 1918 gerade der erste Weltkrieg zu Ende ging, das Geld immer weniger wert wurde und Investitionen in Häuser deswegen wahrscheinlich eine äußerst gute Idee waren, wenn man es sich leisten konnte.

Gerhard Schmids Vorfahre konnte das ganz offenkundig. „Mein Urgroßvater besaß damals drei Häuser, alle in der Gegend: Eines in der Nestroygasse, eines in der Adambergergasse und in diesem hier hat er selbst gewohnt, im ersten Stock, in der Hausherrenwohnung natürlich." Im Gegensatz zu Schmids Eltern, die das Haus später verwalteten und denen Schmid zufolge kein Cent von dem blieb, was sie damit einnahmen, dürfte der Urgroßvater davon einträglich gelebt haben. „Auf seinem Grabstein stand neben seinem Namen: Hausbesitzer und Bürger von Wien", erzählt Gerhard Schmid und muss ein wenig schmunzeln.

Glück im Unglück

Seine Eltern, wie gesagt, hatten mit ihrem Hauseigentum weniger Erträge, allerdings besaßen sie durch die Erbfolge auch nur mehr einen Teil des Hauses in der Oberen Augartenstraße. Ihren Lebensunterhalt verdienten sie mit einer Autoreparaturwerkstatt inklusive kleiner Tankstelle. „Die Großeltern hatten noch ein Pferdefuhrwerksunternehmen, aber mein Vater sah seine Zukunft in der Autobranche", weiß Schmid. Der Erfolg sollte seinem Vater später recht geben.

Dass aber die Garage im Hof des Hauses überhaupt errichtet werden konnte, ist einer Fliegerbombe geschuldet, die im Zweiten Weltkrieg in ein nahe gelegenes, denkmalgeschütztes Objekt einschlug. „Was das genau für ein Bauwerk war, weiß ich leider nicht. Es war wohl ein Stück weiter weg und durch eine Grünfläche von unserem Haus getrennt. Für uns war das Glück im Unglück, denn so durfte mein Vater endlich die Grünfläche hinter dem Haus verbauen und für seinen Anbau nutzen", erzählt der Hausherr. Das stellte sich letztlich als sehr nachhaltig heraus: Mit der gutgehenden Werkstatt gelang es seinen fleißigen Eltern, etliche Wohnungen zurückzukaufen, sodass Gerhard Schmid heute drei Viertel des Hauses besitzt.

„Dafür bin ich dankbar", seufzt Schmid, der sein Dreiviertel-Zinshaus zweifellos gut in Schuss hält. Das sei eben so, wenn man selbst im Haus wohne. „Man sieht die Dinge, bevor sie passieren", sagt er und lacht. „Da bin ich selbst mein bester Hausmeister."

Das Belvedere, der Botanische Garten, das Kunst- und Hundertwasserhaus. The Mall, der Stadtpark, das Botschafts- und das Medienviertel. Der Wiener Eislaufverein, das Konzerthaus und der Herrmannstrand. Man weiß gar nicht, wo man anfangen soll im Dritten. Doch auch wir müssen uns ob der Vielfalt auf die Empfehlung beschränken, selbst eine ausgiebige Detailerkundung vorzunehmen, denn der 3. Bezirk ist ein Alleskönner: Hier lässt sich's gut essen (Ukrainisch im Elvira's, Hausmannskost im Wild, Thai-Streetfood im Krazy Kitchen), Kultur genießen (Konzerthaus, Rabenhof- und Akademietheater), aber auch ganz passabel weggehen (Arena Wien, Strandbar Herrmann, Moped).

Zum Wohnen ist aus eigener Erfahrung das Weißgerberviertel schwer zu empfehlen, doch auch andere Ecken sollen äußerst viel Wohnqualität bieten. Einflüsterer führen hierbei das Botschafts-, das Fasan- und das Rochusviertel sowie die Gegend um den Rennweg ins Treffen. Und Fläche zum Wohnen gibt es mit 7,4 Quadratkilometern genug in jenem Bezirk, der als einziger Innenbezirk über den Gürtel hinausragt.

Goodbye Historismus, hello Jugendstil!

Unseren Spaziergang machen wir im Herzen des 3. Bezirks, vom Botschaftsviertel geht's ins Rennweg-Grätzel. Dazu starten wir am Anfang des Rennwegs, wo sich rechter Hand der Gardehof alias das Untere Belvedere stadtauswärts zieht. Dem gegenüber thronen die Häuser 1, 3 und 5, die allesamt von Otto Wagner stammen und von ihm 1890, nach Abbruch des Gardespitals, im Muster Zinshaus – Palais – Zinshaus als Ensemble konzipiert wurden.

Dass die Häuser mit den Adressen Rennweg 1 und Rennweg 5 ursprünglich symmetrische Pendants waren, die das mittlere Gebäude rahmten, ist heute wegen des abgeschlagenen Dekors bei Nummer 1 kaum mehr ersichtlich.

3. BEZIRK LANDSTRASSE

Vom Botschaftsviertel ins Rennweg-Grätzel

Im Gegenteil: Verglichen mit den beiden angrenzenden Häusern wirkt das erste Haus recht unspektakulär, fast schon fad, während das angrenzende Palais den Betrachter förmlich anspringt mit seiner Jugendstilfassade, die mit üppigem Neorokoko in Form von Fruchtgirlanden und wohlgenährten Puttenpaaren verziert ist. Das Haus Nummer 5 daneben ist nicht so prunkvoll, aber auch schmuck mit den floralen Friesbändern und dem mittelständigen Schmiedeeisenbalkon. Eine Gedenktafel macht darauf aufmerksam, dass hier von 1998 bis 1909 der Komponist und Operndirektor Gustav Mahler wohnte. Nebenan im Stilmix-Palais wohnte übrigens Otto Wagner selbst mit seiner Familie. Auch sein Atelier hatte der Architekt einige Jahre dort, bis er das Haus 1903 an die Gräfin Hoyos verkaufte. Heute beherbergt es die kroatische Botschaft.

Aus kunsthistorischer Sicht markieren diese drei Häuser in Otto Wagners Gesamtwerk deutlich den Übergang vom Historismus, der ihn 25 Jahre lang prägte, zur modernen Architektur, zum Jugendstil, für den er berühmt wurde.

Weiter geht's in Richtung des ersten Zinshauses, das wir uns im Dritten genauer anschauen wollen, die Salesianergasse 12. Dazu haben wir mehrere Möglichkeiten: Entweder wir spazieren einfach den Rennweg entlang, bis links auf Höhe des Eingangs des Unteren Belvederes die Salesianergasse abzweigt, oder aber wir schlängeln uns durchs Botschaftsviertel. Nett ist beides, aber wir geben dem Schlängeln den Vortritt: Nach der Kirche zum Heiligen Kreuz zweigen wir also links ab in die Veithgasse, wo wir an zwei Schwergewichten strenghistoristischer Zinspalais (Hausnummer 11 und 9) vorbeimarschieren und dann nach rechts in die Strohgasse einbiegen. Auch dort erwarten uns strenghistorische großbürgerliche Mietshäuser, meist Viergeschosser. Nach etwa zwei Minuten können wir links in die Salesianergasse abbiegen und sind nach weiteren 50 Metern am Ziel.

Wo Jedermanns Vater das Licht der Welt erblickte

Salesianergasse 12, Dr. Michael Daghofer

Selbst wenn wir dieses Zinshaus nicht schon von vornherein ausgewählt hätten, wären wir bei einem zufälligen Spaziergang wohl hier hängengeblieben – allein schon der Fassade wegen. Denn sie leuchtet in einem Farbton, der stark an das kaiserliche Schönbrunnergelb erinnert, vielleicht nicht ganz so ockerfarben. Und typisch für den Stil des Biedermeier, verzaubert die Front durch schlichte Eleganz: In diesem Fall mit grazilen Friesbändern als Abgrenzung zwischen den einzelnen Geschossen sowie dazwischen gestreutem Palmettendekor.

Direkt vor der Haustüre erwartet uns Herr Rochla, der Inhaber der Trafik, die auf der linken Seite des Erdgeschosses untergebracht ist. Da der Eigentümer der Liegenschaft kurzfristig verhindert ist, führt uns Herr Rochla durchs Haus. Er kennt sich aus, immerhin arbeitet er seit 13 Jahren sechs Tage pro Woche hier. Im Inneren des viergeschossigen Gebäudes mit den insgesamt

neun Wohnungen springen uns gleich zu Beginn die modernen Spiegel an den Wänden des renovierten Entrees ins Auge, weil sie – raffiniert – den schmalen Eingangsbereich optisch vergrößern. Mit den schwarzen und beigen Karos des originalen Fliesenbodens ergibt das ein schönes Bild.

Ein beliebtes Fotomotiv

Natürlich ist uns beim Hineingehen an der Fassade auch eine Gedenktafel aufgefallen sowie ein Schild, das mit zwei rot-weiß-roten Fahnen geschmückt ist. Genau genommen sind wir sogar deswegen hier, aber wir haben es erst mal links liegen lassen. Als wir es beim Verlassen des Gebäudes genauer unter die Lupe nehmen, nickt Rochla und sagt: „Ja, hier ist 1874 Hugo von Hofmannsthal zur Welt gekommen."

Das Haus, in dem der berühmte Schriftsteller, Lyriker, Librettist sowie Mitbegründer der Salzburger Festspiele (Stichwort Jedermann) seinen ersten Schrei – und sicherlich auch viele weitere – getan hat, werde deshalb auch immer wieder fotografiert. Touristen gäbe es ja genug, lacht Rochla. Denn tatsächlich sei die Salesianergasse, die den Rennweg auf Höhe des Unteren Belvederes mit dem südlichsten Zipfel des Stadtparks verbindet, als Abschneider ziemlich beliebt. Rochla freut's, über zu wenig Laufkundschaft kann er sich nicht beklagen.

Mit Biedermeier-Kachelofen und Sternparkett

Das 1855 erbaute Haus kam 1972 in den Besitz der Familie Daghofer, wie uns Dr. Michael Daghofer später am Telefon verrät. „Es war – glaube ich – das erste Zinshaus, das mein Vater ersteigert oder gekauft hat. Und er hatte eine spezielle Vorliebe dafür, immerhin hatte er dort mehr als zweieinhalb Jahrzehnte lang sein Büro; und zwar im ersten Stock, genau unter jener Wohnung, die ehemals Hugo von Hofmannsthal bewohnte."

Die Beletage, in der der Dichter mit seinen Eltern auf 170 Quadratmetern bis zu seiner Heirat lebte, befand sich also im zweiten Stock. Und interessant: Bis vor etwa zehn Jahren war diese Wohnung teilweise noch in recht urtümlichem Zustand mit einem runden Biedermeier-Kachelofen, den schon die Hofmannsthals beheizten, sowie dem Originalfußboden, einem Sternparkett, auf dem der Dichter wandelte. Als 2012 die langjährige Mieterin auszog, galt es, eine Entscheidung zu treffen, so Daghofer: „Wir haben dann beschlossen, die Wohnung einer Generalrenovierung zu unterziehen. Den Kachelofen zum Beispiel haben wir Stück für Stück abgebaut und bewahren ihn nun auf. Aber der Sternparkettboden war nicht mehr zu retten. Ich habe geheult, als er herausgerissen wurde."

Da der Fußboden so schlimm ausgesehen hatte, wollte Daghofer auch die Tramdecken anschauen lassen, ob diese nicht angemorscht waren, aber siehe da: alles bestens. „Mir kam dann die Idee, auf eine Fußbodenheizung umzusatteln. Und jetzt gibt's keine klobigen Heizkörper mehr, dafür viel Wärme von unten und ein klassisches Fischgrätparkett." Zudem punktet die Hofmannsthal'sche Wohnung mit zwei Toiletten sowie einem großen und einem kleinen Bad. Anpreisen muss man sie allerdings nicht, sie ist seit Langem wieder vermietet. „Bei uns zieht auch so schnell niemand aus. Wir haben beständige Mieter."

Die Frau, die ständig ihr Auto suchte

Zurück nun zu Herrn Rochla und seinem Geschäft. Eine Trafik im Haus zu haben, stellen wir uns fein vor. Auch die Hausbewohner dürften dieser Meinung sein, denn sie kaufen gern bei Herrn Rochla ein. „Das Übliche: Zeitungen, Parkscheine, Zigaretten", so der Trafikant. Und gerade bei Stammkunden bleibe einem die eine oder andere Episode im Gedächtnis, wie etwa von der Dame, die ständig vergaß, wo sie ihr Auto abgestellt hatte. „Wissen Sie, ich kann das so gut nachvollziehen. Ich habe lange keinen Garagenplatz gehabt und das Auto in der Gegend abgestellt. Und wenn man da nicht wie ein Haftlmacher aufpasst und sich merkt, wo man es parkt, sucht man abends wie blöd in den umliegenden Gassen."

Genauso war es auch bei besagter Dame, die mittlerweile weggezogen sei. „Nicht nur einmal hat sie bei mir reing'schaut und mir ihr Leid von der Autosucherei geklagt", sagt Rochla und muss ein wenig schmunzeln. „Besonders schlimm war's in dem einen Winter, wo es so viel geschneit hat. Da waren die Autos dick mit Schnee zugedeckt – teils auch vom Schneepflug –, da hast weder Farbe noch Marke gesehen. Wie ein aufgescheuchtes Huhn ist sie da einmal durch die Gassen gelaufen. Später hat sie mir erzählt, dass sie bei x Autos den Schnee heruntergewischt und -gekratzt hat, um zu schauen, ob es ihres ist. Schließlich hat sie zehn Minuten lang eins ausgeschaufelt, um dann zu merken, dass es doch nicht ihres ist."

Zum Glück habe sie ein paar Tage später wieder darüber lachen können, und letztendlich habe die Episode auch einen Lerneffekt bei ihr gehabt, so Rochla. „Ab diesem Zeitpunkt war sie aufmerksamer und hat sich gemerkt, wo sie ihr Auto abgestellt hat."

Als Nächstes wollen wir in die Juchgasse, und dazu marschieren wir die Salesianergasse zurück Richtung Unteres Belvedere. Sie ist wirklich eine hübsche Gasse mit einer Reihe frühhistoristischer Viergeschosser, die durch ihre geraden Fensterverdachungen und in ihrer Schnörkellosigkeit schön einheitlich wirken. Kurz nachdem die schmale Gasse ein wenig breiter wird, biegen wir nach links in die Jaurèsgasse, wo wir nach 250 Metern direkt vor der mit ihren Zwiebeltürmchen sehr sehenswerten russisch-orthodoxen Kathedrale zum heiligen Nikolaus stehen. Gleich daneben ist ein Übergang über die Bahntrasse, der uns direkt auf die andere Seite in die Linke Bahngasse bringt. Geradeaus weiter kommen wir nach wenigen Schritten zur Ungargasse. Dort drehen wir uns nach rechts, gehen ein paar Schritte in Richtung Station Rennweg und biegen links in die Juchgasse ein. Vor allem nordseitig ist die biedermeierlich-frühhistoristische Verbauung von 1841 bis 1860 überwiegend erhalten. Das Haus, das wir uns anschauen wollen, die Juchgasse 11, ist allerdings wesentlich jünger.

„Manchmal geht es zu wie in einem Mädchenpensionat“

Juchgasse 11, Anja Z.

Von außen wirkt es unscheinbar mit seiner gelben, schmucklosen Fassade und den braun umrandeten Fenstern – ein Haus, wie es viele gibt in Wien. Dem klassischen Zinshaus entspricht es aber nicht, weder in seinem Ursprung noch in seiner Verwendung. Es ist eher so, dass das Haus in der Juchgasse 11 eine gewisse Sonderstellung im Buch einnimmt: Die einzelnen Wohneinheiten sind 18 bis 25 m^2 groß, bestehen aus Zimmer, Küche, Bad und Klo und die Mieter oder – korrekterweise – Mieterinnen wechseln meist in wöchentlich wiederkehrendem Rhythmus.

Kurz und gut: Bei der Juchgasse 11 handelt es sich um ein Mietshaus, das ganz auf das älteste Gewerbe der Welt ausgerichtet ist – es ist ein Laufhaus. Aber nicht irgendeines, wie die Besitzerin Anja Z. betont. Es handelt sich dabei um das allererste Haus in Wien, das ganz offiziell die Widmung „Prostitution“ erhielt, und zwar schon in den 1970er-Jahren, als es erbaut wurde. Das verrät die junge Frau, als wir uns in einem der Apartments im 1. Stock zusammensetzen. Die Wände sind hier fliederfarben gestrichen, die Einrichtung erinnert stark an ein modern eingerichtetes Hotelzimmer; von Schmuddeligkeit keine Spur.

Aus dem Plan mit dem Ärztewohnheim wurde nichts

Anja Z.s Vater kaufte das aus 25 Wohneinheiten bestehende sechsstöckige Gebäude im Jahr 1990, um es zu sanieren und in ein Ärzte- und Schwesternwohnheim für das nahe gelegene Spital, die Rudolfstiftung, zu verwandeln. Die Gespräche und Verhandlungen mit dem für Immobilen zuständigen Ansprechpartner des Krankenhauses liefen gut. „Aber dann ging der Zuständige für dieses Projekt in Pension und mit seinem Nachfolger zerschlug sich der Plan“, erzählt Z. und zuckt die Schultern: Wie das halt so ist.

„Mein Vater war kurz einmal ratlos deswegen, aber dann hat er sich gesagt: ‚Okay, wenn daraus nichts wird, dann bleibt eben das drin, was schon drin war‘.“ Daraufhin sanierte und modernisierte der aus St. Pölten stammende Geschäftsmann das Gebäude und gründete eine Betreiberfirma, die sich in das Haus einmietete.

Diese Firma des Vaters gibt es auch heute noch, 30 Jahre später. Das Geschäft läuft, sozusagen. Das Haus aber gehört mittlerweile Anja Z. und ihrem Bruder. „Mit dem operativen Geschäft haben wir aber nichts zu tun“, stellt sie klar. Zimmer vergeben, Papiere und Arbeitserlaubnis kontrollieren und dergleichen, das ist alles Sache der Betreiberfirma. Allerdings habe sie auch kein Problem mit der Sache an sich.

Im Gegenteil. Ein bisschen möchte Z. mit dem schlechten Image von Laufhäusern aufräumen. „Viele denken, dass die Frauen in Laufhäusern ausgebeutet werden. Aber die Damen, die bei uns ihre Zimmer mieten, sind alles Selbstständige, Geschäftsfrauen.“ Es gebe keinen Zuhälter und niemanden, der ihnen sage, dass und wann sie arbeiten müssten. „Wenn hier jemand einfach eine Woche Urlaub macht, ist uns das auch gleich. Wir stellen nur die Räumlichkeiten zur Verfügung und sorgen für Sicherheit mit Security-Personal, das im Notfall einschreiten kann.“ Das sei im Mietpreis inbegriffen.

Zickereien bringen die Eigentümerin nicht aus der Fassung

Auf die Frage, was sie so erlebe mit den Bewohnerinnen ihres Hauses in einem Geschäft wie diesem, muss Z. schmunzeln. „Wahrscheinlich viel weniger Aufregendes, als Sie erwarten würden. Ich bin mir fast sicher, dass es mit den Mietern in normalen Zinshäusern mehr Probleme gibt.“ Die Geschäftsfrau betont, dass im Haus auf Diskretion Wert gelegt werde, und anscheinend wisse sich die Kundschaft zu benehmen.

Für den Fall der Fälle hätten die Damen dennoch ein Armbändchen mit Sicherheitsknopf, der, wenn man ihn drückt, das Security-Personal auf den Plan ruft. „Etwa zweimal pro Jahr kommt das vor“, erzählt Z. und zwinkert, als sie weiterspricht: „Und dann ist es entweder ein Versehen oder die Dame möchte wissen, wie sie die neue Klimaanlage einstellen kann. So was in der Art.“

Das einzig Nennenswerte seien die Zickereien unter den Damen, etwa wenn sich zwei wegen eines Mannes in die Haare kommen. „Dann geht es bei uns zu wie in einem Mädchenpensionat. Die eine beschuldigt die andere, dass der Kunde eigentlich ja zu ihr wollte, aber offensichtlich schon in einem unteren Stockwerk zur anderen abgebogen ist, weil diese ihn abspenstig gemacht hätte."

In der Regel habe das keine gravierenden Auswirkungen, die Securitys seien auch in dieser Hinsicht geschult und würden kalmieren. „Und nachdem die Bewohnerinnen in der nächsten Woche ohnehin erst einmal in die nächste Stadt wechseln, können sich die beiden Streithennen auch aus dem Weg gehen." Das klappe bei einer echten Nachbarin, die im selben Haus wohnt, wahrscheinlich weniger gut, meint Z. Es komme allerdings vor, dass der Streit nachhaltig wirke. „So manch eine Dame erkundigt sich telefonisch, wenn sie ein Zimmer bucht, ob eh eine gewisse andere nicht auch zur selben Zeit da sein wird." Z. zuckt lächelnd mit den Schultern. So sei das eben, wenn so viele Frauen unter einem Dach wohnten.

Wir können das zwar nicht beurteilen, nehmen es aber einmal so als Lebensweisheit mit auf unseren Weg zum nächsten und letzten Zinshaus im 3. Bezirk, zur Schützengasse 25. Dazu spazieren wir etwa 150 Meter die Barmherzigengasse entlang, die ihren Namen dem ehemaligen Rekonvaleszentenheim der Barmherzigen Brüder verdankt. Wer sich das schmucke, etwa um 1780 erbaute und ein Jahrhundert später von Theodor Hoppe umgestaltete Gebäude in der Barmherzigengasse 8 ansehen will, muss ein paar Schritte zurück Richtung Barichgasse gehen. Es lohnt sich: Das hübsche zweieinhalbgeschossige altrosa Haus hat einen flachen dreiachsigen Mittelrisalit, dessen Portal und Fenster im oberen Stock von Putzbändern gerahmt werden; zur Barichgasse hin hat die Fassade einen Dreiecksgiebel und ist noch hübscher. Aber genug davon – wir wollen ja in die Schützengasse. Dazu müssen wir also die Barmherzigengasse hinunter, bis sie auf die Eslarngasse trifft, und biegen dort rechts ab. Nach weiteren 150 Metern oder drei Minuten normaler Gehzeit zweigen wir rechts auf die Klimschgasse ab, zwei Minuten später machen wir einen Schwenker nach links auf die Boerhaavegasse, wo wir nach etwa einer Minute rechts in die Schützengasse einbiegen. Nun sind es nur mehr ein paar Schritte bis zur Nummer 25.

Vom Offiziershotel zum Künstlerhaus

Schützengasse 25, Dr. Max Wöss

Säulen, Pilaster, Hermen, Baluster, dekorative Fenstergiebel und ebensolches Kranzgesims – das 1886 erbaute Zinshaus in der Schützengasse 25 strotzt nur so vor Hochgründerzeitästhetik. Doch hinter der schönen, in hellem Beige gehaltenen Fassade steckt weit mehr, als man vermuten würde, und zwar heute wie auch schon vor vielen Jahren, wie der Eigentümer Dr. Max Wöss erzählt. „Das Gebäude war im Ersten Weltkrieg ein Offiziershotel." Das klingt spannend, auch wenn wir zugeben müssen, von so etwas noch nie gehört zu haben. Dr. Wöss grinst: Ja, das sei auch für ihn ein unbekannter Begriff gewesen, damals in den 1960er-Jahren, als sein Vater das Haus kaufte. „Aber alte Pläne haben uns eine Idee davon gegeben, wie es einmal ausgeschaut haben muss im Haus. Da sind Mannschaftszimmer eingezeichnet; auf jedem Stockwerk zwei ganz große. Später wurden diese aber anscheinend in einen vorderen kleineren und einen hinteren größeren Raum abgeteilt", so Wöss. Im Keller befand sich laut Plan passenderweise ein Pferdestall. „An den Wänden kann man heute noch erkennen, wo die Tränken aufgehängt waren." Ein Zinshaus als Militärunterkunft mit Pferdepension sozusagen.

Ein bisschen Militärgeschichte

Im Buch von Rolf M. Urrisk-Obertyński „Wien. 2000 Jahre Garnisonsstadt" werden die Gebäude der Schützengasse 25–29 gar als ehemalige Kaserne bezeichnet; und zwar als Nagler- oder Schützenkaserne. Uns gegenüber erläutert Prof. Urrisk-Obertyński, Experte für Militärgeschichte, was es damit auf sich hat: „Man darf sich darunter keine Kaserne im eigentlichen Sinn vorstellen. Zu Beginn des Ersten Weltkriegs hat es in Wien an Möglichkeiten gemangelt, die mobilgemachten Verbände aufzustellen und marschfähig zu machen. Daher ist auf zivile Einrichtungen zurückgegriffen worden, die man behelfsmäßig als Kaserne adaptiert hat."

Und genau das trifft eben auf die drei 1877, 1882 und 1886 als Wohngebäude und Schuppen errichteten Gebäude des Johann Nagler zu (daher der Name). Wobei nur mehr das Wohnhaus existiert und dort, wo die Schuppen standen, mittlerweile längst ein Gemeindebau thront. „Die Gebäude sind in den ersten Kriegsjahren von der Landwehr-Feldkanonen-Division Nr. 13 und der Ersatz-Batterie des Feldartillerie-Regiments Nr. 22 genutzt worden." Der Experte weiß zudem, dass später hier das Wiener Scharfschützenkorps eingezogen sei; daher rühre wiederum die Bezeichnung Schützen-Kaserne.

Und die Pferde? Die seien aus Platzgründen meist im Keller untergebracht gewesen, so Urrisk-Obertyński, denn klar: Im Parterre parkten in aller Regel die Wagen und Kutschen. Wobei sich Dr. Wöss sicher ist, dass die Gespanne auch ins Untergeschoss gefahren sind. Die Anordnung von Hof, Haus und Keller mit der Zufahrt ließe darauf schließen. „Vielleicht sind hier auch Pferde getränkt worden, die anderswo untergebracht waren.“ Quasi eine Pferdetankstelle.

Kunst im Hinterhof

Doch zurück in die Gegenwart. In dem Haus, das bis vor zwei Jahren auch die Firma des Hausherrn beherbergte, einen Großhandel für Sieb- und Tampondruck, wohnen aktuell neben Max Wöss einige Familienmitglieder sowie zwei reguläre Mieter. Zudem gibt es im Erdgeschoss Räumlichkeiten, die an Psychotherapeuten vermietet sind, und, nicht zu vergessen, die ganz besonderen Mieter im Hinterhaus: eine Künstler-Community, die recht unverhofft den Weg ins Haus fand, erzählt der Sohn des Hausherrn, Max Wöss junior:

„Als wir die Firma meines Vaters aufgelöst haben, hat es hier einiges an Equipment gegeben, das wir nicht mehr brauchten. Im Zuge des Verkaufs habe ich einen Künstler kennengelernt, Udo Bohnenberger, der einen unserer Planschränke kaufen wollte. Wir sind so ins Plaudern gekommen und dabei hat sich herausgestellt, dass sich unser Hinterhaus bestens für Ateliers eignen würde.“

Systemaufstellung einmal anders

Bohnenberger kannte einige Kollegen, die gerade auf der Suche nach entsprechenden Räumlichkeiten waren. Als erstes zog Sebastian Koch ein, ein Vorarlberger Maler mit internationalem Ruf. Weitere folgten, mittlerweile sind sie zu sechst. „Wir verstehen uns prächtig“, sagt die Medienkünstlerin Susanne Schuda. Zwischendurch, wenn jemand Ablenkung vom eigenen künstlerischen Treiben braucht, wird zum Beispiel Tischtennis gespielt oder gequatscht. Kollege David Postl, dessen Bilder unter anderem schon in Prag und London bei Ausstellungen gezeigt wurden, greift gerne zur Gitarre. Das entspannt und inspiriert.

Schuda wiederum arbeitet aktuell an ihrem Projekt mit dem Namen „Late Night Group Therapie“, eine interdisziplinäre serielle Show, die im Wiener WUK läuft und auch auf Okto ausgestrahlt wird. „Ich lade dazu Wissenschafter:innen und Expert:innen ein, die zu gesellschaftspolitischen Themen Systemaufstellungen machen.“ Das passt, denn die Künstlerin ist auch psychologisch-systemische Beraterin. „Bei mir verbindet sich alles“, freut sich Schuda. Grund dazu hat sie. Das Format ist intelligent und lustig und wird nächstes Jahr noch weiter ausgebaut.

„Es läuft“, sagt Schuda. Die Kunst aus der Schützengasse 25 ist gefragt.

Auch im 4. Bezirk gibt es zu viel, das man besichtigen oder besuchen sollte: den Otto-Wagner-Pavillon, das Wien Museum, die Kunsthalle, die Elisabethkirche, das Schikaneder, das Theater Akzent und vieles mehr. Zudem gibt es unzählige Galerien, Buchhandlungen und hippe Läden, Restaurants und Bars. Aber alles kann man sich nicht anschauen, schon gar nicht im Rahmen eines Zinshaus-Stadtspaziergangs.

Weil die Möglichkeiten so vielfältig sind, haben wir unseren Spaziergang unter ein Motto gestellt: die k.-&-k.-Tour. Wobei die beiden Ks mehr für Kaffee und Kuchen stehen denn für kaiserlich-königlich. Allerdings nicht nur ...

An diesem Tag treffen wir uns in der Schleifmühlgasse, beim Naschmarkt. Die Schleifmühlgasse haben wir ausgesucht, weil sie nicht nur eine der ältesten Gassen Wiens ist, sondern auch eine der schönsten mit ihrer vorwiegend spätgründerzeitlichen Verbauung. Zugegeben: Wir haben auch ein Faible für die Rösterei „Alt Wien Kaffee", genauso wie für die „Vollpension", die beide in dieser Gasse beheimatet sind.

Zu den drei Kronen

Zuerst einmal ein paar Worte zu dem Schmuckstück von späthistoristischem Gründerzeithaus, das hier direkt an der Ecke Schleifmühlgasse/Rechte Wienzeile thront. Es ist das Hotel „Drei Kronen". 1894 von Ignaz Drapala erbaut, beeindruckt das Eckhaus mit seiner Hauptfassade zur Wienzeile hin durch Riesenpilaster, barockisierende Fensterumrahmungen sowie ausgeprägte Gesimse. Die Gebäudemitte hat der Architekt mit einer tief eingeschnittenen Loggia betont, die über zwei Etagen reicht und mit Balkonen verziert ist. Dem Dachgesims dachte Drapala einen dreieckigen Vorsprung zu, den wir so noch nirgendwo gesehen haben. Im Relieffeld über den Erdgeschossfenstern sind die namensgebenden drei Kronen zu sehen:

4. BEZIRK WIEDEN

Ein bisserl k. & k. oder:
die Kaffee-und-Kuchen-Tour

die Stephanskrone, die Rudolfskrone und die Wenzelskrone der ... ja, der k.-&-k.-Monarchie (ha!).

Nett ist auch die Geschichte des Hauses, das auf dem Gelände einer ehemaligen Waffenschleif- und Poliermühle errichtet wurde (so kam wohl die Gasse zu ihrem Namen). Aber weder Hotel noch Zinshaus sollte es sein, sondern ein Verlagshaus für den Wiener Mode Verlag, der die Zeitschrift „Wiener Mode" herausgab und eine eigene Druckerei im Gebäude beherbergte. Zur damaligen Zeit war die „Wiener Mode" ein bedeutendes Magazin, vergleichbar mit der heutigen Vogue, für das sogar der Jugendstil-Künstler Koloman Moser als Illustrator arbeitete. Allerdings ging Moser nur ein paar Jahre im Haus aus und ein, denn schon um 1900 zog der Verlag um und das Gebäude wurde in ein Mietshaus umgewandelt. Ein paar Jahre später fand es schließlich seine Bestimmung als Hotel, das nun seit mehr als einem Jahrhundert Gäste aus aller Welt willkommen heißt.

Das Haus gleich nebenan, die Schleifmühlgasse 23, ist ebenfalls späthistoristischen Ursprungs und wurde 1896 von den Architekten Ludwig Schöne und Franz Fröhlich erbaut. Mit seinem Spitzbogenportal, der Portalvorhalle mit Gitter und seinem altdeutsch-neogotischen Dekor steht es allerdings in krassem Gegensatz zum vorher Beschriebenen. Aber das ist eben Historismus – mal barock, mal gotisch und dann wieder klassizistisch oder romantisch. Neben seinem gefälligen Äußeren hat es noch einen großen Bonus: Im Erdgeschoss befindet sich die Rösterei „Alt Wien Kaffee". Unser Termin ist nur wenige Gehminuten entfernt in der Taubstummengasse.

An der „Vollpension" können wir nicht vorbeigehen, ohne zu erwähnen, dass es hier die besten Mehlspeisen der Stadt gibt. Wer Lust hat auf Kuchen nach Großmutters Art, ist hier genau richtig, zumal dieser an Ort und Stelle frisch von den Omas und Opas zubereitet wird. Das grüne Eckhaus, in dem sich die „Vollpension" befindet (Schleifmühlgasse 16), wurde übrigens 1914 erbaut „von Otto Richter und Leopold Ramsauer für die Gemeinnützige Aktiengesellschaft für Kleinwohnungen". Damit gilt es praktisch als Vorläufer des städtischen Gemeindebaus.

Kaffeegenuss mit Ausblick

Weiter geht's ein paar Minuten die Schleifmühlgasse hinunter, bis diese auf die Favoritenstraße trifft, und hier müssen wir gleich einen doppelten k.-&-k.-Tipp loswerden: In dem straßenseitig so unspektakulären Neubau mit der Adresse Favoritenstraße 7 befindet sich das „Carl Ludwig Café", ein weißes Schild mit schwarzen und blauen Lettern weist darauf hin. Wer Zeit hat, sollte hineingehen – Kaffee- und Kuchen-Aficionados werden es jedenfalls nicht bereuen und Liebhaber schöner Bauwerke auch nicht.

Schon beim Hineingehen empfängt den Gast Kaffeeduft, was auch kein Wunder ist, stammen doch die Bohnen aus Wiens besten Röstereien. Als süße Begleitung empfehlen wir einen Cruffin, eine Mischung aus Croissant und Muffin, mit Zimt-Zucker-Füllung (Nuss und Schoko gibt's auch). Kalorientechnisch wahrscheinlich ein Super-GAU, aber einer mit Endorphingarantie.

Aber wir haben von einem doppelten Tipp gesprochen: Wenn es die Jahreszeit erlaubt, sollte man geradewegs durch das Café hindurchspazieren und im Gastgarten Platz nehmen. Denn hinter dem Neubau-Straßentrakt befindet sich – wer hätte das gedacht – das Palais Erzherzog Carl Ludwig mit einem zuckersüßen begrünten Ehrenhof inklusive kleinem Springbrunnen. Et voilà: Das zweigeschossige Schlösschen, das 1780 von Adalbertus Hild errichtet und später mehrfach umgebaut wurde, etwa von Heinrich Ferstel, trägt am mittleren Dachgiebel das Wappen Habsburg-Lothringen – also Kaffee und Kuchen k. & k. ...

Nun genug der süßen Sucht. Wir gehen noch ein paar Schritte die Favoritenstraße Richtung Süden entlang, bis linker Hand die Taubstummengasse abzweigt, denn hier wollen wir hin.

Wenn die Räumungsfirma keine Gnade kennt

Taubstummengasse, Dr. Johannes M.

Das elegante, cremefarben gestrichene Spätgründerzeithaus (das anonym bleiben soll) mit Ansätzen von Jugendstildekor passt gut in die Taubstummengasse: Viele Zinshäuser hier in der teilweise sehr schmalen Verbindungsgasse zwischen Argentinierstraße und Favoritenstraße sind geschmackvoll renoviert und in gutem Zustand. Besagtes Zinshaus jedenfalls wurde im Jahr 1912 errichtet und ist seit rund 60 Jahren in Besitz von Familie M.

„Mein Vater hat das Haus Ende der 1950er-Jahre erworben. Er war damals 30 Jahre alt und hat rund um die Uhr im väterlichen Betrieb mitgearbeitet", erzählt der heutige Eigentümer der Liegenschaft, Dr. Johannes M. Das Herz seines Vaters schlug allerdings für etwas ganz anderes als das Familienunternehmen, wie der Sohn verrät: „Er war ein leidenschaftlicher Hobby-Kunsthistoriker. Alles an Büchern und Zeitschriften zu dem Thema, das er sich irgendwie beschaffen konnte, hat er verschlungen. Besonders für den Jugendstil hatte er ein regelrechtes Faible."

Schon in jungen Jahren hatte M.s Vater angefangen, Mobiliar aus dieser Zeit zu sammeln. Viele Stücke davon hat er selbst restauriert, ganz autodidaktisch. „Und als sich die Möglichkeit ergab, ein entsprechendes Zinshaus zu erwerben, hat er nicht gezögert", erzählt M. Mit der Unterstützung von M.s Großvater schlug er zu und war fortan Besitzer eines Zinshauses, und zwar eines besonders schmucken. „Die gute Grundsubstanz des Gebäudes war ein Glücksfall, da musste nicht viel gemacht werden. Es gab sogar schon einen Lift eingebaut, den wir erst vor einigen Jahren haben neu machen lassen müssen", erzählt M.

Träume von Afrika

Die allgemeinen Agenden des Hauses überließ M.s Vater einer Hausverwaltung, neue Mieter auszusuchen, bereitete ihm aber Freude, und so engagierte er sich in diesem Bereich sehr, sagt sein Sohn: „Er hat immer darauf geschaut, dass die Leute zum Haus passen. Ein guter Beruf und ein ernsthaftes Interesse an einem langfristigen Mietverhältnis waren ihm wichtig, sicher auch mit dem Hintergrund, dass er sich keine Zinsfälle antun wollte."

Freilich gab es auch schon Mieter im Haus, als M.s Vater das Objekt kaufte. Unter anderem war gerade ein frisch verheiratetes Ehepaar eingezogen gewesen – gut situierte Leute. „Er war Bankdirektor und sie hat sich vorwiegend um sein Wohl gekümmert und karitative Aufgaben übernommen. Zumindest haben das meine Eltern so erzählt." M. selbst kann sich noch gut an das Paar erinnern, das die größte und schönste Wohnung im Haus bewohnte, während M.s Eltern als Eigentümer einige Jahre nur eine der kleineren Wohneinheiten bezogen und später dann, als M. in die Volksschule kam, nach Hietzing in ein Haus übersiedelten.

Die herrschaftliche Wohnung im 2. Stock passte zum Bankdirektor und seiner Gattin. „Die zwei waren immer sehr vornehm und gut gekleidet. Sie haben auch viele Reisen unternommen. Einmal haben sie eine Safari in Afrika gemacht, das weiß ich noch genau. Denn als sie heimgekommen sind, habe ich sie im Aufzug getroffen und da haben sie mir erzählt, dass sie Zebras, Giraffen und ein Löwenrudel gesehen haben." Als Kind habe das seine Fantasie wahnsinnig angeregt. „Ich habe wochenlang von wilden Tieren in der afrikanischen Savanne geträumt", erzählt M. und lacht.

Pension gegangen war, gestorben ist, habe ich erst viel später erfahren. Das war damals, als ich wieder zurück in Wien war und mir meine Eltern die Agenden des Hauses übertragen haben. Seine Gattin hat von dieser Zeit an, als ihr Mann gestorben ist, sehr zurückgezogen gelebt in ihrer 285 Quadratmeter großen Wohnung. Sie und ihr Mann waren immer ein Herz und eine Seele. Sie brauchten niemanden und hatten auch keine Kinder."

Als sie vor wenigen Jahren starb, trat niemand das Erbe der betagten Dame an. Es gab keine Eintrittsberechtigten und auch sonst keine Verwandten, die sich um das Hab und Gut der Mieterin kümmerten. „Nach etwa einem halben Jahr hat die Hausverwaltung die Räumung der Wohnung veranlasst. Zuvor habe ich einen Blick auf das Wohnungsinventar geworfen. Und siehe da: Das waren lauter alte, schöne Jugendstilmöbel. Kostbares Mobiliar. Hätte mein Vater noch gelebt, er hätte wahrscheinlich sofort sagen können, wie wertvoll das alles war", erzählt M.

Er habe daraufhin einen Schätzgutachter vom Dorotheum kommen lassen, der feststellte, dass es sich um Original-Stücke des berühmten Architekten und

Eine Wohnung mit höchst exquisitem Inventar

Mit diesen Mietern, oder besser gesagt mit der Ehefrau des Bankiers, verband M. auch noch eine kuriose Geschichte. „Ich habe als junger Mann lange Jahre im Ausland gelebt. Dass der Bankier kurz, nachdem er in

Designers Josef Hoffmann handelte, der zusammen mit Koloman Moser die „Wiener Werkstätte“ begründet hatte. Den Wert der Möbel schätzte der Gutachter auf 600.000 bis 800.000 Euro.

Glück im Unglück

Unglücklicherweise kam die Räumungsfirma in der Zwischenzeit ihrem Auftrag nach – durch einen dummen Zufall ein paar Tage früher als abgemacht – und nahm sich unbemerkt von Hausverwaltung und Hauseigentümer der Möbel an, und zwar im typisch ungnädigen Räumungsstil: Die Kostbarkeiten wurden herumgeschubst und achtlos übereinandergestapelt. „Die Hälfte der Möbel war so stark beschädigt, dass man sie nicht mehr retten konnte“, erinnert sich der Hausherr. Eigentlich wollte M. gerade einen Italienurlaub antreten, aber sein Bauchgefühl leitete ihn an diesem Tag nochmals in die Wohnung.

Und das war Glück im Unglück: „Einen Tag später wäre das gesamte Inventar von der Räumungsfirma zerstört worden. So konnte ich immerhin noch Stücke im Wert von 300.000 Euro retten.“

Zu allererst: Der 5. Wiener Gemeindebezirk kann mit einem Superlativ sowie einem Alleinstellungsmerkmal punkten. Denn Margareten ist mit einer Fläche von 201 Hektar und rund 54.000 Einwohnern so dicht besiedelt wie kein anderer Bezirk Wiens – hier pulsiert sozusagen das Leben der Stadt wie sonst nirgends, zumindest, was das Wohnen angeht. Und was das Alleinstellungsmerkmal betrifft, so ist es der einzige Bezirk zwischen Ring und Gürtel, der nicht an die Innenstadt grenzt. Zugegeben: Dieses Wissen verhilft vermutlich zu keinem fulminanten Auftritt in der Millionenshow, aber interessant ist es trotzdem, dass Margareten im Jahr 1861 vom 4. Bezirk abgespalten wurde und sich so alle Bezirksgrenzen verschoben.

Das Aussehen des Bezirks ist jedenfalls divers: Zum Gürtel hin sprießen Gemeindebauburgen aus seinem Boden (Wiens erster Gemeindebau, der Metzleinstalerhof, wurde 1916 bis 1925 in Margareten errichtet); doch abgesehen von den zweckmäßigen Wohnkomplexen, blühen hier auch viele architektonische Schönheiten. Die Zeinlhofergasse beispielsweise wird gern als schönste Gasse Wiens bezeichnet – und das zu Recht. Die spätgründerzeitlichen Häuser sind allesamt aus einem Guss: Entworfen und erbaut 1885/86 vom Architektur-Atelier Fellner & Helmer, das vor allem die Mittelteile der straßenseitigen Fassaden aufwendig gestaltete und darauf achtete, dass die jeweils gegenüberliegenden Gebäude miteinander harmonieren. Die zusätzlich üppig bepflanzten Vorgärten geben der Sackgasse ein pittoreskes Erscheinungsbild. Ohne lang herumzufackeln: Wir vergeben für die Zeinlhofergasse das Prädikat „sehenswert" und empfehlen einen Abstecher dorthin.

Der Margaretenhof – Zinshausbau mit Cottage-Flair

Das Duo Hermann Helmer und Ferdinand Fellner zeichnet im Übrigen für eine Vielzahl bekannter Bauwerke in Wien verantwortlich, etwa für das Volkstheater,

5. BEZIRK MARGARETEN

Querbeet durch den am dichtesten besiedelten Bezirk

das Ronacher, etliche private Prachtbauten wie das Palais Albert Rothschild, das Palais Wessely (beides 4. Bezirk) sowie das Springer-Schlössl (12. Bezirk), aber auch für die Universitätssternwarte (18. Bezirk) und, nicht zu vergessen, für den Margaretenhof. Das denkmalgeschützte Wahrzeichen des 5. Bezirks ist mit seinen 116 Wohnungen eines der größten Zinshäuser späthistoristischer Zeit.

1981–1984 stilgerecht saniert, besticht der 1884 erbaute Margaretenhof nicht nur durch seine Größe, sondern auch durch sein besonderes Erscheinungsbild. Zum Platz hin sieht er mit seinen Ecktürmen aus wie eine kleine Burg, aber wer genauer hin- und rundherumschaut, entdeckt: Hier trifft Zinshausbau auf Cottage-Flair in Wohnhof-Form. Denn hinter dem Hauptblock sind die Bauteile durch eine Allee verbunden und die einzelnen Trakte schließen Zierhöfe mit ein.

Vom Margaretenhof aus starten wir den Spaziergang zu unserer Auswahl an interessanten Zinshäusern – Häusern mit Geschichte(n). Den Anfang macht die Schlossgasse 15, die nur wenige Schritte entfernt ist vom Margaretenplatz. Dazu spazieren wir die malerische Hofgasse entlang, die eine Biegung nach rechts macht und dann nach einer weiteren Biegung nach rechts in die Schlossgasse mündet. Dominiert wird diese kleine Straße vom sogenannten Epsteinhaus (Schlossgasse 14). Das ehemalige Geschäftsgebäude von „Bothe & Ehrmann", einem der wichtigsten Möbelproduzenten der österreichisch-ungarischen Monarchie, wurde 1912/1913 von Ernst Epstein erbaut. Der erfolgreiche Architekt und Baumeister, der neben vielen Zinshäusern und exquisiten Villen auch für das Looshaus (Michaelerplatz 3, 1010) mitverantwortlich zeichnet, hat mit dem Gebäude in der Schlossgasse ein Jugendstil-Juwel erschaffen, das seinesgleichen sucht. Also: Fotoapparat nicht vergessen!

Gegenüber dem Epsteinhaus befindet sich unsere erste Station, ein ehemaliges Fuhrwerkerhaus mit Hufschmiede – die drei geschmiedeten Hufeisen über dem Eingang zeugen noch heute davon.

Das (ehemals) schiachste Haus der Gasse

Schlossgasse 15, Wilhelmine B.

Wie so viele andere Gebäude, stellt auch die Schlossgasse 15 auf den ersten Blick ihr Licht unter den Scheffel. Denn von außen betrachtet, buhlt das altrosafarbene Josephinische Vorstadthaus aus dem 18. Jahrhundert mit seinem regulären Obergeschoss und dem Dachausbau kaum um die Aufmerksamkeit der Spaziergänger und Touristen. Dabei ist der gepflasterte Innenhof des Vierkanters mit seinen hellen Fassaden, den grünen Fenstern und Türen ein kleines Schmuckstück. Überall stehen Blumentöpfe mit blühenden Pflanzen und an einer Front überzieht das satte Grün von Wildem Wein das Gemäuer – es ist traumhaft schön!

Doch das war nicht immer so, wie Wilhelmine B. sagt. Ganz im Gegenteil. „Das Haus habe ich im Jahr 1990 gekauft. Damals war es eine Ruine. Zwar bewohnt, aber trotzdem eine Ruine", erzählt die Hauseigentümerin. Ihre Tante habe ihr die Adresse mit den

Worten beschrieben: Es ist das „schiachste“ Haus in der Schlossgasse. „Was soll ich sagen?“, fragt sie und ergänzt schmunzelnd: „Ich hab das Gebäude auf Anhieb gefunden.“

Von der Hundeliebhaberin zur Zinshausbesitzerin

Als Frau B. erzählt, wie sie zu ihrem Haus gekommen ist, sitzen wir im Garten ihrer Villa in der Jagdschlossgasse im 13. Bezirk (dort ist es ruhiger, denn in der Schlossgasse wird nebenan gebaut). Es ist eine grüne Oase mit ein paar Nadel- und Obstbäumen sowie einer 150 Jahre alten Eiche; dazwischen blühen bunte Blumen, und im kleinen Springbrunnen plätschert das Wasser. Es ist einer jener Frühlingstage, an denen die Sonne ihre noch zarten Strahlen nach einem ausstreckt – ringsum zwitschern die Vögel und ein Eichhörnchen kommt zu Besuch. Kaum zwei Meter neben uns schnappt es sich eine Nuss und springt leichtpfotig davon. „Ich füttere es, darum ist es so zutraulich“, verrät Wilhelmine B.

Dass sie Natur und Tiere liebt, liegt auf der Hand. Nicht zuletzt führte sie diese Liebe zum Haus in der Schlossgasse, wie sie sagt. „Ich bin verrückt nach Hunden. Meine Tante hat mich eines Tages angerufen und gesagt, ihr Bekannter aus dem Burgenland sei wieder in Wien und habe seinen neuen Hund mitgebracht, einen jungen Setter.“ Mehr musste Wilhelmine B. nicht wissen, um sich aufzumachen zum „schiachsten“ Haus in der Schlossgasse. Dort angekommen, habe sie sich allerdings nicht nur in den Setter verliebt, auch das Haus hatte es ihr angetan. „Wie gesagt, es war abschreckend baufällig.“ Aber sie habe gespürt, dass es besonders sei und sie es haben müsse – nur war das gar nicht so einfach.

Probleme noch und nöcher

Angefangen hatte es gut: Die Besitzerin war laut Grundbuch schnell ausfindig gemacht und freute sich über die Aussicht, das Haus verkaufen zu können. Aber dann schaltete sich ein Anwalt ein, der behauptete, seine Frau sei von der greisen Hausbesitzerin testamentarisch als Erbin eingesetzt. „Testament habe ich nie eines gesehen, aber er hat geklagt und letztlich haben wir uns auf einen Vergleich geeinigt." Frau B. konnte nun das Haus erwerben – die erste Hürde war genommen.

Das war 1990. Zeitgleich mit dem Kauf wurde das Gebäude unter Denkmalschutz gestellt. „Dadurch wurde die Sanierung mühsamer, die Auflagen waren strenger. ‚Aber sei's drum', hab ich mir gedacht. ‚Der Baum ist ja auch ein Naturdenkmal, soll das Haus halt auch seinen Schutz haben'", erinnert sich B.

„Welcher Baum?", fragen wir nach. „Da stand ein großer Maulbeerbaum im Hof. Er war vermutlich ein Abkömmling jener Maulbeerbäume, die für die Seidenspinnereien im 18. Jahrhundert gepflanzt wurden. Aber letztes Jahr haben wir ihn verloren. Er ist kaputt gegangen." Sie kramt ein paar Fotografien vom Innenhof mit Maulbeerbaum hervor. Und tatsächlich: Der nahe an der Hausmauer gepflanzte Baum war denkmalwürdig, anders kann man es nicht ausdrücken. Der untere Teil seines Stamms bahnte sich im 45-Grad-Winkel quer über die Breitseite des Hofs, damit der obere Teil schön mittig dem Himmel entgegenwachsen konnte – mit dem Ergebnis, dass seine Äste über das Gebäude hinausragten und sein grünes Blätterdach dem Hof Schatten spendete.

Dass er nicht mehr ist, daran war die Sanierung schuld, sagt die Hauseigentümerin. „Die Wurzeln hätten von der Baufirma besser geschützt werden müssen. Das hat im Nachhinein ein Sachverständiger festgestellt. Er war der Meinung, der Baum wird schon nach zwei Jahren sterben. Dabei hat er noch 20 Jahre ausgehalten – immerhin." Wie alt der Baum war, weiß niemand. Vielleicht wurde er bereits zu Zeiten Maria Theresias eingesetzt, als in Margareten und anderen Vorstädten Wiens Maulbeerbäume in größeren Beständen angepflanzt wurden als Futter für die Seidenraupen. Weiße Maulbeerbäume können jedenfalls mehrere hundert Jahre alt werden. „Ein Jammer", seufzt die Hausherrin, „aber leider ist bei den Sanierungen so einiges falsch gelaufen. Darüber könnte man ein ganzes Buch schreiben."

1,8 Millionen Schilling zu viel verrechnet

Freilich: Fehler passieren, und wo gehobelt wird, da fallen Späne. Aber bei den vierjährigen Sanierungsarbeiten fielen eindeutig zu viele Späne, findet Wilhelmine B. „Insgesamt bin ich auf 1,8 Millionen Schilling gekommen, die mir von den Handwerkern zu viel verrechnet wurden." Sie habe immer alles genau nachgeprüft. „Ich glaube, dass manche dachten: ‚Die Frau kennt sich eh nicht aus!'" Aber mit dieser Haltung verbrannten sich einige Firmen die Finger. „Ich bin achtmal geklagt worden und musste achtmal vor Gericht, weil ich die Rechnungen, die mir falsch vorgekommen sind, nicht gezahlt habe."

Es war aber auch zu dreist, was sich einzelne Baufirmen erlaubten. Beispielsweise sollten laut

Vorschreibung alle Kamine erneuert werden. Das hieß: Putz abschlagen, neu patschokieren und streichen. „So stand das auch auf der Rechnung. Aber irgendwie hatte ich das Gefühl, dass nicht ordentlich gearbeitet worden war. Also habe ich das Österreichische Bauinstitut beauftragt, das nachzuprüfen. Das hat mich 100.000 Schilling gekostet. Aber im Endeffekt war es das wert", nickt die Hausherrin. Denn der Befund gab ihrem Riecher recht: „Rausgekommen ist, dass die Kamine sieben Verputze hatten. Das Einzige, was die Firma also gemacht hat, war, nochmals darüberzustreichen."

So sei es ihr die ganze Zeit ergangen. Ein Versehen (nennen wir es so) nach dem anderen ist passiert und Wilhelmine B. musste sich zur Wehr setzen. „Wahrscheinlich hänge ich deshalb so an dem Haus", sinniert sie.

Und wie sind die Verhandlungen vor Gericht ausgegangen? „Ich habe gewonnen", sagt Wilhelmine B. und lächelt: „Acht Mal."

Von der Adresse Schlossgasse 15 geht's über die Castelligasse in die Ramperstorffergasse. Nach sieben Minuten schnellen Schritts stehen wir vor der Nummer 39.

Die Plastiksackerl-Frau und ihr ganz und gar unehrenhafter Mann

Ramperstorffergasse 39, Michael Walla

Das Haus in der Ramperstorffergasse 39 ist ein typisches Hochgründerzeit-Zinshaus – ein viergeschossiger Straßentrakter mit repräsentativem Fassadenstuck, erbaut um 1880. Die grau-weiß gestrichene Front mit den grünen Fenstern hat etwas Edles an sich und harmoniert prächtig mit dem über der Eingangstür prangenden Logo der Firma Walla Druck und dem roten Einfahrtstor, das in weißen Lettern den Spruch trägt: „Kunst wäscht den Staub des Alltags von der Seele".

Das Picasso-Zitat ist natürlich nicht zufällig gewählt. Walla Druck ist spezialisiert auf Drucksorten für den lokalen Kunst- und Kulturbetrieb. Sei es die Wiener Staatsoper, das Kunsthistorische Museum, die

Volksoper oder das Theater an der Wien – sie alle zählen zu den Kunden der Druckerei, eines Betriebes, der das Haus seit bald 40 Jahren erfüllt. Und das im wahrsten Sinne des Wortes: Das Erdgeschoss mit seinen Lagerräumen und der 1. Stock mit den Büros sind ebenso der Druckerei vorbehalten wie die beiden Gebäude im Hof, der westseitig dem Straßentrakt angegliederte niedrigere Werkstättentrakt, in dessen Erdgeschoss sich Druckerpresse Nummer 1 befindet, und das gegenüber liegende ebenerdige Wirtschaftsgebäude, das der Geschäftsmann vor einigen Jahren errichten ließ – für Druckerpresse Nummer 2.

Früher war es eine Klischee-Anstalt

Viel Fläche bleibt also nicht, um sich als Zinshaus seinen Namen zu verdienen. Aber immerhin: Zwei große, vermietete Wohnungen – je eine auf Etage zwei und drei – gibt es in der Ramperstorffergasse 39. „Mein Vater hat das Gebäude im Jahr 1982 gekauft, um sage und schreibe zwei Millionen Schilling. Damals gab es vier vermietete Zimmer-Küche-Kabinett-Wohnungen, alle bewohnt von älteren Leuten, die 120 Schilling pro Monat dafür bezahlt haben."

Der Rest der etwa 2.000 Quadratmeter großen Grundfläche des straßenseitigen Trakts war schon damals gewerblich genutzt. „Bis in die 1970er-Jahre befand sich hier eine Klischee-Anstalt", so Walla.

Klischee-Anstalt. Aha. Nein, nichts aha – eher Bahnhof. Ist das ...?

Walla lacht. Nein, eine Klischee-Anstalt sei keine Einrichtung für Menschen mit abgedroschenen Meinungen und Vorurteilen à la Frauen können nicht einparken und Männer weinen nicht. „Das Wort Klischee kommt ursprünglich aus der Drucktechnik. Klischees sind Zwischenmedien für den Zeitungsdruck, stempelartige Formen, die man beliebig oft verwerten konnte. Und die wurden hier gefertigt", erklärt der Geschäftsmann. Heute verwende man den Begriff freilich eher im übertragenen Sinn.

Familientreff und Tiefkühllager

Aber zurück zum Vermieten. Derzeit gibt es, wie erwähnt, nur zwei Wohnungen im Haus, die Michael Walla befristet vermietet. „Das reicht eh!", meint der Hausherr und seufzt. Zu viel habe er schon erlebt. Etwa mit einem Ägypter, der die ehemalige Garçonnière im Erdgeschoss mit Ausgang auf die Straße gemietet hatte und der trotz seiner „absurd abormalen Vorstellung vom Begriff Mietverhältnis" zehn Jahre lang nicht aus der Wohnung zu kriegen war.

„Mein Vater hat die kleine Wohnung 1984 befristet an den jungen Mann vermietet, aber durch eine Unachtsamkeit ist das Mietverhältnis in ein unbefristetes übergegangen. Irgendwann haben dann auf 35 Quadratmetern 20 Leute gewohnt, die wohl abwechselnd hier geschlafen haben. Es war ein Kommen und Gehen", erinnert sich Walla. Das war natürlich nicht im Sinne des Erfinders, aber es war nichts zu machen. „Alles Familie", hieß es, wenn die Wallas den Mieter auf die vielen Besucher und Übernachtungsgäste ansprachen.

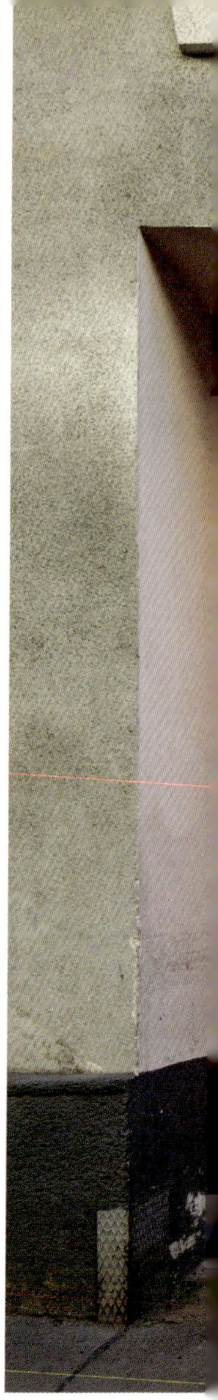

Irgendwann waren dann nicht mehr so viele da. „Eigentlich überhaupt kaum noch jemand, was uns auch wieder seltsam vorkam", erzählt der Druckerei-Chef. Eine frisch montierte Videokamera im Stiegenhaus und eine Vergesslichkeit vonseiten des Mieters brachten Licht ins Dunkel. Eines Tages steckte nämlich der Schlüssel draußen an der Tür zur Straße hin. Daraufhin schauten die Eigentümer in die Wohnung, um den Mieter darauf aufmerksam zu machen, aber siehe da: Es war niemand daheim. Dafür gab's eine Überraschung: „Statt herkömmlichen Wohnungsmobiliars sind da 30 Tief-

kühltruhen gestanden. Vollgefüllt mit Fischen. Wir waren baff!“

Letztlich kam es zu einer Gerichtsverhandlung und dem Mieter konnte gekündigt werden – das Videomaterial war wohl Beweis genug für die nicht rechtmäßige Nutzung einer Wohnung.

Woche für Woche unangenehme Post

Mit einem anderen Mieter war Michael Walla dreimal beim Obersten Gerichtshof. Doch korrekterweise soll erwähnt werden, dass der Oberösterreicher gar nicht derjenige war, der die Wohnung gemietet hatte. „Das war seine Freundin. Und diese war die Tochter eines langjährigen Mitarbeiters meines Vaters“, erläutert Walla. Der Angestellte bat den Senior-Chef darum, der gerade aus dem Ausland zurückgekehrten Tochter eine Bleibe zu geben. „Mein Vater stimmte zu, und dann stand sie da, mit nur einem Billa-Plastiksackerl in der Hand – sonst hatte sie nichts.“

Das war anscheinend das Eindrücklichste, das von ihr hängen blieb. Mit dem Lebenspartner, den sie bald darauf kennenlernte und der kurzerhand bei ihr einzog, war das etwas ganz anderes. Er entpuppte sich als penetrant unangenehmer Hausbewohner, der seinem Hausherrn beinahe wöchentlich die Behörden auf den Hals hetzte. „Es war der reinste Terror. Er hat gefühlt jeden Tag bei der Polizei angerufen: Es ist zu laut, es stinkt, es ist ihm übel geworden, wir verwenden giftige Chemikalien“, zählt Walla nur einige der Beschwerden auf, mit denen er fortan konfrontiert war.

Eines Tages stand eine ganze Brigade an Magistratsbeamten vor der Tür, erinnert sich der Druckerei-Chef. „Sie sagten, sie müssten jetzt alles überprüfen, weil der dringende Verdacht besteht, dass wir krebserregende Giftstoffe im Hof lagern. Da war natürlich nichts dran, aber angenehm ist so etwas nicht.“

Ein andermal bekam der Hausherr eine Anzeige und Vorladung wegen Blumendiebstahls. Die Geschichte dazu ist schnell erzählt: Eines Tages kam der Mieter mit opulenten Topfpflanzen an, die er im Hauseingangsbereich platzierte. „Das war völlig sinnbefreit, die Pflanzen hatten dort viel zu wenig Licht. Und ganz abgesehen davon, dass meine Angestellten, Kunden und

Lieferanten kaum an den Trögen vorbeikamen, durften die dort gar nicht stehen. Also habe ich sie nach hinten in den Hof geräumt. Zwei Wochen später ist die Anzeige gekommen."

Die böse Überraschung zum Schluss

Vor Gericht zog der Druckerei-Chef unter anderem, weil der Mieter mir nichts, dir nichts Teile einer tragenden Wand in der Wohnung einriss. Die Baupolizei sah darin aber kein gravierendes Problem. Zumindest war es kein Kündigungsgrund. Letztlich wurde dem aufsässigen Kerl der eigene Jähzorn zum Verhängnis. Weil Michael Walla sich beharrlich weigerte, ihm eine 100-Quadratmeter-Terrasse zu bauen, sei er eines Tages komplett in Rage geraten, habe geschimpft und randaliert. Dumm nur, dass er dies vor versammelter Menge machte. „Kunden, Mitarbeiter und Lieferanten konnten seine Entgleisungen miterleben. Das war unser Glück, denn damit hat er gegen einen Paragrafen verstoßen und wir konnten ihm dann aufgrund ‚unehrenhaften Verhaltens gegenüber dem Hausherrn' die Wohnung kündigen."

Allerdings ließ es sich der Oberösterreicher nicht nehmen, den Wallas noch ein Abschiedsgeschenk zu hinterlassen. „Bei der Wohnungsbegehung mit der Hausverwaltung war alles so weit in Ordnung. Es gab Gebrauchsspuren, aber nach zehn Jahren ist das ja normal." Als es dann aber ans Ausmalen ging, gab's die böse Überraschung: „Wir sind dahintergekommen, dass er bei den Steckdosen und Schaltern die Drähte herausgezogen und abgezwickt hat, sodass sich die Reste zurückgezogen haben. Im Endeffekt mussten wir die gesamte Elektrik neu machen lassen."

Diese Geschichte lassen wir auf uns wirken und begeben uns zum nächsten Zinshaus, das wir genauer unter die Lupe nehmen wollen. Diesmal ist es ein Elf-Minuten-Fußmarsch, der uns zuerst die Ramperstorffergasse in Richtung Wienfluss zurückführt bis zur Margaretenstraße. Dort biegen wir links ein und spazieren bis zur Spengergasse, in die wir rechts abbiegen. Nach wenigen Metern, direkt beim Gasthaus Woracziczky (für Hungrige: Hier gibt's gute bodenständige Küche in stilvollem Ambiente), geht's weiter nach links in die Bräuhausgasse. Von da an immer der Nase nach bis zur Amtshausgasse. In diese biegen wir nochmals rechts ein, und bei der Nummer 9 sind wir eigentlich schon richtig. Weil wir das Haus aber von vorne betrachten wollen, marschieren wir vor bis zur Schönbrunner Straße und stehen vor dem Haus mit der Nummer 111.

Wo man über den Dächern Wiens schwimmt

Schönbrunner Straße 111, Ing. Wolfhard Kopatschek

Wie ein Altbau aus dem Jahr 1870 sieht das Zinshaus in der Schönbrunner Straße 111 nicht aus. Das dunkelgraue Eckgebäude mit seiner glatten, stucklosen Fassade entspricht so überhaupt nicht den Haus-Prototypen der Hochgründerzeit. Schon gar nicht, wenn man den Blick zum dreigeschossigen Dachausbau schweifen lässt: Dort thront eine moderne Konstruktion aus kubischen Baukörpern mit dazwischenliegenden Freiräumen – ein Ensemble, das sich harmonisch ins Gesamtbild eingefügt.

In ihrer gesamten Pracht entfaltet sich die 2016 abgeschlossene Neugestaltung des Hauses allerdings erst auf der Rückseite des Gebäudes, in der Bärengasse: Hier zieht sich die würfelförmige Bauweise bis zum ersten Stock hinunter durch. „Im Zuge der dreijährigen Sanierung wurde ein Teil des südseitigen Hoftrakts abgerissen und erneuert. Alle Wohnungen orientieren

Kein Wunder! Bei 26 Grad warmem Wasser lässt es sich nicht nur im Sommer gut schwimmen. Einige Bewohner nutzen den ganzjährig betriebenen Pool auch im Winter. In Kombination mit der ebenfalls auf der Dachterrasse vorhandenen Sauna kommt dabei wahrscheinlich so etwas wie Thermen-Feeling auf.

Insgesamt scheint das Konzept des Hauseigentümers gut anzukommen, denn keine der 29 Wohnungen und keines der drei Geschäftslokale steht leer. „Ich habe eine lange Warteliste an Leuten, die gern einziehen wollen, wenn etwas frei wird", verrät Kopatschek.

Es war einmal ein Haus für zwischendurch

Leer stand das Gebäude im Übrigen auch vor der Sanierung nicht. Im Gegenteil: Für etwa eineinhalb Jahre erlangte die Schönbrunner Straße 111 sogar einige Berühmtheit, und zwar als „Haus für zwischendurch", wie es die Zeitungen damals nannten. Das war 2013, als in

Absprache mit dem Hausherrn junge Künstler im Haus wohnten und arbeiteten, Rucksacktouristen tageweise eine Unterkunft bekamen sowie Veranstaltungen und Konzerte im Innenhof stattfanden. Die Atmosphäre war den Zeitungsartikeln von damals zufolge eine ganz besondere – alte Wohnungen, gepaart mit junger Kunst. Der Hausherr erinnert sich an einen riesigen Drachen, der an der Wand des Stiegenhauses prangte, sowie an ein Jagd- und ein Sisi-Zimmer. Eine außergewöhnliche Zeit und für alle Beteiligten eine Win-win-Situation. „Die Künstler hatten billige Ateliers und ich habe die Betriebskosten hereinbekommen", fasst Kopatschek zusammen.

Freilich gab's auch Unerfreuliches. So führte einmal ein defekter Kamin bei einem Bewohner im ersten Stock zu einer leichten Rauchgasvergiftung. Doch während das für den Bewohner zum Glück ohne weitere Folgen blieb, hatte der Vorfall gravierende Konsequenzen. Denn die Feuerwehr übersah zunächst, dass die Dippelbaumdecke zu glosen begonnen hatte. „Als die Einsatzkräfte wieder weggefahren waren, fiel im Erdgeschoss jemandem ein glühender Holzspan auf die Hand", erinnert sich Kopatschek. Daraufhin musste die Feuerwehr erneut anrücken, um den Brandherd zu löschen. Das gelang zwar, aber dabei entdeckten die Einsatzkräfte einen Steher im Stiegenhaus. „Den hatte ich aufgrund eines kleinen Spalts an der Wand in Rücksprache mit einem Baumeister aufstellen lassen. Die Feuerwehr vermutete aber akute Einsturzgefahr und pölzte ohne Vorwarnung das ganze Stiegenhaus."

Die Rechnung folgte auf dem Fuße: Wolfhard Kopatschek sollte 6.000 Euro dafür berappen. Ein Schock. Allerdings ein vorübergehender. Ein Gutachten kam nämlich zu dem Schluss, dass die gesamte Aktion nicht nötig gewesen wäre, denn das Stiegenhaus war zu keiner Zeit einsturzgefährdet und nicht einmal der einzelne Steher wäre vonnöten gewesen. Die Rechnung wurde also storniert.

Und die Treppe? Die ist heute noch so, wie sie war – und das ganz ohne Pölzung ...

Von der Schönbrunner Straße 111 erreicht, wer will, in sieben Minuten die U-Bahn-Station Margaretengürtel. Von hier kann man bequem zwei Stationen bis zur Kettenbrückengasse weiterfahren, wo wir unseren Rundgang im 6. Bezirk beginnen. Wer noch Lust und Laune hat, sollte sich, wie eingangs erwähnt, die Zeinlhofergasse ansehen. Dazu einfach die Schönbrunner Straße stadteinwärts entlang spazieren – nach zehn, elf Minuten erreicht man die Rüdigergasse. In diese biegt man links ein und kommt nach einem Rechtsschwenker in die Grüngasse und nach einem weiteren Rechtsschwenker in die Zeinlhofergasse. Nach Besichtigung dieser schönsten Gasse Wiens empfiehlt es sich, die Rüdigergasse Richtung Wienfluss zu Ende zu gehen und sich den Rüdigerhof anzusehen. Dieses unter Denkmalschutz stehende Wohnhaus wurde 1902 von Oskar Marmorek erbaut. Es ist mit seinen weißblau-goldenen Ornamenten zweifellos eines der schönsten Jugendstilhäuser in Wien. Im Erdgeschoss befindet sich das Café Rüdigerhof und hier lohnt es sich, eine Pause einzulegen, um entweder drinnen in stilvollem 1950er- und 1960er-Jahre-Ambiente zu speisen oder vielleicht im großen Schanigarten mit Blick auf den Wienfluss unter alten Ahornbäumen einen Kaffee zu trinken und im Schatten des Gebäudes das Flair vergangener Zeiten zu atmen.

Groß ist er nicht, aber dafür hat er einiges zu bieten, der 6. Bezirk. Unter anderem lässt es sich hier einwandfrei einkaufen (Stichwort Naschmarkt und Mariahilfer Straße), ins Theater oder Kino gehen (im Vorläufer des Apollokinos, einem Varietétheater, stand schon Charlie Chaplin auf der Bühne), in traditionsreichen Kaffeehäusern wie dem Café Sperl Einspänner und Mokka genießen (wie es auch die Secessionisten Gustav Klimt, Rudolf von Alt und Carl Moll taten) sowie in neuen, trendigen Restaurants fein speisen und in hippen Lokalen abtanzen. Und das alles auf gerade einmal 1,48 Quadratkilometern. Umgelegt auf die Gesamtfläche Wiens bedeckt Mariahilf lediglich 0,36 Prozent der Bundeshauptstadt – nur die Josefstadt ist noch kleiner. Aber Größe ist bekanntlich nicht alles.

Dass es sich hier auch ausgezeichnet wohnen lässt, davon zeugen die vielen wunderschönen und interessanten Bauten zwischen der Mariahilfer Straße im Norden des Bezirks, dem Getreidemarkt im Nordosten, der rechten Wienzeile im Süden und dem Gumpendorfer Gürtel als westliche Bezirksgrenze. Vieles ließe sich an dieser Stelle herausgreifen, aber wie das halt so ist: Wir mussten sortieren.

Zu den augenfälligsten Gebäuden zählen die sogenannten Wienzeilenhäuser auf Höhe der Kettenbrücke beim Naschmarkt. Selbst wer sich nicht für Architektur interessiert: Die Jugendstil-Objekte von Otto Wagner kennt man. Dieses Ensemble dreier Zinshäuser wurde 1898 bis 1899 erbaut und umfasst die Linke Wienzeile Nummer 40 und Nummer 38 sowie das ums Eck anschließende Gebäude in der Köstlergasse 3, in dem Wagner eine Zeit lang selbst wohnte. Mit ihrer auffälligen, flächigen Ornamentik aus Ranken, Blättern und Wellen sind diese Architektur-Perlen jedenfalls nicht zu übersehen. Besonders das sogenannte Majolikahaus rangiert als Fotomotiv ganz oben auf der Hitliste der Wienbesucher.

Seinen Namen hat das Gebäude mit der Adresse Linke Wienzeile 40 von den bunten Majolikafliesen, mit denen die gesamte Fassade überzogen ist. Witterungsbeständig, abwaschbar und pflegeleicht wie die Kacheln sind, waren sie genau das Richtige für Otto Wagner, denn Hygiene und Modernität gehörten für ihn zusammen. Wobei der Entwurf für das Fliesendekor genau genommen von Wagners Schüler Alois Ludwig stammt. Aber sei's drum. Erbaut hat das mit roten Blüten, grünen Blättern und Ranken verzierte Gebäude der Meister selbst, und wie beabsichtigt, hebt es sich stark von der Umgebung ab.

Nicht zuletzt das Nachbarhaus (die Linke Wienzeile 42), das 1896/97, also nur ein, zwei Jahre früher errichtet wurde, bildet einen klaren Gegensatz zu Wagners Häusern – und das macht es schon wieder interessant. Es ist das erste von insgesamt drei Häusern, die wir uns im Sechsten im Verlauf eines dreiviertelstündigen Spaziergangs anschauen wollen.

6. BEZIRK MARIAHILF

Vom Majolikahaus bis zum Beinahe-Kloster durch den zweitkleinsten Bezirk

„Eingespielt werden konnte nur nachts“

Linke Wienzeile 42, Philip S.

Der erste Eindruck ist: Das Haus ist herrschaftlich, sehr herrschaftlich – ein Prunkbau. Die cremeweiße Fassade des fünfgeschossigen Doppeltrakters plus Dachausbau strotzt nur so vor Fassadenschmuck: Es gibt Hochreliefs und teils vollplastische Skulpturen wie eine Karyatide, also eine Frauenfigur, die einen der repräsentativen Balkone des Hauses trägt; zudem Löwenköpfe, Frauenmasken, Arkaden und Hermenpilaster. Das dominierende Motiv ist aber die große Mittelnische mit Balkonen und flankierenden Riesensäulen und -pfeilern – Spätgründerzeit-Historismus pur, den der Architekt Rudolf Kmunke im ausgehenden 19. Jahrhundert am Wienfluss auf Höhe der Kettenbrücke errichten ließ.

Dass der Architekt die an der Fassade vielfach verwendeten Löwenköpfe bereits in Vorfreude auf seine künftigen Expeditionen nach Afrika entwarf, bleibt Spekulation. Fakt ist, dass Kmunke, der an mehr als

120 Bauwerken in Wien mitwirkte, im Alter von nur 41 Jahren seinen Beruf an den Nagel hängte und fortan als Forschungsreisender reüssierte.

Aber weg vom Architekten, hin zum Hausherrn. Philip S. führt uns an einem schönen Frühlingstag durch sein Zinshaus, das 36 Bestandseinheiten (Wohnungen, Büros und Geschäftslokale) auf 3.500 Quadratmetern Fläche beherbergt. Im lichtdurchfluteten Dachausbau auf Stiege zwei hat er sich selbst ein Refugium eingerichtet. Er mag es, im eigenen Haus zu wohnen. „Ich glaube, das hat auch Vorteile für die Mieter. Es läuft zwar alles Wesentliche über die Hausverwaltung, aber im Notfall bin ich als Ansprechpartner da. Und ist mal was kaputt, sehe ich es auch gleich“, so S., der das Gebäude seit Ende der 1990er-Jahre besitzt, geerbt vom Großvater, der es 1988 gekauft hatte.

Mit Schirm, Charme und Gummistiefeln

Zu diesem Zeitpunkt wohnte Elisabeth Zoumboulakis-Rottenberg bereits 16 Jahre lang im Haus. Die ehemalige Volksschullehrerin und Bezirksrätin kennt so manche Geschichte über Haus und Bewohner, das meiste überliefert durch ihre ehemalige Nachbarin Viktoria T. „Viktoria hat 86 Jahre hier gewohnt und viel erlebt. Sie war eine Sammlerin, hat Zeitungsausschnitte aufgehoben und unglaublich viel zu erzählen gewusst. Und – sie hat aufs Haus aufgepasst.“

Als Hausmeisterstochter lag ihr das wohl im Blut. Obwohl T. eine gute Arbeit bei Gericht hatte, führte sie die Tätigkeit ihrer Mutter fort und blieb im Haus wohnen. „Ganz selbstverständlich hat sie sich um alles gekümmert und zum Beispiel genau darüber Buch geführt, wer wann was wo repariert hat. Und wehe dem Handwerker, der nicht ordentlich gearbeitet hat. Der hatte nichts zu lachen. Ihr Charme war eine Mischung aus Zerberus und Hausgeneral“, erzählt Frau Zoumboulakis-Rottenberg und lacht. Aber unter der rauen Schale hätte auch ein großes Herz geschlagen. Mit dem kleinen türkischen Nachbarsbuben hat Frau T. regelmäßig Hausübung gemacht und mit ihm gelernt. „‚Es kann ihm ja sonst keiner helfen‘, hat sie immer gesagt.“

Eine Episode mit der damals etwa 75-jährigen Nachbarin werde sie nie vergessen: „Eines Tages hat Viktoria mich in den Keller gerufen, mit einer gewissen Dringlichkeit in der Stimme. Als ich sie im Keller stehen gesehen habe, war das ein Bild für Götter: In Mantel-

schürze, Jacke und Gummistiefeln stand sie da, mit einem Regenschirm bewaffnet, während das Wasser in einer Sturzflut aus einem Rohr aus der Wand geschossen kam." Wasser, das Frau T. mit dem Regenschirm abwehrte, während sie versuchte, das Gröbste zu verhindern. „Sie hat mich gebeten, schnell Hilfe zu holen, worauf ich das Wasserwerk verständigt habe, das umgehend einen Einsatzwagen mit Blaulicht geschickt hat."

Der Handwerker, der den Rohrbruch zu verantworten hatte, war im Übrigen schnell ausfindig gemacht – die akribischen Aufzeichnungen der alten Dame machten es möglich.

Isolde Ahlgrimm begründete im Haus ihr Lebenswerk

Auch die berühmte Musikerin Isolde Ahlgrimm (1914–1995), die einige Jahre im Haus gewohnt hatte, kannte Frau T. persönlich. Die Professorin für Cembalo am Mozarteum in Salzburg und an der Wiener Musikuniversität war eine Größe für sich. Sie gab Meisterkurse in den USA, nahm regelmäßig an den Bach-Festen in Leipzig teil und spielte ihr großes Repertoire bis ins hohe Alter auswendig. Und Bewunderer hatte sie viele – auch noch nach ihrem Tod.

Einer davon streunte einmal im Haus herum. Ein großer, sehr schlanker Mann, wie sich Elisabeth Zoumboulakis-Rottenberg erinnert. „Er war definitiv kein Hausbewohner, deswegen habe ich ihn gefragt, was er denn suche." Wie sich herausstellte, sammelte der Fremde alte Instrumente. „Er hatte ein ganz bestimmtes Cembalo aus dem Besitz Isolde Ahlgrimms erworben und sich nun dafür interessiert, wo sie gewohnt hat." Nicht zuletzt deswegen, weil die Künstlerin mit jenem historischen Instrument „ihr Lebenswerk begründete".

So zumindest stand es in einem Zeitungsartikel von 1953. Konkret ging es darin um die Ankündigung, dass Ahlgrimm ihre Konzerttätigkeit künftig einschränken werde, um ihr „Spiel auf Platten zu bannen". Die Musikerin hatte nämlich bei der Firma Philips Phonographische Industrie (dem Vorläufer der Plattenfirma Universal) einen Vertrag unterschrieben, um sämtliche Werke für Cembalo von Johann Sebastian Bach einzuspielen.

Tagsüber viel zu laut

Das Unglaubliche daran war, dass das in ihrer eigenen Wohnung in der Linken Wienzeile 42 vonstattenging, wie Elisabeth Zoumboulakis-Rottenberg verrät. „Der Grund war, dass ihr historisches Cembalo so filigran war und so wertvoll, dass es nicht außer Haus gebracht werden konnte.“ Also kamen alle an den Einspielungen beteiligten Techniker ins Haus. Allerdings: „Aufgenommen werden konnte nur nachts, weil vor dem Haus damals noch Kopfsteinpflaster lag. Tagsüber wäre es viel zu laut gewesen, um Aufnahmen von guter Qualität zu gewährleisten.“

Über andere Dinge, die sich hier im Haus im Laufe der Zeit zutrugen, hätte Viktoria T. noch viel mehr erzählen können, ist sich Elisabeth Zoumboulakis-Rottenberg sicher. Ob etwa der Keller des Hauses mit anderen Kellern der Umgebung durch ein Netz unterirdischer Gänge so verbunden war, dass die Anwohner im Zweiten Weltkrieg in den Flakturm im Esterházy-Park fliehen konnten. Und ob es tatsächlich einmal eine Fechtbahn der akademischen „Turnerschaft Hellas" im Souterrain des Hauses gegeben hat, wie im Bauakt eines Plans von 1927 festgehalten ist, den Philip S. in seinen Unterlagen fand. Die Antworten darauf hat Frau T. leider mit ins Grab genommen.

Von hier aus geht's nun zur Mittelgasse Nummer 7, die wir in 20 bis 25 Minuten zu Fuß erreichen. Dazu marschieren wir wenige Meter die Linke Wienzeile stadtauswärts, biegen in die Joanelligasse ein und wenden uns an deren Ende auf der Gumpendorfer Straße nach links. Diesen gewundenen Straßenzug, der nach dem ehemaligen Vorort Gumpendorf benannt ist, marschieren wir ein paar Minuten entlang, vorbei am Esterházy-Park mit dem Haus des Meeres. Gleich angrenzend an den Park befindet sich der Esterházy-Hof, wo eine Gedenktafel daran erinnert, dass dies das Wohn- und Sterbehaus Viktor Adlers, des Begründers der Sozialdemokratischen Arbeiterpartei, war. Nach weiteren vier, fünf Minuten zweigt von der Gumpendorfer Straße nach rechts die Worellstraße ab, die alsbald zur Liniengasse mutiert, deren Verlauf wir gezählte 124 bzw. 145 Schritte folgen. Dann biegen wir rechts in die Garbergasse ein. Nach weiteren 200 Metern sind wir beim nächsten Ziel angelangt.

Die Tomatenfrau im Fenster gegenüber

Mittelgasse 7, Mag. Monika Gonzalez-Koss

Mit dem Baujahr 1848 fällt das Eckhaus in der Mittelgasse 7 in die frühe Frühgründerzeit. So ist es nicht verwunderlich, dass seine gelb-cremeweiße Fassade mit den hübschen grünen Fenstern neben den Friesverzierungen unter dem Dach sowie unter und über den Fenstern der Beletage in seiner Schlichtheit auch einen Hauch Biedermeier verströmt.

Über den Architekten des Hauses ist nichts bekannt, ebenso wenig über die ersten Besitzer, so Eigentümerin Mag. Monika Gonzalez-Koss. „Mein Vater ist viel zu früh gestorben, zu einer Zeit, als mich und meine Schwester so etwas noch nicht interessiert hat. Allerdings lassen die Unterlagen vermuten, dass das Haus von Anfang an in Familienbesitz war."

Aufgewachsen ist Monika Gonzalez-Koss nicht hier. Die Familie lebte auf dem Land, weil der Vater dort Primar einer Heilstätte war. Die Familienwohnung im ersten Stock habe der Vater aber immer freigehalten.

„Meine Schwester und ich sind dann zum Studium eingezogen. Ich lebe hier also seit mittlerweile 45 Jahren."

„Des brauch ma net"

Das ist eine lange Zeit, in der sich einiges getan hat. So sind jetzt nur noch 14 Parteien im Haus, während es früher um einige mehr waren. „Im Zuge der Sockelsanierung 1991 haben wir Einheiten zusammengelegt. Aber schon viel früher hat mein Vater versucht, den Standard zu heben." Bereits in den 1970er-Jahren wähnte der Primar die Zeiten der Bassena nämlich vorbei. „‚Es kann ja nicht sein, dass die Leut immer noch das Wasser am Gang holen müssen', hat er damals gesagt", erzählt Gonzalez-Koss. „Es gab zu der Zeit noch fünf oder sechs Bassena-Wohnungen. Diesen Mietern hat er angeboten, das Wasser einzuleiten. Sie konnten es sich dann aussuchen, ob sie ein kleines Waschbecken direkt neben der Eingangstür haben wollten oder – gegen einen geringen Aufpreis – in einem anderen Teil der Wohnung. Aber Sie werden es nicht glauben: Keiner wollte sein Waschbecken weiter weg vom Eingang haben. Mit ganz komischen Begründungen sind sie gekommen: ‚Des brauch ma net.' ‚I wü den Dreck net in der ganzen Wohnung.' Und so weiter."

Ähnliches habe sich dann bei der Generalsanierung 1991 abgespielt: „Ein alter Herr, der voriges Jahr gestorben ist, wollte partout kein WC in der Wohnung haben. Bis zuletzt ist der auf seine Gangtoilette gegangen: Tag und Nacht. Mir ist das bis heute unbegreiflich."

Wenn die Dippelbäume singen lernen

Im Zuge der Sanierung die angemorschten Dippelbaumbalken austauschen zu lassen, dagegen hatte der alte Herr zum Glück nichts. „Die mussten wirklich raus", sagt Gonzalez-Koss. Davon kann die Eigentümerin im Übrigen auch eine lustige Begebenheit berichten; eine Geschichte, die – wie sie sagt – ihren Horizont hinsichtlich der Bauweise von Musikinstrumenten erweiterte.

„Zwei Dippelbäume mussten, wie gesagt, durch neue ersetzt werden. Als die Arbeiter mit den Balken aus dem Haustor hinausmarschierten, kam just in dem Moment ein Mann vorbeispaziert, der beim Anblick des alten Holzes ganz nervös wurde. Sofort hat er die Arbeiter angehalten und wollte wissen, was damit geschieht. Als ich dann dazugekommen bin, hat er mich gefragt, ob er mir das Holz abkaufen kann. ‚Nehmen Sie's nur!', hab ich gesagt. Was hätte ich damit auch anstellen sollen, mit diesen zwei Riesendingern?", erzählt Gonzalez-Koss.

Wie sich dann herausstellte, war der Herr ein Vorarlberger Geigenbauer, der aus dem uralten Holz Instrumente baute. „Er ist dann extra aus Vorarlberg mit einem kleinen Laster gekommen, um die Balken abzuholen. Dazwischen mussten wir das Holz aber wieder ins Haus tragen und dort lagern. Er meinte, dass es viel zu wertvoll sei, um vor der Türe zu liegen."

Auto unter Beschuss

Vor der Türe seien aber noch ganz andere Sachen passiert, so Monika Gonzalez-Koss, denn die Nachbarschaft sei teilweise seltsam. Damit meint die studierte Übersetzerin vor allem ein neugieriges Ehepaar im Haus gegenüber, das – wie sie sagt – hauptsächlich im Fenster lebt. „Es ist schon ein bisschen verrückt: Sie sitzt den ganzen Tag im Fenster, er sitzt den ganzen Tag im Fenster und im dritten Fenster sitzt die Katze." Eigentlich wäre das ja zum Lachen, wenn ... „Ja, wenn es nicht so mühsam wär mit der Tomatenfrau", seufzt Gonzalez-Koss. „Tomatenfrau nennen meine Schwester und ich sie seit mehr als 20 Jahren, weil sie einmal Tomaten auf das Auto des Freundes meiner Schwester geworfen hat. Die Jungverliebten hatten das schwere Verbrechen begangen, den Motor laufen zu lassen, während sie sich noch verabschiedeten." Mehr brauchte es nicht und es hagelte also Tomaten aufs Auto – der Spitzname für die neugierige Nachbarin war geboren. „Ich weiß nicht, wie oft sie die Polizei gerufen hat, wenn sie der Meinung war, wir wären zu laut. Und nicht nur uns hat sie die Polizei auf den Hals gehetzt. Im ganzen Grätzel hat sie sich ausgetobt. Der Wirt in unserem Haus hat es zum Beispiel gewagt, im Frühling einen Tisch mit zwei Stühlen auf das kleine Platzl vor seinem Eingang zu stellen. Insgesamt ist der Tisch eine Stunde draußen gewesen, aber dafür musste er 300 Euro zahlen, weil die Tomatenfrau ihn sofort angeschwärzt hat und er keine Genehmigung für einen Schanigarten hatte."

Ein Bischof als Schutzpatron

Auch die ehemalige Galerie von Frau Gonzalez-Koss und ihrem Mann im Erdgeschoss des Hauses war der Tomatenfrau ein Dorn im Auge. „Einmal hatten wir eine Vernissage angekündigt mit einem indischen Künstler. Um 18 Uhr sollte es losgehen. Als ich 20 Minuten vorher zur Galerie kam, parkte da schon ein Polizeiauto mit drei Beamten darin. ‚Aha, komisch', dachte ich mir, widmete mich dann aber gleich den Besuchern. Die Galerie war schon gesteckt voll, auch am Gehsteig davor waren

Ein Haus für höhere Weihen

Als Schüler von Eduard van der Nüll und August Sicard von Sicardsburg (den Architekten der Wiener Staatsoper) schuf Franz Neumann unter anderem die Arkadenhäuser rund um das Wiener Rathaus und er prägte auch einen neuen Stil für die berühmte Villenkolonie am Semmering, indem er das Aussehen typischer Landvillen mit bäuerlich-alpiner Holzarchitektur aufmotzte. Aber zurück zur Barnabitengasse 9, die mit einer Landvilla nun wirklich nichts gemein hat.

An der Fassade fallen uns drei Nischen auf, die irgendwie verwaist anmuten. Später, im Gespräch mit der Eigentümerin, finden wir heraus, dass das Haus ursprünglich als Kloster für die Mönche der benachbarten Barnabitenkirche konzipiert war und dass in diesen Ausnehmungen Heiligenfiguren hätten stehen sollen. Warum dann doch kein Kloster daraus wurde, sondern ein Zinshaus, bleibt im Dunkeln. Für die heutige Eigentümerin, Eva-Maria Holubovsky, erwies sich diese Wendung sicherlich nicht als Nachteil. Im Gegenteil: Ihr Vorfahre hätte vermutlich kein Kloster gekauft. „Wohl eher nicht", sagt Holubovsky und lacht.

Kaffee, Kuchen und News

Es sind ein paar Tage vergangen seit der Besichtigung des Hauses. Jetzt sitzen wir zusammen, allerdings nicht in der Barnabitengasse, sondern im niederösterreichischen Ybbsitz, wo Eva-Maria Holubovsky mit ihrem Mann ein schmuckes, 150 Jahre altes Bauernhaus bewohnt.

Hier, bei Kaffee und köstlichem Kirschkuchen erfahren wir interessante Dinge über das Beinahe-Kloster – etwa, dass es seit mehr als 100 Jahren im Besitz ihrer Familie ist. „Gekauft hat es damals mein Urgroßvater, Gustav Davis. Er war Journalist und Bühnenautor und hat zum Beispiel die Theaterstücke ‚Die Katakomben' und ‚Der Herrgott vom Grund' verfasst; aber auch das Libretto zur Operette ‚Waldmeister' von Johann Strauß. Und nicht zuletzt hat er die Kronen Zeitung gegründet."

Holubovsky lacht über unser überraschtes Gesicht. Sie kennt das schon. „Die meisten staunen, wenn die Sprache darauf kommt. Dabei habe ich selbst dafür nichts getan. Aber klar, es ist schon irgendwie ungewöhnlich, Nachfahrin eines Zeitungsgründers zu sein."

Auch wir müssen gestehen, dass wir dieses in Österreich so beliebte Kleinformat bisher bei Hans Dichand und Kurt Falk verortet haben. Eva-Maria Holubovskys Ehemann, Mag. Karl Holubovsky, nickt. „Hans Dichand hat 1958 die Titelrechte des Blatts gekauft und sie als Neue Kronen Zeitung sozusagen wiederbelebt. Aber gegründet hat sie Gustav Davis im Jahr 1900. Und bis 1938, bis zum Aufstieg der Nazis, hat er sie auch geführt. 1944 wurde die Zeitung eingestellt.

Günstiges Kleinformat für einfache Leute

Allerhand. Wieder was gelernt. Und der Titel? Wahrscheinlich dem Kaiser geschuldet, quasi ein bisschen Lobhudelei an die Monarchie? – Schon wieder daneben! „Der Name bezieht sich auf den Preis", verrät die Niederösterreicherin. „Zeitungen waren damals recht teuer und nur etwas für Gutverdienende. Weil mein Urgroßvater aber der Meinung war, dass sich auch die einfachen Leute das Zeitunglesen leisten können sollten, hat er den Preis mit nur einer Krone im Monat festgelegt." Allerdings, schränkt Karl Holubovsky ein, sei das Erscheinungsdatum kein Zufall gewesen, weil am letzten Tag des Jahres 1899 die starke Besteuerung auf Zeitun-

gen gefallen sei. Beste Voraussetzungen also, um die Branche zu revolutionieren. Diese Steuer hieß Zeitungsstempelgebühr, wie wir später recherchieren. Eingehoben wurde sie auf jedes verkaufte Exemplar einer Ausgabe und floss direkt in die monarchischen Kassen.

Zum Klingeln brachte die Zeitung aber auch Gustav Davis' Kassen, denn das Blatt erreichte innerhalb weniger Jahre die höchste Auflage der Monarchie, im Jahr 1906 sage und schreibe 100.000 Stück. Davis war zwar schon vorher kein armer Schlucker, aber mit der Zeitung verdiente er gutes Geld – seine Investition in 15 Wiener Zinshäuser spricht da für sich.

Wann genau er das Haus in der Barnabitengasse gekauft hat, weiß Eva-Maria Holubovsky leider nicht, nur dass er es für seine Frau Karla erwarb. „Sie hat es weiter an ihre Tochter, meine Großmutter, vererbt. Die wiederum gab es weiter an meine Mutter und letztlich bekam ich es."

Vermieter mit großem Herz

Das große Haus zu verwalten, sei schon eine Aufgabe, sagt Eva-Maria Holubovsky. Das glauben wir gerne: Mit einer Wohnfläche von 3.600 Quadratmetern auf vier Geschossen kommen schon einige Wohnungen zusammen. Die Niederösterreicherin nickt. „Es sind an die 40; in Größenordnungen von 29 bis 160 Quadratmetern. Aber so genau weiß ich das gar nicht mehr." Der Grund: Einige Jahre hätten sie und ihr Mann zwar versucht, es auf eigene Faust von Ybbsitz aus zu vermieten und zu verwalten. „Aber das war mühsam. Also haben wir uns eine professionelle Hausverwaltung gesucht. Und zu unserem Glück wohnt der Verwalter jetzt sogar im Haus. Er schaut darauf, dass alles passt. Vielleicht ist das der Grund, dass wir nie Probleme mit Mietern haben."

Dass die Holubovskys bisher nicht ein einziges Mal Bekanntschaft mit der Schlichtungsstelle gemacht haben, ist bei einem so großen Haus tatsächlich überraschend. Allerdings muss man schon sagen: Die Holubovskys sind recht außergewöhnliche Vermieter. So fanden sie es selbstverständlich, während der Flüchtlingswelle im Jahr 2015 kostenlos eine Wohnung für eine syrische Familie zur Verfügung zu stellen und während des ersten Corona-Lockdowns auf den im Haus wohnenden Künstler zuzugehen und sich zu erkundigen, wie sie ihm helfen können, durch die schwierige Zeit zu kommen.

Respekt! Dann, Hand aufs Herz: Das macht nicht jeder.

Wenn man auf einem Stadtplan die Bezirksgrenzen des Siebenten nachzeichnet (die Lerchenfelder Straße im Norden, die Zweierlinie im Osten, die Mariahilfer Straße im Süden, den Gürtel im Westen), könnte man ein leicht verunglücktes Tortenstück ohne Spitze darin erkennen oder ein verwackeltes Trapez. Auch ein gequetschtes Hot-Dog-Weckerl käme uns in den Sinn – das allerdings hauptsächlich deswegen, weil wir als Ausgangspunkt für unsere Tour in Wien-Neubau den Alt-Wiener Würstelstand gewählt haben, der sich direkt neben dem Volkstheater am Anfang der Burggasse befindet. Aber was sollen wir machen: Es ist Punkt 12 Uhr, wir sind hungrig – und die besten Würstel der Stadt kann man nicht einfach so links liegen lassen. Außerdem wurden unweit von hier, in der Neustiftgasse, die „Frankfurter" erfunden, also jene Würstel, die überall auf der Welt „Wiener" heißen, nur in Wien nicht. Und wer schon immer wissen wollte, warum das so ist, hier die Kurzfassung: Der gebürtige Bayer Johann Georg Lahner erlernte in Frankfurt am Main den Fleischerberuf, kam auf der Walz nach Wien und blieb. In seiner Fleischerei in der Neustiftgasse 111 stellte er 1805 erstmals seine Wurstmischung her, die er im Gedenken an seine Lehrjahre „Frankfurter" taufte. Tja, und die gingen um die ganze Welt, nur eben als „Wiener Würstchen".

So, genug der Würstel – wir starten zu unserem Spaziergang und wandern die Burggasse hinauf. Die Gegend um die eineinhalb Kilometer lange Straße entwickelt sich zunehmend zum neuen Kultgrätzel, ähnlich wie das Neubauviertel. Auch hier gibt es immer mehr hippe Läden („Eigensinnig Wien", SBIN Store"), coole Beisln („Ulrich", „Erich") sowie trendige Werk- und Kreativstätten („Sous-Bois", „Die Sellerie"), die sich allesamt als „jung und urban" verbuchen lassen. Kein Wunder, sind es doch vor allem junge Wirtschaftstreibende, Künstler und kreative Köpfe, die hier leben. Denn was als angesagte Gegend gilt, ist selbstredend auch beliebt zum Wohnen, was wir angesichts der schönen Zinshausverbauung doppelt und dreifach unterschreiben können.

Vom Rotlichtviertel zur Ausflugsidylle

Schlendern wir also die Burggasse hinauf und genießen wir, was wir sehen. Zum Beispiel das um 1800 errichtete Biedermeierhaus „Zum Dattelbaum" in der Burggasse 11 mit seinem besonderen Figuren-Dekor in den Parapet- und Sturzzonen der Beletage. Den auffälligen Beinamen würden wir mit den vielen Palmblättern im Dekor in Zusammenhang bringen, eine andere Erklärung konnten wir zumindest

7. BEZIRK NEUBAU

Wo es jung und urban ist und wo die Frankfurter herkommen

nicht recherchieren. Wer Unregelmäßigkeiten beim Abstand der Fensterachsen feststellt, hat ein gutes Auge. Ursprünglich waren es nämlich zwei Häuser, die später zusammengelegt wurden. Die Hausnummer 13, gleich daneben, ist nicht zu übersehen und ist unser persönlicher Favorit der Burggasse – das spätbarocke Vorstadt-Bürgerhaus „Zum heiligen Josef" (mit Namensgeber, Kind und Engerl in der Ecknische) ist so klein und doch schon ein Haus. Erbaut wurde es 1750 im „Vergnügungsviertel Spittelberg", wie eine Tafel an der Fassade kündet.

Wobei das Wort Vergnügungsviertel als eine recht blumige Umschreibung zu sehen ist. Denn das, was wir heute gern als Montmartre von Wien bezeichnen – dieses romantische Gassennetz mit den schönen alten Biedermeierhäusern, die Galerien und Kunsthandwerksstätten, Cafés und Beisln beherbergen und idyllische Hinterhöfe haben –, diese entzückende Gegend galt jahrhundertelang als das verruchteste Viertel vor Wiens Stadttoren. Ehemalige Straßenbezeichnungen wie Mordsgassl und Leichenhofgasse (die jetzige Stift- beziehungsweise Zollergasse) lassen erahnen, wie es dort im 18. und 19. Jahrhundert zugegangen sein muss. Der Erste Weltkrieg machte dem Treiben ein Ende, und dann versank der Spittelberg im Dornröschenschlaf. Erst Mitte der 1970er-Jahre wurde renoviert, was das Zeug hielt, und das Viertel in eine erhaltungswürdige Schutzzone verwandelt.

Heute ist also eine kleine Tour durch die hübschen Gassen sehr zu empfehlen: Vielleicht gleich hier beim Haus „Zum heiligen Josef" die Gutenberggasse hinauf bis zur Siebensterngasse, dann die parallel verlaufende Spittelberggasse wieder hinunter bis zur Burggasse, dann die Schrankgasse hinauf, wo man in der Kurve des kleinen Straßenzugs direkt am schönen Amerlinghaus vorbeikommt. Dieser langgestreckte, durch Putzrahmen gegliederte Zweigeschosser aus dem 17. Jahrhundert trumpft vor allem mit seinem Pawlatschenhof inklusive Erdgeschossarkaden und Ädikula-Dachhäuschen auf. Man kann sich das ohne Weiteres aus der Nähe anschauen kann, denn das einstige Geburts- und Wohnhaus des berühmten Porträtmalers Friedrich Amerling beherbergt heute das Kulturzentrum Spittelberg, das Bezirksmuseum Neubau sowie das Amerlingbeisl. Deshalb sollte man hier Rast machen und, wenn es das Wetter erlaubt, das Amerling-Ambiente bei einem Gläschen Wien oder einer cremigen Melange in der begrünten Hofidylle inhalieren. Auch eine gute, bodenständige Küche gibt's dort. Doch wir haben noch etwas vor, wir müssen zur Mariahilfer Straße, wo wir ein Haus genauer anschauen wollen. Darum marschieren wir nun strammen Schritts die Stiftgasse Richtung Süden bis zur Siebensterngasse hinauf und biegen dort rechts ein. Kaum 20 Meter später stehen wir vor einem dreigeschossigen barocken Vorstadt-Bürgerhaus mit dem Beinamen „Zur grünen Säule". Warum das um 1750 erbaute Gebäude mit den vielen Pilastern, den reichen Fensterrahmungen und den geschweiften Giebeln so heißt, erschließt sich beim genaueren Hinschauen: Im Giebelfeld des Portals findet sich nämlich eine Reliefkartusche mit einer grünen ionischen Säule. Es war das Hauszeichen der Familie Schöner, die im Nebenhaus, einem ebenso schönen barocken Vorstadt-Bürgerhaus, die Gastwirtschaft „Zur Goldenen Krone" führte, dort, wo heute das Siebensternbräu, eine ausgezeichnete Gasthausbrauerei, den Durstigen der Stadt mit international prämierten Bierspezialitäten aufwartet. Jetzt die Siebensterngasse weiter bis zur nächsten Kreuzung, wo wir links in die Kirchengasse einbiegen, und zwar genau zwischen dem Ludovica-Hof, einem fünfgeschossigen Eckgebäude mit reich gegliederter Neorenaissancefassade, und einem ebenso hohen würfeligen Eckbau mit Dekor der Wiener Werkstätte. Erbaut wurde das bemerkenswerte Gebäude mit Mansardendach und polygonal überkuppeltem Dachhäuschen 1911 von Leopold Fuchs. Genau hier biegen wir also ein und steuern nun direkt auf die beiden Kirchtürme der Barnabitenkirche zu.

Fünf Minuten später stehen wir vor der Mariahilfer Straße 56.

Dort, wo die Gans war

Mariahilfer Straße 56, Dr. Peter Nuschei

Wer sich für angesagte Handtaschen und schlichtschöne Portemonnaies aus Leder interessiert, klassisch unaufgeregte Damenmode mag oder ein Faible für hippe Turnschuhe und Sportbekleidung hat, der kommt bei einem Einkaufsbummel auf der Mariahilfer Straße nicht am Haus mit der Nummer 56 vorbei. Denn das Erdgeschoss des Gebäudes teilen sich der Sportartikelhersteller „Puma", der hier auf der rechten Seite seinen Wiener Flagship-Store hat, sowie die Bernd-Freier-Modemarken „Liebeskind" (Lederwaren) und „Comma" (Damenmode), die es sich zusammen in einer Filiale linksseitig gemütlich gemacht haben. Was im Übrigen auch optisch harmoniert: Beide Geschäftslokale setzen bei ihrer Außenwerbung auf schlichtes Schwarz, das bis an den Rand der Beletage des imposanten Zinshauses hinaufreicht.

Das fünfgeschossige Haus, das in bester Lage mitten in der Fußgängerzone liegt, wurde 1893 erbaut.

Mit nur etwas mehr als einem Quadratkilometer Fläche ist die Josefstadt der kleinste Bezirk Wiens, aber in Bezug auf die Schönen Künste ist der Achte ganz groß. Zumindest sind etliche Berühmtheiten aus Musik, Literatur, Malerei und Schauspiel hier geboren oder haben in der Josefstadt gelebt und gearbeitet. Johann Strauß Vater und Josef Lanner zum Beispiel, ebenso Franz von Suppé und Ludwig van Beethoven (gut, wo in Wien hat der nicht gewohnt?). Weiters Alma Johanna Koenig, Heimito von Doderer, Ödön von Horváth, Stefan Zweig, Anton Wildgans und Marie von Ebner-Eschenbach. Auch Carl Schütz, Fritz Wotruba und Rudolf von Alt sowie Max Böhm, Oskar Werner und Max Reinhardt kann man als Josefstädter bezeichnen. Letzterer war ja auch schillernder Direktor des Theaters in der Josefstadt, das – 1788 gegründet – heute das älteste noch bespielte Theater in Wien ist. Und weil „die Josefstadt", wie das Vorstadttheater gern genannt wird, nicht nur eine altehrwürdige Kulturinstitution ist, sondern auch eine architektonische Perle mit einer schlicht-schönen Biedermeierfassade, starten wir hier mit unserem Rundgang (diesmal ist es tatsächlich ein Rundgang). Und versprochen: Ein Streifzug im Achten lohnt sich für Liebhaber schöner Gebäude, und das nicht nur, weil die Gegend im 18. Jahrhundert den Adeligen als Gartenstadt diente, wo sie ihre hübschen Palais hinpflanzten. Nein, auch das Gros der gründerzeitlichen Zinshausverbauung sowie etliche Biedermeierhäuser sind erhalten geblieben und erfreuen das Auge des Betrachters.

Von Bienen, Blümchen und der Heiligen Dreifaltigkeit

Wir starten also beim Theater in der Josefstädter Straße 24 und werfen einen gefälligen Blick auf den schmalen Fünfgeschosser gegenüber, dessen Fassade mit dezentem neoklassizistischem Dekor punktet, aber seinen offensichtlichen Schönheitsfehler, die Bipa-Filiale im Erdgeschoss, nicht verbergen kann. Bevor Ernst

8. BEZIRK JOSEFSTADT

Unterwegs im kleinsten Bezirk Wiens

Epstein das Gebäude 1911 erbaute, in dem übrigens auch Altbundespräsident Heinz Fischer seit mehr als 50 Jahren wohnt, stand hier ein altes Haus mit Gartenpavillon, in dem Gustav Klimt jahrelang sein Atelier hatte.

Gleich nebenan mit der Hausnummer 19 findet sich das „Miethaus zum Blumenstock". In dem hübschen Gebäude mit der genuteten Fassade unten rankt sich weiter oben über den Fenstern Palmettendekor. Vielleicht deshalb der Zusatz „Zum Blumenstock"? Passen würde unserer Ansicht nach der Name ja besser zum nächsten Haus. In dem einstöckigen gelben Gebäude kam nämlich 1886 der Zoologe Karl von Frisch zur Welt, und der beschäftigte sich eingehend mit Bienen und Blümchen; 1973 erhielt er für die Erforschung des Schwänzeltanzes der Honigbiene den Nobelpreis.

Ein paar Schritte weiter biegen wir nach links ab in die Lange Gasse, wo wir bei der Nummer 34 einen Stopp einlegen. Mit dem Baujahr 1697 ist es das älteste Haus des Bezirks. Über dem Portal des barocken Zweigeschossers thront eine Plastik mit Vater, Sohn und Heiligem Geist, weswegen das Gebäude auch „Zur Heiligen Dreifaltigkeit" heißt. Gebräuchlich ist auch der Name „Alte Backstube", und das passt, weil das Haus von 1701 bis 1963 ohne Unterbrechung eine Bäckerei beherbergte. Deren Originalkulisse kann begutachtet werden – die Räumlichkeiten im Erdgeschoss sind heute eine Mischung aus Café-Restaurant und Museum.

Guten Schritts wandern wir weiter, erfreuen uns an den größtenteils späthistoristischen Zinshäusern und bewundern das Palais Damian (Lange Gasse 53), in dem der Kriegsopferverband seinen Sitz hat. Ende des 19. Jahrhunderts residierte dort der Zeitungszar Moritz Szeps, und seine Frau unterhielt einen literarischen Salon. Die Tochter des Paares, die spätere Berta Zuckerkandl, führte die Tradition der Mutter fort und ging mit ihrem eigenen Salon im 1. Bezirk in die Wiener Geschichte ein. Dort verkehrte nämlich die Crème de la Crème aus Kunst und Kultur, darunter Johann Strauß Sohn, Gustav Klimt, Arthur Schnitzler, Max Reinhardt oder Alma Mahler-Werfel.

Bäcker und secessionistische Perlen

Wir marschieren weiter, und zwar nach rechts in die Florianigasse, wo wir mit der Hausnummer 13 thematisch zur backenden Zunft zurückkehren. Hier stehen wir nämlich vor dem Innungshaus der Bäcker Wiens, wie es groß an der Fassade geschrieben steht. Interessant ist der Hof, wo das älteste Denkmal des Achten auf Besucher wartet: ein gotisches Bäckerkreuz aus dem Jahre 1506, auf dessen Aufsatz der leidende Jesus sowie der heilige Nikolaus, der Schutzpatron der Bäcker, zu sehen sind.

Ein paar Meter zurück und nun geht's die malerische Lammgasse nordwärts, wo wir auf knapp 120 Metern Länge zwischen etlichen späthistoristischen Zinshäusern auch ein paar secessionistische Schmuckstücke finden wie die Nummern 1, 10 und 12. Im Anschluss daran biegen wir links in die Laudongasse ein und halten bei Nummer 15, dem barocken Gartenpalais Schönborn, in dem seit 1917 das Volkskundemuseum untergebracht ist. Wenn es auch straßenseitig einen neuen Anstrich vertragen könnte, kann sich seine Hoffassade samt Innenhof und Garten sehen lassen – sein museales Innenleben sowieso.

Bei der nächsten Kreuzung geht's wieder nach links in die Kochgasse, wo in dem späthistoristischen Haus mit der Nummer 8 einige Jahre Stefan Zweig lebte und arbeitete. Ein paar Häuser weiter nach Norden zu, bei Nummer 32, wohnte übrigens sein Schriftstellerkollege Felix Salten, der Erfinder von Bambi und wahrscheinlich Autor des 1906 erschienenen Skandalromans „Josefine Mutzenbacher". Am Ende der Gasse zweigen wir in die Florianigasse nach rechts ab, nach ein paar Minuten wieder nach links in die Lederergasse und gehen bis zur Josefstädter Straße. Diese überqueren wir und spazieren weiter die Strozzigasse entlang, die gleich mit einem bemerkenswert geschlossenen Verband an Josephinischen Vorstadthäusern (Nr. 39 bis 47 und 36 bis 40) aufwartet, ansonsten großteils aus späthistoristischen Gründerzeithäusern besteht.

An der Ecke Strozzigasse/Zeltgasse stoßen wir auf ein imposantes Haus mit grau-weißer Fassade, einen Fünfgeschosser, der 1910 von Julius Hecht erbaut wurde und ein typisches Kind seiner Zeit ist – eine Mischform aus Historismus und Jugendstil. Dem Architektenlexikon zufolge spielte Hecht gern mit Kontrasten. So setzte er auf „Pflanzengirlanden gegen geometrische secessionistische Ornamente" sowie auf „rauen und glatten Verputz, um unterschiedliche Effekte bei der Wandgestaltung zu erzielen". Wir finden es schön, vor allem die schmiedeeisernen Eckbalkone sowie die sie krönende Attika. Und dass eine Gedenktafel darauf verweist, dass hier der Komponist Edmund Eysler gewohnt hat, wollen wir natürlich auch nicht verschweigen.

Von hier spazieren wir weiter und biegen bei nächster Gelegenheit nach links in die Piaristengasse ein, wo wir beim Haus mit der Nummer 34 endlich am Ziel unserer Reise ankommen. Und der Vollständigkeit halber: Luftlinie wären es dann noch 110 Meter mit einem Schwenker nach rechts zum Theater in der Josefstadt, womit wir abschließend wieder bei unserem Ausgangspunkt ankommen.

Wo einst die Disco-Queen in der Badewanne trällerte

Piaristengasse 34, Martin S.

Wer mit offenen Augen durch die Piaristengasse spaziert, dem fällt das Zinshaus mit der Adresse Nummer 34 mit Sicherheit auf. Es geht gar nicht anders. Das Gründerzeithaus mit der blau-weißen Fassade hat nämlich einen reich gegliederten Sockel mit Hingucker-Portal: Zwei mächtige Säulen flankieren das Eingangstor und oben auf dem Rundbogen thronen zwei Engel. Ab dem ersten Stock aber glänzen aller Stuck und die Verzierungswut vor allem durch eines – durch Abwesenheit. Und das ist untypisch für ein Haus, das 1892, sprich am Beginn der Spätgründerzeit, erbaut wurde. Freilich hat das ganz konkrete Gründe, wie uns Mehrheitseigentümer und Ururenkel des Erbauers, Martin S., verrät. „Im Zweiten Weltkrieg wurde das

Haus beschädigt, davon war vor allem die Fassade betroffen. In weiterer Folge gab es dann einen Insektenbefall. Weil meine Familie nach dem Krieg kein Geld für eine Sanierung hatte, gab's nur eine Lösung: Stuck ab und die Fassade glatt verputzen."

Das Pompöse ist seitdem Geschichte, aber nichtsdestoweniger ist das Haus ein Herzeigeobjekt: „Mein Ururgroßvater, Martin Ludwig Hassfurther, ließ das Gebäude als Herrenhaus erbauen mit jeweils zwei Wohnungen à 150 Quadratmeter pro Stockwerk. Er selbst wohnte natürlich in der Beletage im ersten Stock – zu beiden Seiten des Stiegenhauses, mit zwei Balkonen."

Stahlbautechnik Marke Eiffelturm

Sehr viel Wert legte der Bauherr auch auf eine massive Bauweise. Als Ergebnis ist der Mezzanin mit Stahlträgern ausgestattet. „Richtig fette", sagt S., „das haben wir im Zuge eines Wohnungsumbaus herausgefunden." Dabei habe sich herausgestellt, dass jene Stahlträger, die unvermutet dort schon vorhanden waren, weit dicker waren als jene, die S. von der Baupolizei vorgeschrieben worden waren. S. grinst: „Also konnten wir uns die sparen." Keine Frage: Sein Ururgroßvater kannte sich aus. Der spätere Gemeinderat des 8. Bezirks war Spenglermeister und arbeitete viel mit Architekten zusammen. „Zudem hat er es geliebt, sich die technischen Entwicklungen im Rahmen der Weltausstellungen anzuschauen", erzählt Martin S. „Bei der Weltausstellung in Paris im Jahr 1889, als der Eiffelturm präsentiert wurde, dürfte er die Stahlbautechnik kennengelernt und sie praktisch inhaliert haben." Dem Haus kam es zugute. „Es ist schon viel wert, wenn die Substanz stimmt", sagt S. Aber auch so sei noch viel zu tun. „Von Anfang an war es ein Familienhaus. Mit allen Vor- und Nachteilen." S. meint mit Letzterem, dass die Verwandtschaft kaum Zins entrichten musste. Lediglich Betriebs- und Reparaturkosten waren von den Angehörigen zu tragen. „Aber damit springt man halt nicht weit. Als meine Mutter die Hausverwaltungsagenden in den 1980er-Jahren übernahm, haben wir erst einmal viel Geld ins Haus fließen lassen, weil es so stark sanierungsbedürftig war."

Leben im und rund ums Haus

Mittlerweile gibt es nur noch drei Familienwohnungen: Neben Martin S. leben auch sein Vater und sein

Schwager im Haus. Die restlichen Einheiten sind regulär vermietet, großteils an Familien, was, wie S. sagt, den zinshäuslichen Altersdurchschnitt immens nach unten drücke. Und das sei gut so. „So sehr ich meine alten Tanten geliebt, ihre Einladungen zum Nach-

mittagskaffee genossen habe und gern für sie da war, finde ich es auch schön, dass endlich ordentlich Leben im Haus ist. Meine Schwester und ich waren in unserer Kindheit die einzigen Kinder hier im Haus. Dann kamen altersmäßig schon meine Eltern, und alle anderen waren noch viel, viel älter.“ Dementsprechend seien die vergangenen Jahre geprägt gewesen von traurigen Anlässen und Abschieden, erzählt S., der uns während des Gesprächs durch das Haus zur Rückseite des Gebäudes führt. Und da staunen wir nicht schlecht: Die große und vor allem traumhaft schöne Gartenoase mit ihren alten Koniferen und einem 22 Meter hohen Ahornbaum, einem Biotop und verstreuten Verweilplätzchen lässt sich von der Straßenseite aus nicht erahnen. Das ist Hinterhof-Idylle pur. Ja, wir verstehen jetzt noch besser, dass Martin S. keine Probleme hat, Mieter zu finden. Jeder möchte hier wohnen – ein solcher An- und Ausblick ist beneidenswert. Anziehend wirkt das im Übrigen nicht nur auf die menschliche Spezies. Hier tummelt sich auch allerlei Getier. „Kröten gibt’s bei uns, ein Buntspechtepaar, Turmfalken, die hier jagen, und ab und zu schauen auch Kormorane und

ein Silberreiher vorbei.“ Sowie ungezählte Meisen, Amseln und Grünfinken, fügen wir im Geiste an.

Das Heim einer Pop-Ikone

Berühmte Mieter gab es auch schon im Haus. So wohnte etwa der junge Hugo Portisch mit seiner Familie einige Zeit zur Untermiete bei der Tante von Martin S. Und viele, viele Jahre später zog dann eine US-amerikanische Sängerin ein, die gern in der Badewanne ihr Können zum Besten gab. „Das war im ganzen Haus zu hören; zumindest hat das mein Vater erzählt“, berichtet Martin S. Die stimmgewaltige Künstlerin war niemand Geringerer als – Achtung, Trommelwirbel – Donna Summer: Richtig gelesen: Donna Summer, die mit „This Time“, „The Last Dance“ und „Hot Stuff“ in den 1970er- und 80er-Jahren die internationalen Charts stürmte und Vorbild für viele nachfolgende Künstler (u. a. Madonna und Michael Jackson) wurde. Das Beste an der Geschichte ist freilich, dass es keineswegs dem Zufall geschuldet war, dass die Disco-Queen der 1980er-Jahre ihre Zelte in der Piaristengasse 34 aufschlug, denn Donna Summer war Martin S.’ angeheiratete Tante, ihre erstgeborene Tochter Mimi ist seine Cousine.

Dazu fällt uns spontan nur eins ein: Hot Stuff!

Er ist das, was man einen Studentenbezirk nennt. Kaum woanders sind so viele Studierende unterwegs wie im Alsergrund, und viele von ihnen wohnen auch in diesem 299 Hektar großen Wiener Gemeindebezirk. Wunder ist das keines, denn so wichtige Hochschulen wie die Hauptuni und das Juridicum (beide im 1. Bezirk an der Grenze zum 9.) sind von hier aus gut zu erreichen und die MedUni ist überhaupt hier beheimatet. Und hat man erst einmal den Medizinabschluss in der Tasche, können Frau oder Herr Doktor getrost im Alsergrund verweilen, denn mit dem AKH und dem St. Anna Kinderspital haben zwei der wichtigsten Spitäler Wiens ihren Sitz im 9. Bezirk.

Im Neunten ist was los

Auch kulturell hat die Gegend einiges zu bieten. Hier haben die Volksoper, die Kleinkunstbühne „Theater am Alsergrund" und das Schubertheater sowie das sirene Operntheater, das „Bronski & Grünberg" oder das Votivkino ihr Zuhause. Etliche Restaurants und Szenebeisln („Zum Roten Bären", „Zuppa", „Kim kocht") sowie Kaffeehäuser („Café Stein", „Café Konditorei Monarchie", „Jonas Reindl") halten nach dem kulturellen Genuss das eine oder andere Gaumenschmankerl bereit. Auch die Nähe zur Innenstadt sowie zum Gürtel und Donaukanal ist diesbezüglich sicher vorteilhaft – und Bim- und U-Bahn-Stationen gibt's sowieso an jeder Ecke.

Es lebt sich also gut und schön im Neunten und auch die Zinshäuser im Alsergrund können sich sehen lassen. Neben den nachfolgend im Porträt vorgestellten, möchten wir – nein, müssen wir – in diesem Bezirk eine ganz besondere Straße auf die Bühne und vor den Vorhang bitten: die Harmoniegasse. Denn alle zehn Zinshäuser der kaum 120 Meter langen Gasse wurden komplett von Otto Wagner entworfen. Also, zumindest uns war das neu!

9. BEZIRK ALSERGRUND

Wo Otto Wagners Schaffensdrang seinen Ursprung nahm

Otto Wagner war schon mit 23 Jahren großflächig am Bauen

Die Gebäude entstanden 1864 bis 1865, als Wagner gerade einmal 23 Jahre alt war. Wahrscheinlich handelt es sich hierbei also um den Ursprung seines Schaffens. Aber das Allerbeste ist: Bis auf die Häuser Harmoniegasse 5–7, die heute einem Hotel ein Zuhause geben, sind alle Außenfassaden noch im Originalzustand erhalten oder originalgetreu renoviert worden – Otto Wagner pur sozusagen. Freilich war sein Stil damals noch weit entfernt von dem, was ihn berühmt machte. Am Anfang stand auch beim Meister des Jugendstils der Gründerzeit-Historismus. Zurück zur Gasse: An deren Ende blickt man auf das Harmonietheater (Wasagasse 33), ebenfalls von Otto Wagner entworfen. Das Theater, das ab 1872 unter dem Namen „Danzers Orpheum" bekannt wurde, musste 1928 seine Pforten schließen und wurde schon wenige Jahre später für Wohnungen adaptiert.

Aber nun heißt es „Bühne frei" für einen kurzen Spaziergang im Herzen des 9. Bezirks, der uns von der Berggasse zur Währinger Straße und der Van-Swieten-Gasse führt, und zwar über die Dietrichsteingasse, die eine Parallelstraße der Harmoniegasse ist. Was läge da also näher, als im Zuge dessen auch gleich das Otto-Wagner-Zinshäuser-Frühwerk in Augenschein zu nehmen?

Auf geht's: Starten wir unsere Besichtigungstour in der Berggasse, die ihren Namen seit dem Jahr 1862 trägt – und das ganz zu Recht. Sie ist nämlich nach dem Gefälle benannt, das zwischen der Währinger Straße und der Porzellangasse herrscht, früher als Schotten- oder auch Ochsenberg bezeichnet.

Die Tränen des Herrn Capek

Berggasse 15, Ursula Pichler

Keine Frage: Wer in der Berggasse spazieren geht – vielleicht, um das Sigmund Freud Museum auf Nummer 19 zu besuchen –, dem sticht das Gebäude ins Auge: In einem Häusermeer mit Fassaden in sämtlichen Weiß-, Beige- und Gelb-Schattierungen ragt das helle Olivgrün der Berggasse 15 als frischer Farbtupfer heraus. Auch sonst hat das im Jahr 1833 von Stadtbaumeister Anton Hoppe errichtete Biedermeierhaus einiges zu bieten – schlichte Eleganz etwa: Die Fassade glänzt mit schmalen, braun umrandeten Fenstern sowie ein wenig Giebelschmuck und zarten Stuckaturleisten. Der hell gestrichene Eingangsbereich wartet mit Pilastern und feinem Stuck auf, ansonsten ist der Sockel schnörkellos. Und das passt gut zu den beiden Geschäftslokalen im Erdgeschoss, dem dalmatinischen Fischrestaurant „Ragusa" und dem hippen Friseurladen „Haar von Rautenberg". Diese Lokale sind für die Bewohner des Viertels nicht nur wahre Infrastruktur-

Perlen, die beiden Geschäfte sind auch zentrale Wohlfühlfaktoren für Ursula Pichler, die Eigentümerin des Hauses. Pichler wohnt im dritten und obersten Stock der Berggasse 15 und genießt regelmäßig die Gaumenfreuden des Ragusa sowie die Kunstfertigkeiten von Friseur Bernd Rautenberg. Aber sie plaudert auch einfach gern mit ihren Mietern. „Ich interessiere mich für Menschen und ihre Geschichten", sagt die zierliche Blonde, als sie uns vor der Eingangstür empfängt.

Klein Ferdinand von Saar wohnte im ersten Stock

So erfahren wir, noch bevor wir einen Schritt ins Innere des Hauses machen, dass hier der berühmte Schriftsteller Ferdinand von Saar (1833–1906) einige Jugendjahre verbrachte. Saar, der neben Marie von Ebner-Eschenbach zu den bedeutendsten realistischen Erzählern der österreichischen Literatur des ausgehenden 19. Jahrhunderts gehört, lebte mit seiner Familie von 1840 bis 1848 hier in einer Wohnung im ersten Stock, die bis heute mit Original-Stuck und geschnitzten Eichenholzdecken ausgestattet ist. Auf ihrem repräsentativen straßenseitigen Balkon ist Saar allerdings mit Sicherheit nicht gewandelt. Das weiß Pichler ganz genau und schmunzelt: „Der wurde erst 1881 angebaut."

Ebenfalls erst 50 Jahre nach der Errichtung des Hauses kam der schöne Glasgang auf der Hofseite des Gebäudes hinzu. Um ihn rundherum wächst an der Fassade Efeu und Wilder Wein. Stark überwuchert von üppigem Grün ist auch das Nebengebäude, das den Hof rechts flankiert. „Das ist das ehemalige Kutscherhäuschen. Zu Biedermeierzeiten waren im linken Nebengebäude Kutsche und Pferde untergebracht. Und rechts wohnte eben der Kutscher", erzählt die Hausherrin, als wir in ihrer mit viel eigener Kunst ausgestatteten Maisonette über das Leben und die Bewohner in ihrem Haus plaudern.

Menschen haben sie von klein auf interessiert, so Pichler. Sie, die Tochter eines in jungen Jahren erfolgreichen Speedway-Rennfahrers und späteren Hausverwalters, sei so sogar zum Malen gekommen. „Mein Vater, Karl Killmeyer, hatte durch seine Hausverwalter-Tätigkeit immer viel mit Leuten zu tun. Die Hausmeister haben zum Beispiel das Geld damals direkt von den

Mietern einkassiert und bei meinem Vater abgeliefert. Und die Professionisten haben es sich für ihre Arbeiten bei ihm abgeholt." Es wäre ein ständiges Kommen und Gehen gewesen, das Vorzimmer permanent mit Menschen gefüllt. Um den Wartenden die Zeit zu vertreiben, habe sie Zeichnungen für sie angefertigt. „Wahrscheinlich rührt daher meine Liebe zum Malen", meint Pichler, die später an der „Art Students League of New York" studierte und mit namhaften Künstlern arbeitete.

Ein Mieter mit reicher, bunter Vergangenheit

Mit einem Künstler der besonderen Art, Franz Capek, der 50 Jahre lang im ehemaligen Kutscherhäuschen im Hof ihres Hauses wohnte, verband Pichler eine langjährige Freundschaft. „Als ich 1990 aus New York zurück nach Wien kam, haben wir uns gleich angefreundet." Daran führte für die ehemalige Volksschullehrerin kein Weg vorbei. „Sein Leben war so bunt, er war eine faszinierende Persönlichkeit." Neben Brotberufen wie Pudelscherer und Geflügelverkäufer war Franz Capek nämlich passionierter Conférencier und Tänzer in Travestieshows gewesen. „Er tingelte überall herum; auch auf der Reeperbahn in Hamburg ist er aufgetreten." Seine Wohnung im Kutscherhäuschen bot lebendiges Zeugnis davon: „Die Räume waren vollgestopft mit Kostümen, Perücken und Stöckelschuhen, die sich meine Kinder gern im Fasching ausgeborgt haben", erzählt Pichler lächelnd. Und überall hingen Fotos der Filmschauspielerin Marika Rökk, die er sehr verehrte. Neben einem von Rökks Bildern prangte auch ein Foto von ihm in Aktion. „Darauf war er mit Perücke, Netzstrümpfen und Federboa bekleidet und machte einen Spagat an die Wand. Beeindruckend!", kommentiert Pichler.

Ihrem Leben gab Franz Capek Ende der 1990er-Jahre eine entscheidende Wendung. „Ich wollte mich damals von meinem Mann scheiden lassen. Als ich Herrn Capek erzählte, dass ich deswegen ausziehen müsste, begann er verzweifelt zu schluchzen. Er wollte mich nicht fortlassen. ‚Herr Capek', hab ich gesagt, ‚ich muss weg, mir bleibt nicht anderes übrig, um meinen Mann loszuwerden.'" Franz Capek aber habe so bitterlich geweint, dass sie ihren Plan über den Haufen warf. „Ich dachte mir plötzlich: ‚Ich kann nicht ausziehen. Wer weiß, ob jemals noch wer so um mich trauert!'", erinnert sich Pichler.

Das Schätzgutachten unterm Kopfpolster

Herrn Capeks Tränen haben sie damals nicht nur gerührt, wie Pichler sagt. Sie haben ihr auch die Augen geöffnet. „Ich durfte nicht klein beigeben und die Wohnung und die Nachbarschaft, die mir lieb war, zurücklassen!" Sie habe dann alles daran gesetzt, dass ihr Mann statt ihrer ausziehe. Der wollte Verschiedenstes als Gegenleistung: Neben dem Geld für die halbe Wohnung und die Wertsteigerung des Hauses auch diverse Dinge von ideellem Wert. „Also habe ich eines Tages alles, was nicht niet- und nagelfest war, weggeschafft. Er ist morgens zur Arbeit gefahren, und ich habe inzwischen mein Hab und Gut mit dem Auto zu meinen Eltern gebracht." Das, was sie nicht mehr rechtzeitig fortbringen konnte, habe sie zu Herrn Capek geschafft: Fotoalben, Aktskizzen, Bilder, Bücher. Nicht zuletzt das wertvolle Schätzgutachten des Hauses, das ihr Noch-Ehemann keinesfalls in die Finger bekommen durfte. Als Ursula Pichler Franz Capek das wichtige Schreiben übergab, nahm dieser es sofort an sich. „Ich erinnere mich, dass er es ins Schlafzimmer getragen und unter seinem Kopfpolster versteckt hat. Und da ist es dann geblieben, bis meine Scheidung durch war!" Ihr Ex-Mann ahnte von all dem freilich nichts. Als er an besagtem Abend heimkam, war er geschockt, dass seine Frau Nägel mit Köpfen gemacht hatte. Zwei Wochen wohnte er noch in ihrem Haus, während Pichler mit den Kindern wegfuhr. Wenn aber Franz Capek Pichlers „Gerade-noch-Ehemann" im Haus begegnete, habe sich der alte Herr immer sehr höflich und ausführlich nach dessen Befinden erkundigt!

Drei Minuten Fußmarsch entfernt liegt das nächste Haus, dem wir einen Besuch abstatten wollen. Dazu spazieren wir ein paar Meter die Berggasse hinauf bis zur Liechtensteinstraße. Dort biegen wir nach rechts ab, und nach weiteren 180 Metern geht's nach links in die Harmoniegasse. Wie eingangs erwähnt, lassen sich hier Otto Wagners Zinshaus-Frühwerke bestaunen, inklusive Harmonietheater (Wasagasse 33). Direkt vor diesem ehemaligen Theater stehend, wenden wir uns nach links und dann gleich nochmal nach links, um in die Dietrichsteingasse einzubiegen. Die kurze Gasse ist benannt nach Johann Karl Baptist Walter Fürst von Dietrichstein, Obersthofstallmeister und Günstling Josephs II. Auf Nummer 3 befindet sich das Objekt, das uns interessiert – der Heberling-Hof.

Der Student, der ganz ohne Geld ein Zinshaus kaufte

Dietrichsteingasse 3, Elisabeth und Conrad Heberling

Der Name Heberling-Hof prangt stilvoll in dunklen Lettern über dem Eingang des grau-blauen Gründerzeithauses in der Dietrichsteingasse 3. Mit typischen Gemeindebauten, die oft das Wort „Hof“ im Namen führen, hat das schöne Zinshaus aus dem Jahr 1864 allerdings nichts gemein: Es gehört nicht der Stadt, sondern dem Ehepaar Heberling – und das schon seit mehr als 35 Jahren.

Damals, in den 1980er-Jahren, war der heutige Hochschullehrer für Marketing, Marktforschung und Medienökonomie Conrad Heberling noch ein Student der Kommunikationswissenschaften – ohne Geld, dafür reichlich ausgestattet mit Visionen. Großen

Visionen. So wollte er, obwohl völlig mittellos, ein Zinshaus erwerben, um sich ein Eigenheim zu schaffen. „Das war 1985. Meine Frau war hochschwanger und wir brauchten Wohnraum. Ich dachte mir: ‚Bevor wir eine Eigentumswohnung kaufen, kaufen wir doch gleich ein ganzes Zinshaus'", erzählt der gebürtige Kanadier und lacht. „Ja, wir waren damals recht schmerzbefreit", ergänzt seine Frau Elisabeth Heberling schmunzelnd, als sie uns in der geräumigen Dachgeschosswohnung Kaffee serviert.

Der Kopf schrie „Nein" – der Bauch laut „Ja"

Dabei war Frau Heberling zuerst strikt gegen den Hauskauf. „Nicht grundsätzlich. Aber dieses Haus hier wollte ich nicht." Elisabeth Heberling war es nämlich, die sich vor Ort ein Bild von der Lage machte. „Conrad war damals zwar arm, aber sehr ehrgeizig. Er hat neben dem Studium immer gearbeitet. Deswegen musste ich für ihn so manche seiner Vorlesungen besuchen – und natürlich die Häuser anschauen!" Zinshäuser, die ihr Mann zuvor in Zeitungsannoncen gefunden hatte. Vom Haus in der Dietrichsteingasse war Frau Heberling allerdings alles andere als begeistert. „Es war kein Schmuckstück", formuliert Conrad Heberling und blickt zu seiner Frau. Die findet deutlichere Worte: „Es war grauslich. Schäbig. Eine vernagelte Bretterbude war das. Und es hat hier gestunken – unvorstellbar. ‚Das Haus kaufen wir sicher nicht!', habe ich damals zu meinem Mann gesagt!" Damit war das Gebäude erst einmal aus dem Rennen. „Für mich war das Thema erledigt", erinnert sich der Hochschullehrer. Das Ehepaar entschied sich für ein anderes Objekt und unterschrieb einen Vorvertrag dafür. In der folgenden Nacht allerdings hatte Elisabeth Heberling einen Traum, der alles ändern sollte. „Als ich morgens aufwachte, habe ich zu Conrad gesagt: ‚Wir müssen die Bruchbude kaufen!'" Dabei wäre das Haus in ihren Traumszenen gar nicht schön gewesen. „Aber mein Bauchgefühl sagte mir, dass es das richtige für uns war."

„Das Haus hat auf uns gewartet"

Daraufhin wurde der Vorvertrag für das andere Haus wieder rückgängig gemacht. Das ist an sich eine kostspielige Angelegenheit, aber die Heberlings hatten Glück. Mit Blick auf den gerade zur Welt gekommenen Säugling in der mitgebrachten Tragtasche entließ der Rechtsanwalt das Paar ohne Abschlagszahlung aus dem Vertrag. „Und das Haus in der Dietrichsteingasse – das hatte auf

uns gewartet", betont Elisabeth Heberling. Um es zu kriegen, musste das Paar beim Eigentümer, der Unternehmerfamilie Tesar, vorsprechen. „Die Tesars wollten die Liegenschaft keinem Spekulanten in den Rachen werfen. Deshalb nahmen sie die Kandidaten genau unter die Lupe. Anscheinend waren wir ihnen sympathisch, und als wir sagten, dass wir das Haus für uns als Eigenheim wollten, haben wir den Zuschlag bekommen. Für 950.000 Schilling", erzählt Conrad Heberling.

Heute mutet die Summe für ein Zinshaus beinahe lächerlich an. Aber damals war das viel Geld, sagt Elisabeth Heberling: „Überhaupt für uns. Wir hatten ja null." So kam das Paar dann auch gehörig ins Schwitzen, als sich der Notar beim Unterschreiben danach erkundigte, wie sie denn die Summe bezahlen wollten. Denn sie mussten zugeben: Das Geld hatten sie noch gar nicht.

Einzug: 23 Jahre später

Aber auch in weiterer Folge waren die Heberlings Kinder des Glücks: Der Bankbeamte von der Zentralsparkasse, den sie wegen des Kredits aufsuchten, gab ihnen den entscheidenden Tipp: „Machen Sie eine Sockelsanierung!" Diese kostete zwar weitere erstaunliche 18 Millionen Schilling, doch die etappenweise Wohnhaussanierung wurde von der Stadt Wien anstandslos bewilligt und die Kosten somit voll gedeckt. Sogar der Dachausbau war damit möglich – Elisabeth Heberlings großer Traum. „Ich wollte hier in Wien immer weit oben wohnen und einen schönen Ausblick haben", schwärmt die gebürtige Oberösterreicherin. Mit dem Ausblick wurde es allerdings lange nichts. Zwar lief bei der Sanierung alles wie am Schnürchen und das Bauvorhaben war nach zwei Jahren komplett abgeschlossen, trotzdem konnten die Heberlings ihr Eigenheim in der Dietrichsteingasse erst geschlagene 23 Jahre später beziehen. Denn wie so oft im Leben führte auch bei den Heberlings der Zufall die Regie: Just an jenem Tag, an dem das Paar in seine Dachwohnung hätte einziehen sollen, bekam Conrad Heberling einen Topjob in der Steiermark beim Chipwerk austriamicrosystems in Premstätten bei Graz. „Wir mussten sofort umziehen.

des Gebäudes für den ersten Stock konzipierten. Diese bezogen in aller Regel die Hausherren, die dort nicht nur standesgemäß wohnen, sondern praktischerweise auch dem kalten und feuchten Grund des Erdgeschosses sowie dem oft lärmenden Geschehen auf der Straße entgehen wollten. Der erste Stock war also der optimale Kompromiss zwischen guten Licht- sowie Luftverhältnissen einerseits und kurzen Treppenwegen andererseits. Doch diese Mischung aus „schöner Wohnen" und geringer Aufstiegsplackerei wurde später immer öfter aufgeweicht und die Beletage Stück für Stück nach oben verschoben, nicht zuletzt deshalb, weil sich dadurch auch die Strenge der Bauvorschriften abmildern ließ. Denn wenn in manchen Wohngegenden lediglich vier Geschosse erlaubt waren, konnten findige Bauherren unter Behelf einer neuen Nomenklatur (Souterrain, Parterre, Hochparterre und Mezzanin) insgesamt vier Stockwerke unter dem offiziell ersten Stock unterbringen – Not macht eben erfinderisch.

Studententreff und verlängertes Wohnzimmer

Zurück zum Gebäude. Das Haus in der Währinger Straße 26 wurde 1891 von einem gewissen Josef Marek erbaut, dem Vater des späteren Stadtbaumeisters Alfred Marek, und es kam um die Jahrhundertwende in den Familienbesitz des heutigen Eigentümers. „Unsere Familie stammt aus dem Nonstal, nördlich von Trient, ist aber schon zu Beginn des 19. Jahrhunderts nach Wien gekommen, um hier eine Seidenfärberei aufzubauen. Die Fabrik brachte meinen Vorfahren Wohlstand und mein Ururgroßvater kaufte von dem Geld unter anderem dieses Haus hier. Das war um 1900." Seitdem ist das Gebäude, das aus drei hintereinander liegenden Trakten besteht und an die 4.500 Quadratmeter Wohnfläche zu bieten hat, in Familienbesitz. Und das soll auch so bleiben, wenn es nach dem Hausherrn geht. Schon allein aus nostalgischen Gründen, immerhin lebt Morawitz mit seiner Familie seit 20 Jahren hier beziehungsweise hat auch davor schon während seines Hochschulstudiums im Haus gewohnt. Damals, zu Studentenzeiten, gab es im Erdgeschoss noch ein Kaffeehaus, das Café Stadlmann. „Es war sozusagen mein verlängertes Wohnzimmer, ein Studententreff, wo wir viel diskutiert haben", erinnert sich der Hausherr an das traditionsreiche Kaffeehaus, das schon seit Anfang der 1930er-Jahre im Gebäude untergebracht war und 2008 seine Pforten schloss.

Ein Gartenhaus für den Meisterkomponisten

Freilich ist das noch nicht alles. Während uns Nikolaus Morawitz durch Gebäude zwei und drei nach hinten zum hübschen, kleinen Garten führt, erzählt er uns eine schöne Geschichte. Denn hier auf dem Gelände stand im 18. Jahrhundert, lange bevor das jetzige Zinshaus errichtet wurde, ein Gartenhaus mit dem klingenden Namen „Zu den drei Sternen". Und in diesem hat Wolfgang Amadeus Mozart ein halbes Jahr lang gewohnt und gearbeitet. Und wie er gearbeitet hat! In nur sechs Wochen, während des Sommers 1788, schuf das Musikgenie hier seine letzten drei Symphonien (allerdings nicht, wie die Gedenktafel über dem Eingangstor irrtümlich kündet, die Oper „Così fan tutte"; diese entstand erst im Herbst des Folgejahres, und da wohnte der Komponist wieder woanders). Möglicherweise spornte Mozart die ruhige Umgebung und die Schönheit der Natur ringsum zu dieser Meisterleistung an: Vogelgezwitscher überall und Gewächse wie der riesige Kastanienbaum sowie die Rosen- und Fliederbüsche, die heute das Gärtlein noch zieren und die es vielleicht auch damals schon gab. Verstehen könnten wir es – das beschauliche Stück Grün lädt zum Verweilen ein. Und könnten wir komponieren, wir machten es auf der Stelle.

Von der gegenwärtigen Adresse sind es nur ein paar Schritte, die uns von unserer letzten Station trennen, der Van-Swieten-Gasse 16/Währinger Straße 23. Keine 100 Meter sind es, die wir stadtauswärts gehen müssen, dann allerdings heißt es, die Währinger Straße queren, denn die ungeraden Hausnummern befinden sich auf der gegenüberliegenden Seite. Aber es lohnt sich, denn das Haus ist wirklich entzückend. Und wer anschließend noch Lust und Laune hat, kann einen Abstecher ins Josephinum tun. Ursprünglich von Kaiser Joseph II. als medizinisch-chirurgische Militärakademie gegründet, beherbergt das 1785 fertiggestellte barock-klassizistische Gebäude heute historische Sammlungen der Medizinischen Universität, nebst gruseligen Operationsinstrumenten von anno dazumal vor allem an die 1.200 Wachsmodelle von allerlei Körperinventar.

Schneeschaufeln auf dem Dachboden

Van-Swieten-Gasse 16, Harald und Werner Kerck

Es ist ein wahrlich schmuckes Josephinisches Vorstadthaus, das die Ecke Währinger Straße/Van-Swieten-Gasse ziert. Durch die helle Fassade mit den edlen, grau gerahmten Fenstern und das sparsam eingesetzte plattenartige Dekor strahlt das 1786 errichtete Gebäude eine erhabene Eleganz aus – klar und ungekünstelt. Und das ist typisch für den damaligen Stil und wohl ganz im Sinne des Erbauers, Johann Georg Kornhäusel.

Beim Namen Kornhäusel löst sich ein zu wissen glaubendes „Ah" von unseren Lippen. Aber nein. Hierbei handle es sich nicht um den renommierten Architekten, der etwa das Theater in der Josefstadt errichtete oder den Wiener Stadttempel, wie Harald Kerck, einer der beiden Eigentümer der Liegenschaft, erläutert. Denn das war Joseph Georg Kornhäusel, also Johann Georgs Sohn. „Der Vater war nicht berühmt, er war ein

Stadtbaumeister. Heute würde man wahrscheinlich Magistratsbeamter sagen", berichtet Kerck.

Macht nichts, schön hat Kornhäusel senior das Haus der Kercks trotzdem gebaut. Besonders im Inneren. Im Pawlatschenhof herrscht Idylle pur: Überall blüht und grünt es in den Blumentöpfen, die zu beiden Seiten an der Hausmauer stehen, über das Geländer ergießen sich Geranien, Petunien und Verbenen in leuchtendem Rosa, Rot und Blau und an der hinteren Hausfront drängt dichtes Veitschi-Blattwerk über die zwei Stockwerke dem Himmel entgegen.

Über Generationen hinweg ein Bäckerhaus

Dass es sich hier gut leben lässt, glaubt man Werner Kerck, der sich zwischenzeitlich zu uns gesellt hat, aufs Wort. Die Familie jedenfalls wisse das zu schätzen: „Sechs von acht Wohnungen sind von Familienmitgliedern bewohnt." Insgesamt leben im Haus drei Generationen von Kercks, wie sein Bruder Harald sagt. „Unsere Mutter wohnt ebenso hier wie unsere Kinder." Letztere seien zwar zwischenzeitlich ausgezogen, aber irgendwann wiedergekommen.

Auf unserer Tour durchs Haus, die uns zuerst in den Keller führt (wo es einen ehemaligen Brunnenschacht gibt) und anschließend auf den Dachboden (hier stützen Pfosten aus geschlagenem, nicht gesägtem Holz den Dachstuhl), erzählen die beiden, dass das Haus seit seiner Erbauung in Familienbesitz ist. „Josef Riedel war Bäckermeister und der erste Hausherr. Im Erdgeschoss hatte er seine Bäckerei." Das Wissen, in welchem verwandtschaftlichen Verhältnis Riedel zu den Kercks stand, ist leider so verschüttet, wie der Brunnenschacht im Keller einmal war. Im Gegensatz zum Brunnen allerdings, der von den Mühlsteinen befreit und wieder befestigt wurde, sind die familiären Bande heute nicht mehr zu entwirren. „Das ist alles zu lange her, und sehr wahrscheinlich gab es auch zwischendurch keine direkten Nachkommen, sodass das Gebäude auf eine Nebenlinie übergegangen ist." Fakt ist, dass 1916 ein gewisser Alois Fritz das Haus erbte, und das war der Urgroßvater von Harald und Werner Kerck. Wie schon die Hausherren vor ihm, war auch er Bäckermeister.

Ein glückliches Geschäftshändchen hatte er allerdings nicht. „Von ihm ist überliefert, dass er sehr gutherzig war und jedem zu essen gab, der Hunger hatte", sagt Harald Kerck und sein Bruder ergänzt: „Als sein junger Enkel, unser Vater, vom Krieg heimkam, hat er bei ihm Bäcker gelernt. Aber der Betrieb war heruntergewirtschaftet, weil Alois alles hergeschenkt hat." Da auch der Vater der

Brüder kein Bäcker aus Überzeugung war, erlosch das Bäckergewerbe in der Familiengeschichte.

Das Beste gerade gut genug: geschlagenes Holz für den Dachboden

Das Haus blieb zum Glück erhalten und ging von Alois zuerst an seine Tochter Gertrud und ihren Mann Erich Leopold Kerck. Danach erbte es der Vater der beiden Brüder, Erich Volkedien Kerck, und 1997 übernahmen es dann Harald und Werner Kerck. Ihnen war klar, dass eine Generalsanierung anstand, die letztlich vier Jahre dauerte und um 25 Prozent mehr kostete als veranschlagt. Zu sanieren war damals praktisch alles: die Fassade, der Hof, der Keller und, nicht zu vergessen, das Dach. Beim Umbau wurde auch deutlich, dass ein Dachausbau keine Option ist. „Weil wir ans Josephinum grenzen, dürfen wir die Dachneigung nicht verändern. Ensembleschutz nennt man das“, seufzt Werner Kerck. „Das geht so weit, dass wir keine neuen Außendachziegel verwenden durften. Jetzt haben wir nur hofseitig genagelte Dachziegel, zur Straßenseite hin durften wir nur genoppte Ziegel verwenden. Bloß, wenn die Noppen abbrechen, zischen die hinunter.“

Weil der Dachstuhl insgesamt schützenswert sei, forderte das Bundesdenkmalamt im Zuge der Sanierung, kaputte Holzpfosten originalgetreu zu ersetzen. „Das Problem war, dass es kaum Betriebe gibt, die geschlagenes Holz anbieten. Eine Firma in Norddeutschland haben wir damals gefunden, aber auch diese war nicht in der Lage, im entsprechenden Umfang zu liefern. Das Bundesdenkmalamt schlug daraufhin vor, dass wir uns auf Baustellen nach geeignetem Material umsehen sollten", erzählt Harald Kerck und schüttelt den Kopf. Sein Bruder darauf schmunzelnd: „Ich meine, wir machen ja hier keine öffentlichen Führungen." Zum guten Glück ließ sich das Amt dann doch erweichen und die neuen Pfosten durften gesägten Ursprungs sein.

Das Ende eines unliebsames Hobbys

Das Dach auf Vordermann zu bringen, war jedenfalls wichtig. Nicht nur, weil es sich um ein nicht isoliertes Kaltdach handelte und die Dämmung hierauf die Heizkosten der oberen Wohnung fast um die Hälfte reduzierte. Mit der Sanierung konnten Harald und Werner Kerck auch ein unliebsames Hobby ad acta legen – quasi eine noch nicht entdeckte olympische Disziplin, die sich „Schneeschaufeln auf dem Dachboden" nennt. „Das war nötig, wenn es schneite und gleichzeitig sehr windig war. Dann hat es den Schnee durch die Dachziegel ins Innere geweht. Und wenn es richtig stark geschneit hat, dann war das ganz schön wild. Richtig hohe Schneewechten waren das zum Teil", berichtet Harald Kerck. Seine Frau, Silvia Kerck, erinnert sich gut daran, wie die beiden Brüder bei entsprechendem Wetter auf den Dachboden gestapft sind, um die weiße Pracht in sisyphusartiger Manier wieder aus den kleinen Dachluken zu befördern. „Das war immer frühmorgens, weil sonst alles geschmolzen ist und es durch die Decke in die Wohnungen getropft hat."

Heute können die drei darüber lachen, wenn sie daran zurückdenken. „Damals war es für uns ganz normal, das zu tun, und im Nachhinein betrachtet eine lustige Anekdote. Aber Spaß hat's in dem Moment eigentlich nicht so richtig gemacht, oder?" Mit diesen Worten wendet sich Werner Kerck an seinen Bruder, und der stimmt ihm zu und grinst: „Nein, das hat es nicht."

lich auf einem anderen Blatt. Aber seit damals ist Favoriten Arbeiterbezirk und die Tausenden „Ziegelböhm“ leisteten den fundamentalen Beitrag zu den Gründerzeitbauten, weil sie die dafür benötigten Millionen von Ziegeln mit ihrer Hände Arbeit herstellten.

Manche dieser Zinshauskasernen stehen noch. Und in einer von diesen hat sich eine kuriose Geschichte zugetragen, die wir erzählen wollen. Aber bevor wir uns in die Buchengasse begeben, wo besagtes Zinshaus steht, drehen wir eine kleine Runde im Herzen des Zehnten.

Ein Spaziergang im Herzen Favoritens

Wir starten am Reumannplatz, in nächster Nähe zu Favoritens Art-Déco-Perle, dem Amalienbad, sowie dem Viktor-Adler-Platz mit seinem legendären Markt. Von hier biegen wir in die Neusetzgasse ein, eine mit Ahornbäumen gesäumte Allee, in der uns eine einheitliche Verbauung mit fünfgeschossigen secessionistischen Zinshäusern erwartet. Als Beispiel greifen wir das Objekt 7 und 9 heraus, ein mit einer Attika bekröntes Doppelhaus, bei dem als auffälligstes Merkmal Pseudodächer hervorstechen, die an verschiedenen Höhen statt Stuckgesimsen direkt aus der Fassade wachsen. Das wirkt beim schnellen Hinschauen ein bisschen so, als wären es nicht zwei, sondern gleich sechs kleine Reihenhäuser unterschiedlicher Größe.

Der Blick auf die Antoniuskirche, oder zumindest auf ihre grüne Kuppel, begleitet uns schon, seit wir in die Neusetzgasse eingebogen sind. Jetzt stehen wir vor dem imposanten späthistoristischen Rohziegelbau und drehen eine Runde um die Kirche – erstens, weil sie so hübsch anzusehen ist, und zweitens, weil rundherum ein Verband aus vier- und fünfgeschossigen Spätgründerzeithäusern lockt. Sie alle zu beschreiben, wäre zu viel. Einfach anschauen, lautet unser Tipp.

Dann geht's über die Gellertgasse nach rechts in die Ettenreichgasse, die wie die Neusetzgasse von Alleebäumen gesäumt ist und vor allem aus einem geschlossenen späthistoristischen Zinshausverband besteht. Besonders angetan sind wir von Nummer 1, dem Paula-Hof, einem Wohnhaus von Richard Esriel, das an der beigen Fassade zum Reumannplatz hin durch Riesenpilaster gegliedert ist und zartes Blumen- und Girlandendekor trägt. Esriel baute es 1914 für die rätselhafte Paula von Englisch-Poparich, über die heute sonst nichts (mehr) bekannt zu sein scheint. Ein paar Schritte spazieren wir nun die Davidgasse entlang, bevor wir in die Leibnizgasse einbiegen und südwärts Richtung Inzersdorfer Straße gehen. Hier springt uns die graublaue Jugendstilfassade der Hausnummer 52 ins Auge mit ihrer Lisenengliederung und all ihren Blütenornamenten, Masken, Kränzen, Bändern, Sonnen- und Glockenblumen und dem Palmettendekor. Am Ende der Gasse machen wir einen Doppelschwenker nach rechts und biegen in die ebenfalls mit Gründerzeithäusern durchsetzte Senefeldergasse ein, die uns wieder zur Davidgasse führt.

Von alten Fabriken

Der lange Straßenzug der Davidgasse hat vereinzelt Zinshäuser mit Jugendstildekor in petto, etwa den Doppelblock mit den Hausnummern 62 und 64, der durch seine riesige beige Fassade inklusive Reliefdekor sowie die floralen und geometrischen Ornamente beeindruckt. Oder die Nummer 85–87. Aber halt! Zuerst kommen wir nach einem Kilometer zum Belgradplatz, wo wir uns ein ehemaliges Fabriksgebäude anschauen wollen. Das Haus mit der Adresse Belgradplatz 3 wurde 1898 erbaut und entspricht als Sichtziegelbau mit seinen verputzten Gesimsen und Fensterrahmungen einem typischen Favoritner Betriebsobjekt der Jahrhundertwende. So steht es zumindest im „Dehio-Wien-Handbuch, Kunstdenkmäler Österreichs“. Das, was darin produziert wurde, war aber sicher nicht ganz typisch. Im Gegenteil. Schon bei der Bezeichnung läuft uns das Wasser im Mund zusammen – der Bau war einmal eine Schokoladen- und Zuckerwarenfabrik, gegründet von Gustav Heller und seinem Bruder Wilhelm, der übrigens André Hellers Großvater war.

Gute 200 Meter weiter kommen wir zu einem weiteren ehemaligen Fabriksgebäude, einem fünfgeschossigen kubischen Ständerbau in Sichtziegelbauweise mit verputztem Sockelgeschoss: Dabei handelt es sich um die ehemalige Papierfabrik Reiß. Heute sind dort ein Supermarkt, Büros und Arztpraxen einquartiert, doch 1938, nachdem der jüdische Fabriksbesitzer Adolf Reiß enteignet worden war, wurde die Fabrik arisiert und zuerst von den Nationalsozialisten Josef Jarausch und Hugo Rothe weitergeführt. Ab 1944 diente das Objekt dann dem Regime als Zwangsarbeiterlager für ungarische Juden und Jüdinnen. „Wenn Wände reden könnten …", kommt es uns wieder einmal in den Sinn. Daneben, auf Nummer 89, befindet sich das dazugehörige ehemalige Wohnhaus des Fabrikanten, ein schmucker Dreigeschosser mit Mittelerker und dekorativem Gitterdekor an Fenstern und am Eingang. Die grausamen Jahre sieht man dem Komplex nicht an.

Von hier marschieren wir die Gussriegelstraße nach Norden, vorbei an alten und neueren Neubauten, wo wir nach knapp drei Minuten auf die Buchengasse treffen, die alles in allem ganz schön lang ist (27 Häuserblöcke!) und nur mit wenigen Gründerzeithäusern aufwarten kann. Aber sie bringt uns zu unserer Geschichte und anschließend nach 1,3 Kilometern wieder zurück zum Reumannplatz.

Der Amok-Ninja von Favoriten

Buchengasse, Sonja und Sabine W.

Die Buchengasse zählt 178 Häuser, und einzelne Abschnitte dieser langen Straße, die sich nahezu über die gesamte Breite des nördlichen Favoriten erstreckt, haben sicherlich schon bessere Zeiten gesehen. Die Liegenschaft, um die es sich dreht, ein viergeschossiges Zinshaus, erbaut um 1880, ist aber gut in Schuss. Die Eigentümerinnen, Sonja und Sabine W., achten sehr darauf, dass im Haus alles in Ordnung ist, und auch das äußere Erscheinungsbild liegt ihnen am Herzen. „Wir haben das Haus vor 45 Jahren von einem Wahlonkel geerbt, der selbst keine Nachkommen hatte", erzählt Sabine W. Über die Erbschaft freuten sich die beiden Schwestern natürlich sehr, dass das Gebäude mit den insgesamt 4.000 Quadratmeter umfassenden Wohneinheiten jedoch praktisch nichts abwarf, weil darin fast ausschließlich Altmieter mit Friedenszins (1 Schilling pro Quadratmeter) und unbefristeten Mietverträgen wohnten, stand auf einem anderen Blatt. „Wir haben das Haus behalten, auch wenn es in Wirklichkeit für uns nur Arbeit bedeutete und wir unser Erspartes in die Hand nehmen mussten, um notwendige Sanierungsarbeiten durchzuführen", erinnert sich Sabine W.s Schwester Sonja.

Probleme, die man wirklich nicht braucht

Kritisch wurde es vor einigen Jahren, als sich die beiden Hauseigentümerinnen immer öfter mit Problemen konfrontiert sahen, auf die sie durchaus hätten verzichten können. „Wir hatten Leute im Haus, teilweise waren das auch nur Angehörige von Mietern oder Besucher, die durch ihr Verhalten die Polizei auf den Plan gerufen haben", umschreibt es Sabine W. recht blumig. Unser fragender Blick zieht eine nüchterne Ergänzung nach sich: „Rauschgift und Prostitution." Nein, so etwas braucht man wirklich nicht. „Da haben wir ernsthaft überlegt, das Haus zu verkaufen", sagt Sonja W. und ihre Schwester nickt.

Mittlerweile habe sich die Situation aber verbessert. Die Mieterstruktur verjünge sich zunehmend, und mit der neuen, engagierten Hausverwaltung sei die Zusammenarbeit sehr gut. Gemeinsam gelinge es nun besser, seriösere Mieter auszusuchen. Und die braucht es ganz dringend, nicht nur für den Erhalt des Zinshauses – auch für die Nerven der beiden Eigentümerinnen. Denn eine Episode mit einem verrückten Mieter werden die beiden wohl nie vergessen können ...

Schlafende Ninjas soll man nicht wecken

„Es ist schon fast 20 Jahre her", sagt Sabine W., aber für sie und ihre Schwester sei es die Krönung aller schlechten Erfahrungen mit Mietern gewesen. Die Geschichte fing W. zufolge damit an, dass die Hausverwaltung die beiden Eigentümerinnen darüber informierte, dass ein Mieter im 1. Stock schon seit sechs Monaten keine Miete mehr bezahlt hatte. „Man fragte uns, ob wir eine Räumungsklage einbringen wollten, was wir dann nach Rücksprache mit unserem Rechtsanwalt natürlich gemacht haben." Den Mieter jedoch kratzte das nicht; er ging auf keine Verhandlungen ein, sodass es letztlich zu einer Delogierung kam. Nachdem andere Bewohner die Hausverwaltung schon im Vorfeld vor diesem Mieter gewarnt hatten (O-Ton: „Der hat sie nicht alle!"), wurde vorsorglich die Polizei hinzugezogen. Und das war gut so, wie Sonja W. berichtet: „Es war Montag, 7 Uhr in der Früh. Zusammen mit dem Gerichtsvollzieher, einem Schlosser und acht (!) Polizisten haben wir geläutet, geklopft und uns lautstark bemerkbar gemacht. Nachdem sich nichts getan hat, hat die Polizei angedroht, die Türe aufzubrechen." Es sei dann noch etwa eine viertel Stunde vergangen, bis die Polizei begann, die Türe aufzubrechen. Dann allerdings ging's rund, wie Sabine W. schildert: „Zuerst war da ein lauter Schrei, dann riss jemand die Tür auf. Verkleidet als schwarzer Ninja-Kämpfer mit zwei Schwertern in Händen, stürmte der Mieter auf einen der Polizisten zu und brüllte dabei: ‚Ich bring euch um!'"

Delogierter mit Vermögen

Zum Glück konnten die acht Polizisten den Mieter überwältigen und es wurde niemand verletzt. Im Nachhinein und objektiv betrachtet, sei auch alles schnell vorüber gewesen, meint Sonja W. „Aber die Sekunden, als der Verrückte aus der Tür gestürmt ist und die Schwerter geschwungen hat, da hatten wir Todesangst." Und man merkt: Das ist auch nach Jahren immer noch keine Anekdote, über die sie lachen kann. Das Verrückteste aber an dieser Geschichte stellte sich erst im Nachhinein heraus: Im Verlauf der Delogierung entdeckten die Eigentümerinnen in der Wohnung einen Safe, der später von den Behörden geöffnet wurde. Und in diesem Safe befanden sich 116.000 Euro und mehr als 30 Goldmünzen. „Seinen Mietrückstand von ursprünglich 2.000 Euro hätte er sich also leicht leisten können", sagt Sabine W. und zuckt die Achseln. Nicht nur so gesehen war seine Ninja-Einlage völlig überflüssig.

Wir haben nachgefragt: Die Simmeringer Haide, die Simmeringer Hauptstraße und der Zentralfriedhof – das ist das, was den meisten auf Anhieb zum 11. Bezirk einfällt. Und ja, das sind auch unsere Top 3. Bei intensiverem Nachdenken kommen uns dann aber doch noch die Gasometer-Türme in den Sinn, der Alberner Hafen mit dem Friedhof der Namenlosen und das Schloss Neugebäude. Und zu all dem ließe sich genügend erzählen. Zum Beispiel, dass Schloss Neugebäude, das Juwel des Elften, schon von Kaiser Maximilian II. im 16. Jahrhundert als Jagdschloss in Auftrag gegeben wurde, inklusive Ballspielhaus und Löwenhof (denn hier wurden Raubkatzen gehalten!), dass es aber durch dessen frühen Tod sehr bald in Vergessenheit geriet. Lange Zeit vegetierte die Anlage, die zu den bedeutendsten Baudenkmälern der Renaissance gehört, vor sich hin, bis sie schließlich in den 2000er-Jahren revitalisiert wurde und heute mit ihren großzügigen Gartenflächen als vielfältiger Veranstaltungsort dient sowie Interessierten für Schlossführungen offensteht. Für hungrige Schlossbesucher befindet sich übrigens gleich hinter der Anlage ein kulinarischer Hotspot. Die Simmeringer Hauptstraße 283 beherbergt nämlich das Concordia Schlössl. Heute ist es Cafésalon und Restaurant, aber ursprünglich war in dem 1881 von Hans Richter erbauten Gebäude die Zentrale des k. u. k. Hofsteinmetzunternehmens Sommer & Weniger untergebracht. Und dieses Unternehmen hatte sich – so ist es auf der Internetseite des Restaurants zu lesen – auf die Herstellung monumentaler Steinfiguren spezialisiert. Selbstredend, dass das dem Gebäude zugute kam: Schon beim Eingang begrüßt die Besucher eine überlebensgroße Christusstatue, während im Inneren eine Säulenhalle, weiters eine blau-weiße Glaskuppel sowie Stuck-Decken und -Wände und nicht zuletzt ein großer, romantischer Vorgarten mit klassizistischem Eisengitter beeindrucken. Und die bodenständige, modern interpretierte Küche lässt keine Wünsche offen, die Schnitzel sind wohl die besten der Stadt. Ehrenwort!

Wer hierher kommt und noch nie da war, sollte sich auch den Zentralfriedhof anschauen, der unter anderem die letzte Ruhestätte von Ludwig van Beethoven ist, von Franz Schubert, Friedrich Torberg, Arthur Schnitzler, Hans Moser, Helmut

11. BEZIRK SIMMERING

Wo 6.000 Bomben niedergingen

Ein zerstörtes Haus, kein Geld und ein kleines Kind

„Ich habe das Haus von meinem Mann geerbt. Sein Großvater hat es erbauen lassen; das war 1902. Bis heute war es immer in Familienbesitz.“ Leider hätten die Kriege ihre Spuren hinterlassen. Franziska B. meint das sowohl aufs Haus bezogen, weil dessen hinterer Trakt durch einen Bombentreffer im Nebenhaus stark in Mitleidenschaft gezogen wurde, als auch mit Blick auf den persönlichen Verlust. „Der Vater meines Mannes ist im Zweiten Weltkrieg gefallen. Meine Schwiegermutter stand da mit einem Kleinkind und einem kaputten Haus. Das war alles andere als einfach, schätze ich.“ Ihr Mann sei zwar als Zinshausbesitzer in spe aufgewachsen, aber in sehr bescheidenen Verhältnissen. Erst in den 1970er-Jahren ist es gelungen, das Gebäude wieder einigermaßen gut herzurichten. „Aber die Wohnungen waren alle noch Substandard und haben natürlich nichts abgeworfen. Als ich meinen Mann kennenlernte und zu ihm in seine Kleinwohnung gezogen bin, hatten wir genauso noch das Klo am Gang wie alle anderen auch. Nur das Wasser war schon eingeleitet. Mein Mann hat immer alles, was er nur irgendwie konnte, ins Haus gesteckt. Zum Glück hat er als Ingenieur nicht schlecht verdient und einiges selber machen können. Aber wir waren weit entfernt von Luxus.“ Schlimmer sei aber gewesen, so die Zinshauseigentümerin, dass die Mieter alles andere als ein Jackpot waren. „Und damit meine ich nicht die Altmieter. Es ging eher um die neuen.“ Freilich wären auch da die meisten in Ordnung gewesen. „Aber es reicht ja, wenn einer ein kompletter Missgriff ist. In unserem Fall waren es zwei“, so B. „Ein Mieter war von Anfang an ziemlich zahlungssäumig. Mal hat er bezahlt, mal nicht. Er war Alkoholiker, hat am Bau gearbeitet. Der Klassiker. Aber losgeworden sind wir ihn erst, als er schon fast zwei Jahre durchgehend keine Miete gezahlt hatte. Erst dann konnten wir ihn delogieren lassen. Ich weiß es noch, als wäre es gestern gewesen. Ein regnerischer Tag im Juni. Der Exekutor, der Schlosser, mein Mann, ich und noch eine Nachbarin als Zeugin sind vor seiner Tür gestanden und haben Sturm geläutet. Als er nicht aufgemacht hat, hat der Schlosser aufgemacht.“

Der Fund unterm Bierdosen-Teppich

Drinnen dann das Chaos. „Die Wohnung war verwüstet, überall lag Müll herum, dreckiges Geschirr und Gewand. Gestunken hat das, widerlich! Und erst die Bierdosen. Ich habe nie so viele auf einmal gesehen. Im Wohnzimmer war der Boden knöcheltief mit leeren Dosen übersät. Ein richtiger Bierdosen-Teppich war das.“ Aber das war nicht das Schlimmste. „Wir haben den Mieter in der Badewanne gefunden. Tot. Er war richtig aufgedunsen. Rundherum am Boden sind Glasscherben gelegen und es hat penetrant nach Schnaps gerochen.“ Ein Bild, das sie nie vergessen werde, sagt B. „Der Gerichtsmediziner hat später eine hohe Konzentration Beruhigungsmittel im Blut festgestellt. Zusammen mit dem Schnaps war das zu viel. Er dürfte bewusstlos geworden sein und ist ertrunken.“ Zu Ende war die Geschichte damit aber noch nicht. Ein paar Tage danach, beim Entrümpeln der Wohnung, fand das Ehepaar eine Pistole unter dem Bierdosen-Teppich. „Das war irgendwie surreal. Ich habe vorher noch nie eine echte Waffe gesehen und dann bin ich fast darübergestolpert zwischen all den Dosen. Mein Mann hat sie aufs nächste Wachzimmer gebracht.“ Und dann? „Na, dort haben ihn die Beamten geschimpft. Ob er völlig irre sei, mit der Waffe herumzurennen, haben sie ihn gefragt. Leider hatten sie nicht unrecht, sie war nämlich geladen! Ich habe heute noch Gänsehaut, wenn ich daran denke, was da hätte passieren können!“

182 Überraschungen im Kasten

Und das andere schwarze Schaf? „Das war eine junge Frau. Auch eine Delogierung, etwa fünf Jahre nach der ersten. Dabei hat sie sicher zwei Jahre lang immer brav ihre Miete beglichen. Aber dann muss sie auf die schiefe Bahn geraten sein. Rauschgift oder so.“ Jedenfalls blieb auch sie monatelang die Miete schuldig. „Dann kam der

Zeitpunkt der Zwangsräumung und ich habe mir gedacht: ‚Nicht schon wieder!' Aber als wir in die Wohnung sind, war die Mieterin gar nicht mehr da. Mir ist ein Stein vom Herzen gefallen", erzählt B. Dann allerdings machte das Ehepaar einen Fund, auf den es gerne hätte verzichten können. „Ich war sehr angespannt wegen des Vorfalls mit dem Toten in der Badewanne. Und auch wenn klar war, dass sie nicht mehr da war, habe ich in jeder Ecke etwas Schreckliches erwartet. Auch, weil es so gestunken hat. Also haben wir alle Kästen und Kommoden geöffnet und nachgeschaut." Im Schlafzimmer fand sich dann der Quell des üblen Geruchs. „Unter dem Bett hat mein Mann etliche halb zusammengegessene Fischkonservendosen hervorgeholt, völlig verschimmelt." Aber das Unvergessliche habe letztlich sie selbst entdeckt. „Als ich die Türen des Schlafzimmerkastens aufgemacht habe, sind mir ganz viele Gegenstände entgegengefallen. Im ersten Moment habe ich nicht gewusst, was das ist. Rote, blaue, grüne, längliche Teile aus Kunststoff. Beim genaueren Hinschauen habe ich losgeschrien. Das waren lauter Dildos!" Uns entkommt ein Grinsen. „Ja, lachen Sie nur. Mein Mann hat auch gelacht, aber ich hab mich schon ziemlich gegraust. Aber dann hab ich auch lachen müssen." Franziska B. schüttelt den Kopf: „Vergessen werde ich das nie – unfassbare 182 Dildos haben wir gezählt, als wir sie entsorgt haben."

Der 12. Bezirk hat gewonnen – und zwar den Mitmachfleißpreis. Aus keinem anderen Bezirk kamen so viele Zusagen, bei unserem Buch mitwirken zu wollen. Tatsächlich haben wir uns in Meidling mit 19 Zinshausbesitzer:innen zusammengesetzt, um über ihr Haus zu plaudern, und dafür bedanken wir uns herzlichst. Im selben Atemzug bitten wir um Entschuldigung, dass wir nicht alle Geschichten verwenden konnten. Es hätte einfach den Rahmen gesprengt. Dennoch soll der Enthusiasmus in diesem Bezirk gewürdigt und auch abgebildet werden, und so stellen wir nicht nur drei, sondern gleich fünf Häuser im Zwölften vor.

Weil bei so vielen Geschichten der Platz knapp wird, halten wir uns zumindest mit den Bezirksinfos kurz: Der Zwölfte hat 94.000 Einwohner auf 8,21 Quadratkilometern Fläche und besteht aus den früheren Katastralgemeinden Gaudenzdorf, Meidling, Hetzendorf, Altmannsdorf sowie Teilen von Atzgersdorf, Inzersdorf und Inzersdorf-Stadt. Herzstück von Meidling ist natürlich Meidling. Und dort, zwischen Niederhofstraße und Reschgasse, befindet sich der Meidlinger Markt, der mit rund 50 Standln (Typ wienerisch-traditionell) für Alt und Jung, Urgesteine wie Zugezogene Dreh- und Angelpunkt zum „Einkaufen plus" ist. Denn hier gibt's auch Grätzelfeste und Live-Konzerte. Aber das Beste: Seit ein paar Jahren sprießen mehr und mehr lässige Lokale aus dem Marktplatzboden. Davor war die Gegend eher mau, quasi tote Hose. Jetzt können Marktgeher im „Ignaz & Rosalia" köstlichen Kaffee trinken und dazu belgische Waffeln knabbern, im „Hüftgold" tolle Torten und Blechkuchen vertilgen oder im Haubenlokal „Wirtschaft am Markt" feine Wiener Küche genießen. Das Ambiente erinnert ganz stark an den Karmelitermarkt – mehr Lob braucht's eigentlich nicht.

Von hier aus starten wir also zu unserer Tour durch den Bezirk, die uns von Meidling nach Hetzendorf und abschließend nach Atzgersdorf führen wird. Unsere erste Station machen wir in der Bonygasse 28, die zu Fuß nur fünf Minuten vom Markt entfernt ist. Benannt ist die Gasse nach Franz Bony, der mit seiner Gattin Rosina 1860 ein Grundstück erwarb, das er parzellieren ließ, und den Grund für die Anlage der Straße kostenlos an die Gemeinde abgab, woraus die Bonygasse entstand. Das wäre vielleicht nicht weiter bemerkenswert, aber in diesem Zusammenhang sind wir über den Beruf des Bierversilberers gestolpert, denn ein solcher war Franz Bony: Bierversilberer wurden früher Bierhändler genannt, schlichtweg aus dem Umstand heraus, dass sie durch den Verkauf von Bier dieses zu Silber machten. Wir finden, das ist eine nette Geschichte.

Und nun auf zum Haus mit der Nummer 28.

12. BEZIRK MEIDLING

Da, wo die Engagierten leben

Der liebestolle Einbrecher mit der Stichsäge

Bonygasse 28, DI Michael Wagner

Im Herzen der Fußgängerzone rund um die Meidlinger Hauptstraße erweckt die Bonygasse 28 unser Interesse. Das imposante Spätgründerzeit-Zinshaus mit der gelben Fassade ist üblicherweise gut frequentiert, denn hier ist im Erdgeschoss das Chinarestaurant Lucky Fen untergebracht, und das scheint in der Gegend recht beliebt zu sein. Auch ein Kinderarzt ordiniert im Haus und zieht Kundschaft an. Architekt und Hausherr DI Michael Wagner hat das 1906 errichtete Gebäude genau 100 Jahre später gemeinsam mit einem Freund vom damaligen Besitzer, der Firma Palmers Textil, erworben und umgebaut. Als Fachkundigem fiel ihm dazu natürlich einiges ein. „Wir haben die 700 Bestandsquadratmeter auf gut 1.200 entwickelt. Die Ausgangssituation war, dass wir einen Hof im Haus hatten, der zu nichts gut war. Früher war das einmal die Pferde- und Wagenremise des einstigen Fuhrwerkerhauses, aber als wir es kauften, wuchs da bloß eine Birke drin und ansonsten standen nur die Fahrräder und Mistkübel herum“, erzählt Wagner.

„Da haben wir echt Glück gehabt“

Wagners Idee war es dann, den knapp 600 Quadratmeter großen Hof mit einem Gründach zu überbauen und im Erdgeschoss ein Lokal einzurichten. Aus dem als Büro gewidmeten ehemaligen Karton- und Strumpflager der Firma Palmers im ersten Stock wollten die neuen Hausbesitzer eine Ordination machen. „Ich habe damals gesagt: ‚Das ist ganz einfach. Wir verlegen den Eingang des Hauses von der rechten Seite, da wo auch die Durchfahrt zum Hof war, zur linken Seite. Dann ist eben rechts der Lokaleingang und auf der anderen Seite kommt man ins Haus.‘“ Schöne Idee! Wagner grinst, als er weiterspricht: „Was wir dabei ausgeblendet haben, war, dass wir dazu links im Hochparterre hätten durchbrechen müssen. Oder besser gesagt: Wir hätten das Hochparterre dort gänzlich wegreißen müssen, um einen Hauseingang zu schaffen sowie einen Stiegenaufgang und Lift. Bloß, da gab's einen Mieter, der dort wohnte …“ Suboptimal nennt man so etwas, aber Michael Wagner und seinem Freund war's egal. „Wir haben den Kaufvertrag unterschrieben und uns als glückliche Zinshausbesitzer gefühlt. Aber jetzt kommt der Clou: Wenige Tage später ist das Kündigungsschreiben des Mieters aus besagter Wohnung im Hochparterre eingetrudelt. Ohne dass wir ihn dazu überreden oder etwas ablösen oder ihm eine andere Wohnung anbieten mussten. Der Herr hat zum für uns perfekten Zeitpunkt beschlossen auszuziehen! Wo gibt's denn so was?“ Wagner freut sich noch heute, 15 Jahre später, maßlos über das Timing.

Stimmung machen gegen böse Vermieter

Dem Umbau stand also nichts mehr im Weg. Auch wenn so mancher Mieter laut Wagner Vorbehalte gegen die Verbauung hatte, gefalle der Ausblick heute jedem. „Die Blumenwiese auf dem Gründach muss zweimal im Jahr gemäht werden, alles wächst wie verrückt.“ Die Leute wohnten gern hier, Wagner selbst übrigens auch. „Es ist einfach fein: Die Anbindung mit der U4 und U6 ist sehr gut, man braucht nur zehn Minuten zu Fuß nach Schönbrunn und wir verlangen auch nicht mehr, als durch das Mietrechtsgesetz möglich ist. Wir trauen uns das gar nicht. Es bringt ja auch nichts: Hinterher klagt dann wer.“ Zumal gewisse Vereinigungen massiv Stimmung machen gegen Zinshausbesitzer. „Erst neulich hat ein junger Mann bei mir geläutet, der mich an der Tür gefragt hat, ob ich Mieter oder Eigentümer bin. ‚Sowohl als auch', hab ich gesagt. Da war er kurz verwirrt, hat aber trotzdem weitergeredet. Er habe sich das angeschaut, die Betriebskosten hier seien ganz schön hoch. ‚Wie?', hab ich gefragt, ‚hoch?' Ich kenne ja meine Betriebskosten. Und das habe ich ihm dann auch ganz klar dargelegt, auch wie viel man in so ein Haus investieren muss." Langsam habe der junge Mann angefangen zu begreifen, dass er mit dem Hauseigentümer rede. „Das war ihm dann ein bisschen unangenehm", sagt Wagner und schmunzelt.

Eine Akkustichsäge als Türöffner

Was die Mieter betreffe, so seien diese im Großen und Ganzen angenehme Zeitgenossen. „Das Mietklientel hat sich schon verändert in den letzten Jahren, wie auch die gesamte Gegend. Früher waren rund ums Haus Ein-Euro-Shops und andere Billigläden sowie ein Admiral-Sportwetten-Lokal. Jetzt haben wir mit Pearl, Eyes and more, Neuroth und Hansaton eine Akustik- und Optik-Ecke und damit ein anderes Publikum. Ich finde das angenehm, auch weil es sich auf das Haus auswirkt. Gerade am Anfang und in der Umbauphase haben bei uns eher junge Leute gewohnt, die nicht lange bleiben wollten. Da gab's sogar Eifersuchtsdramen ..." Eifersuchtsdramen? „Ja, das war wirklich schräg. Eine junge Frau hatte eine Wohnung im ersten Stock gemietet und – wie soll ich es nennen – sie war recht beliebt. Sprich, sie hatte wechselnde Freunde. Einer hat es anscheinend nicht verkraftet, abserviert zu werden. Der ist immer wieder gekommen, sie hat ihn aber nicht hereingelassen. Deswegen hat er dann versucht, gewaltsam einzudringen, und zwar mit einer Stichsäge. Mit einer Akkustichsäge, um genau zu sein. Da war plötzlich ein Riesenloch in der alten, schönen Tür, die ich extra habe nachbauen lassen. Sie hat zwar behauptet, es wäre ein Einbrecher gewesen, aber ich hab gewusst, es war ihr Typ! Aber sie ist dann ausgezogen und damit war der Spuk vorbei." Allerhand.

Ein Blick auf die Uhr verrät, dass wir unsere Beine in die Hand nehmen müssen, denn gleich sind wir mit dem nächsten Hauseigentümer verabredet. Zum Glück trennen uns nur fünf Minuten Fußmarsch von der Wilhelmstraße 30. Dazu marschieren wir die Bonygasse zu ihrem Anfang hinunter, biegen dort rechts in die Ignazgasse ein und danach bei der zweiten Kreuzung links in die Rauchgasse. Ein paar Schritte später, auf Höhe des Vierthalerparks, zweigt rechter Hand ein schmaler Gehweg ab, der zwischen Neubauten hindurchführt und in die Pinaglgasse mündet, die wiederum bald von der Wilhelmstraße gekreuzt wird. Dort wenden wir uns nach rechts, und kaum hundert Schritte weiter, gegenüber dem Alt-Wiener Schnapsmuseum, sind wir da.

Wo der Feuerteufel wütete

Wilhelmstraße 30, Thomas Mailer

In der Gegend rund um den Bahnhof Meidling sucht man Gründerzeithäuser fast vergebens. Nur ganz vereinzelt blinzeln sie zwischen den typisch schnörkellosen Nachkriegsbauten hervor. Wunder ist es keins, denn Meidling hatte im Zweiten Weltkrieg die meisten Gebäudeschäden aller Wiener Bezirke zu verzeichnen. Rund 6.500 von insgesamt 86.000 Wohnungen wurden komplett oder zumindest teilweise zerstört. Auch in der Wilhelmstraße dürfte das Bombardement der Alliierten schlimm gewesen sein, denn hier schmiegt sich ein kastenförmiger 50er-Jahre-Zweckbau an den nächsten. Einzig und allein auf Höhe der Dörfelstraße gibt es zwei Zinshaus-Perlen in nächster Nähe zueinander: die Nummer 26 und die Nummer 30.

Wegen Letzterer sind wir hier – und wir legen unsere Hände dafür ins Feuer: Das viergeschossige, in Grautönen gestrichene Gebäude würde nicht nur in einer Umgebung mit sprödem Nachkriegscharme auffallen.

Aber zurück zur Wilhelmstraße. Nicht nur von außen kann sich das Haus sehen lassen, auch das Foyer ist beeindruckend mit seinem arkadenartigen Gewölbe und dem dazugehörigen secessionistischen Blütenkranz-Dekor. Noch dazu ist es frisch ausgemalt und veranlasst bestimmt nicht nur uns zu ein paar entzückten Seufzern. Thomas Mailer, der Eigentümer, lächelt zufrieden, schließlich ist er selbst höchst begeistert vom Ergebnis. „Sie hätten sehen sollen, wie das früher ausgesehen hat. Die Vorbesitzer hatten finanzielle Probleme, das Haus war feucht und völlig heruntergekommen!" Als Thomas Mailer und seine Frau es 2007 besichtigten, wussten sie, dass sie solch ein Schmuckstück nicht verfallen lassen wollten.

Mit seiner außergewöhnlichen, weil gestuften Fassade mit reichlich secessionistischem Dekor, dem vieleckigen Turmerker sowie einem Balustraden- und einem Schmiedeeisenbalkon würde der Bau auch in einem dicht verbauten Gründerzeitviertel herausstechen.

Außen hui und innen hui

Erbaut wurde das Zinshaus 1905 von Arnold Heymann, jenem Architekten, der neben einigen Hotels im heutigen Tschechien auch das Parkhotel Schönbrunn in Hietzing errichtete – einer noblen Adresse, wo schon zu Zeiten Kaiser Franz Josephs viele Berühmtheiten nächtigten, beispielsweise Glühbirnen-Pionier Thomas Edison.

Ein Knusperhäuschen im Grünen

Im Zuge der Sanierung baute Mailer das Dachgeschoss aus, wodurch vier schöne Maisonetten entstanden. „Nicht zuletzt deswegen schauen die Erträge heute anders aus als beim Ankauf der Liegenschaft. Natürlich auch, weil die Mieterstruktur damals eine andere war. Das Haus brachte gerade einmal 3.000 Euro im Jahr ein – ein Trauerspiel", erzählt der Hausherr, der uns mittlerweile durch den kleinen Hof und den zweiten Trakt nach hinten in einen beschaulichen Garten geführt hat. Und da staunen wir nicht schlecht, denn erstens bietet dieser einen fantastischen Ausblick auf die angrenzende Parkanlage (wer vermutet hier in der Gegend eine solch Grünoase?) und zweitens steht dort ein kleines Knusperhäuschen. „Hier hatte ursprünglich ein Tischler seine Säge, aber wir haben es zu einer 50-Quadratmeter-Wohneinheit umgebaut." So etwas hatten wir noch nicht!

Ein Teil des Gartens gehört zum Knusperhäuschen, der zweite Teil zum Atelier, das sich hier, ein paar Stufen abwärts, im Halbsouterrain des Hoftrakts befindet. Heute wohnt da der Neffe der Mailers. Mit dem früheren Bewohner gab es, gelinde gesagt, Probleme. „Wissen Sie", leitet Mailer die Geschichte ein, „ich suche die Mieter selbst aus und bin stolz darauf, ein gutes Händchen und ein Gespür für Menschen zu haben. Aber man kann in die Leute nicht hineinschauen."

Brennende Mistkübel und malträtierte Blumenkistln

Es war 2009, als der Hausherr gerade die Fassade renovieren ließ. „Über Nacht hat das Gerüst der Fassade zu brennen angefangen, ausgehend von einem in Brand gesteckten Mistkübel. Na, das war eine Aufregung! Zum Glück ist dabei niemand zu Schaden gekommen und die Versicherung hat die Sachkosten ohne Murren beglichen. Damals haben wir nicht an Vorsätzlichkeit gedacht, eher an eine Unachtsamkeit", so Mailer. Dann allerdings folgten kleinere Sabotageakte, die darauf hindeuteten, dass jemand im Haus sein Unwesen trieb. „Es wurden Sicherungen herausgeschraubt, Kabel durchtrennt und Blumenkistln umgestoßen." Auch die Kamera, die der Hausbesitzer daraufhin montierte, musste Federn lassen: „Sie wurde verdreht und beschädigt. Alles nicht wirklich schlimm, aber extrem ärgerlich." Nachdem es zu zwei weiteren Mistkübelbränden gekommen war, kontaktierte die Polizei den Hausherrn. „‚Hören Sie, wir müssen da was unternehmen', hat der Beamte zu mir gesagt. ‚Sie haben einen Brandstifter im Haus.' Daraufhin haben sich fünf Kriminalpolizisten auf die Lauer gelegt. Einer war im Schnapsmuseum gegenüber einquartiert, zwei haben Nachtwache in einem parkenden Zivilfahrzeug vor der Tür geschoben und zwei waren auf dem Dach postiert." Nächtelang observierten die Kriminalbeamten das Haus, bis sie den Täter schließlich in flagranti erwischten. „Diesmal hatte er aber nicht den Mistkübel angezündet, sondern die Sitzbank eines anderen Mieters, die im Keller für einen Tag zwischengelagert war." Leider sei diese neben dem Lift gestanden, und bis das Feuer schließlich gelöscht war, war die Verwüstung groß. „Die Stromkabel haben gebrannt, der Lift war beschädigt, die Gasleitungen mussten abgedreht werden wegen der Explosionsgefahr und so weiter. Insgesamt hat der Schaden 60.000 Euro ausgemacht. Den hat die Versicherung zwar bezahlt, aber als Konsequenz hat man uns gekündigt, und es war dann gar nicht leicht, eine Versicherung zu finden." Eine Ungerechtigkeit, denn was kann ein Zinshausbesitzer dafür, wenn ein Brandstifter zuschlägt ...

Der Feuerteufel mit den zwei Gesichtern

Und der Täter? „Na, der ging erst einmal ins Gefängnis. Sieben Monate Untersuchungshaft. Ich habe ihm das sehr gegönnt", gibt Mailer zu. Allerdings: Das dicke Ende kam hernach. „Er hat alles abgestritten, und bis heute kann ich es nicht glauben, aber es ist so: Er wurde freigesprochen!" Freigesprochen? „Ja", sagt Mailer. „Ich habe es nicht verstanden. Ich weiß nur, dass er zwei gute Anwälte hatte, obwohl er arbeitslos war, und die haben ihn freigeboxt."

Besagter Brandstifter war übrigens ein hilfsbereiter Mensch, erzählt der Hausherr. „Seine Nachbarn haben ihn gemocht, weil er freundlich war und als Elektriker dem einen oder anderen zur Hand gegangen ist. Wir haben uns alle in ihm getäuscht – auch ich hätte das nie vermutet, dass er zu solchen Taten fähig ist. Nachforschungen haben dann ergeben, dass es überall, wo er gewohnt hat, ähnliche Vorfälle gegeben hat. Nachweisen konnte man ihm aber bis zu dieser Tat hier nichts." Aber auch das hat offensichtlich wenig gebracht.

Unsere nächste Station ist die Thunhofgasse 5, die zu Fuß etwa 20 Minuten entfernt ist. Da die Gegend um den Bahnhof zum Spazierengehen allerdings wenig Verlockendes bietet, marschieren wir lediglich 400 Meter zur S-Bahn-Station Meidling und fahren eine Station bis nach Hetzendorf. Von dort geht's schnurstracks die belebte Altmannsdorfer Straße entlang. Nach sechs Minuten sind wir am Ziel.

Besser ein Miet-Ende mit Schrecken als ein Schrecken ohne Miet-Ende

Thunhofgasse 5, Margrit E.

Die Thunhofgasse in Hetzendorf ist ausnehmend hübsch. Wer mit dem Auto die nahe gelegene Altmannsdorfer Straße stadteinwärts entlangfährt und die Umgebung nicht kennt, würde nicht vermuten, dass hier linker Hand derart schmucke Gründerzeithäuser zu finden sind – zumal auf der Ost-Seite die Böhringer Werke thronen und diese nun nicht gerade das sind, was man als architektonische Perlen bezeichnen kann. Fakt ist: Die Gegend ist einen Abstecher wert.

Die Thunhofgasse wurde um die Jahrhundertwende angelegt und mit zwei- bis viergeschossigen Mietvillen verbaut. Federführender Architekt war hier Gustav Endl. In der Thunhofgasse gestaltete der gebürtige Meidlinger gleich mehrere Häuser, nämlich die

Eine Dame mit zweifelhaften Absichten

Belghofergasse 41, Dr. Gabriela Weihs-Dengg

Das gesamte Viertel zwischen dem Altmannsdorfer Ast im Osten, der Edelsinnstraße im Norden und der Schönbrunner Allee im Westen ist gut bestückt mit imposanten Gründerzeithäusern und Mietvillen, die allesamt um die Jahrhundertwende erbaut wurden. Hauptsächlich war es das Großbürgertum, das sich dort zu jener Zeit niederließ. „Nur einen Katzensprung von Schloss Hetzendorf entfernt, wo regelmäßig der Hochadel vorbeifuhr, wollte man wohl wohnen. Und zwar repräsentativ“, sagt Dr. Gabriela Weihs-Dengg, Eigentümerin des Hauses Belghofergasse 41, das wir als Nächstes in Augenschein nehmen.

Es ist ein schmuckes, gelb gestrichenes Eckhaus, das mit seinem Türmchen an jenes in der Thunhofgasse 5 erinnert, allerdings ist dieses hier weit weniger mit Stuck verziert. Ob auch hier Architekt Gustav Endl am Werk war? Immerhin stammen auch in der Belghofergasse einige Gebäude von ihm (konkret die Nummern

32, 33, 34, 35 und 36). „Nein“, sagt die Hausbesitzerin, „wir haben noch die Originalpläne, und dort steht, dass Alois Schaufler das Haus errichtet hat, und zwar 1910.“ Dieser Baumeister ist uns bei unseren Recherchen ebenfalls schon untergekommen, auch er hat in der näheren Umgebung fleißig Zinshäuser und Mietvillen geplant. Meist schauen seine Fassaden aber etwas opulenter aus. „Das glaube ich gern“, meint Weihs-Dengg. „Ursprünglich war auch hier weit mehr Stuck vorhanden. 1972 hat Onkel Franz allerdings eine umfassende Fassadensanierung durchführen lassen. Dabei ist alles geschliffen worden, wahrscheinlich aus Kostengründen. Erst mein Mann und ich haben im Zuge einer weiteren Sanierung im Jahr 2008 dezente Adaptionen durch Baumeister und Friedensmaler Franz Trink an der Fassade vornehmen lassen und so zumindest teilweise den Originalzustand wiederhergestellt.“

Eine Schwäche für Frauen

Im Besitz des Hauses ist Gabriela Weihs-Dengg seit dem Jahr 1994. „Da ist mein Vater gestorben und hat mir und meiner Mutter das Haus hinterlassen, das er selbst zehn Jahre zuvor von seinem Onkel Franz geerbt hat.“ Dass es überhaupt einen Onkel Franz gab, der in den 1920er-Jahren eine schöne Mietvilla gekauft hatte und diese auch bewohnte, erfuhr Gabriela Weihs-Dengg erst im Alter von acht Jahren. „Das war vor allem deswegen lustig, weil mein Großonkel nur eine Gasse weiter wohnte. Aber meine Eltern haben nie über ihn gesprochen, geschweige denn, ihn besucht. Anscheinend wollten er und seine Frau keinen Kontakt“, erzählt die Psychologin. Dies änderte sich, als der Onkel älter wurde. „Als seine Frau Helene gestorben ist, hat er wieder die Nähe seiner Verwandten gesucht. Mein Vater war ja sein Neffe.“ Die Eltern der Hauseigentümerin, vor allem ihre Mutter, kümmerten sich in der Folge viel um den alten Onkel. „Auch mir ist er stark ans Herz gewachsen, wir haben ihn dann oft besucht.“

Offensichtlich hat Onkel Franz aber nicht nur die Herzen seiner Familie zurückgewonnen, wie sich Weihs-Dengg erinnert. „Als mein Großonkel immer pflegebedürftiger wurde, ist auf einmal eine Dame auf der Bildfläche aufgetaucht, die sich sehr um ihn angenommen hat. Sie hat ihn oft besucht und er hat sich sehr über ihre Gesellschaft gefreut. Dazu muss man wissen, dass Onkel Franz bis ins hohe Alter eine Schwäche für Frauen hatte.“

Ein denkwürdiger Tag

Zunächst freute sich seine Familie darüber, dass Frau E. Onkel Franz regelmäßig besuchte. Dann allerdings häuften sich Ungereimtheiten. „Eines Tages war das silberne Service weg und auch ein Sparbuch war plötzlich unauffindbar. Meinen Eltern schwante damals schon, dass die Dame vielleicht nicht nur aus Nächstenliebe handelte, aber was sollten sie machen? Und dann kam dieser denkwürdige Tag ...“ Gabriela Weihs-Dengg nickt, seufzt und macht eine kurze Pause, bevor sie weiterspricht. „Meine Mutter war wieder einmal beim Onkel, als der aus heiterem Himmel sagte: ‚Inge, ich mag nicht, dass der heute kommt!‘ Meine Mutter wusste überhaupt nicht, wovon Onkel Franz redete. ‚Na, wer soll denn kommen?‘, hat sie gefragt. ‚Na, der Notar. Aber ich will das nicht.‘“

Strich durch die Rechnung

Bei Weihs-Denggs Mutter gingen alle Alarmsirenen gleichzeitig an. Rasch machte sie zusammen mit dem Vater den betreffenden Notar ausfindig und erkundigte sich nach dem Termin bei Onkel Franz. „Na ja“, sagt Weihs-Dengg und nickt, „es wird Sie kaum überraschen: Es ging um eine Überschreibung.“ Ihre Eltern jedenfalls fielen aus allen Wolken, erkundigten sich aber geistesgegenwärtig, ob sie auch dazukommen durften. Kein Problem, hieß es, nur dürfe man den Klienten nicht beeinflussen. „‚Es muss passieren, was der Onkel will‘, sagte der Notar zu meiner Mutter. Damit waren meine Eltern einverstanden – was wäre ihnen auch anders übrig geblieben?“

Auf das Eintreffen des Notars und von Frau E. (denn wer sollte es sonst sein?) warteten Onkel Franz' Verwandte verständlicherweise mit Anspannung. Doch der Jurist kam allein zum vereinbarten Zeitpunkt – Frau E. ließ sich nicht blicken. Der Notar hatte Frau E. nämlich darüber informiert, dass auch der Neffe und dessen Frau beim Termin dabei sein würden. Gabriela Weihs-Dengg lächelt und zieht die Augenbrauen hoch. „Da ist ihr anscheinend die Lust am Erbschleichen vergangen!" Ihre Familie hätte diese Begebenheit aber zusammengeschweißt. „Meinen Eltern und vielleicht auch Onkel Franz ist dadurch klar geworden, wie schnell es gehen kann. Und letztlich hat der Zufall entschieden. Denn wäre meine Mutter nicht genau an diesem Tag zu Onkel Franz gegangen – nur einen Tag später ... ich will mir das gar nicht vorstellen, das Haus wäre weg gewesen. Ein Haus, das seit 100 Jahren in Familienbesitz ist."

Von der Belghofergasse kommend, biegen wir links in die Schönbrunner Allee ein und gehen weiter in Richtung Schloss Hetzendorf. Wir nutzen die Gelegenheit für ein wenig Geschichtliches zur Schönbrunner Allee: Diese geht zurück auf einen Fahrweg, der zu Zeiten Maria Theresias als Verbindung zwischen Schloss Schönbrunn und Schloss Hetzendorf angelegt worden war. 1742 hatte die Erzherzogin das ehemalige Jagdschlösschen gekauft, weil ihre Ärzte meinten, die gute Hetzendorfer Luft würde der Kaiserwitwe Elisabeth Christine, also Maria Theresias Mutter, gesundheitlich guttun.

Heute ist die Schönbrunner Allee eine mäßig stark befahrene Straße, die abschnittsweise mit drei Fahrspuren ausgestattet ist. Da die Bäume der namensgebenden Allee mit einem dazugehörigen Gehweg aber einen breiten Raum einnehmen, können sich weder Nase noch Ohren sonderlich beschweren. So macht es Spaß, den Blick umherschweifen zu lassen und zwischen jüngeren Bauten und Wohnhausanlagen der Gemeinde Wien noch allerlei interessanten Altbestand zu entdecken, etwa ein- bis zweigeschossige Vorstadthäuser aus dem 19. Jahrhundert sowie zwei- bis viergeschossige Mietshäuser im späthistoristischen bis secessionistischen Stil. Ein Haus, das beides vereint, nämlich Vorstadthaus mit Jugendstil, finden wir in der Villa mit der Adresse Schönbrunner Allee 49.

Das Haus mit den zwei Gesichtern

Schönbrunner Allee 49, Dr. Gedeon Perneczky

Eine gelb und blaugrau gestrichene Fassade mit grün gerahmten Fenstern und einem dezenten Gesims zwischen dem Parterre und dem ersten Stock – so zeigt sich das dreigeschossige Haus. Elegant und unaufgeregt. Zudem weckt ein kleiner, schiefer Balkon mit rahmenlosem Glasgeländer unser Interesse, und unsere Neugier erhält noch mehr Nahrung, als wir ein paar Schritte zur Seite treten, um besser sehen zu können, was da über dem Giebel hervorblitzt. Tatsächlich: Ein paar Meter nach hinten versetzt thront, einem Krönchen gleich, eine Glaspagode auf dem Dach. Hauseigentümer Dr. Gedeon Perneczky beobachtet uns vom Garten aus. „Sie haben es entdeckt!", kommentiert er amüsiert.

Als wir auf der schönen Terrasse sitzen, die streng genommen ein Flugdach mit Geländer drumherum ist (Stichwort Baupolizei), Kaffee trinken und den herrlichen Ausblick auf den großen Garten samt Pool und Jugendstil-Salettl genießen, erzählt uns der Neurologe von seinem Haus. Dessen Geschichte beginnt im Jahr 1887. „Errichtet wurde es als einstöckiges, kellerloses Altwiener Vorstadthaus. Das ist heute praktisch der vordere Trakt. Erst in den 1920er-Jahren ist der hintere, unterkellerte Teil mit dem Stiegenhaus dazugekommen." Für ihn habe das Haus deswegen zwei Gesichter: Vorne gibt's Altwien und hinten sowie im Hausinneren Jugendstil. Vor allem das Stiegenhaus mit seinem ornamentreichen Schmiedeeisengeländer und die Fresken im Badezimmer, die allerdings mittlerweile in einer Zwischendecke verborgen liegen, zeugen von den secessionistischen Einflüssen der 1920er-Jahre.

Wenn Hausträume wie Seifenblasen zerplatzen

Der duale Charakter seines Hauses gefällt Gedeon Perneczky. „Um die Altwiener Front nicht zu verändern, haben wir im Zuge des Dachgeschossausbaus die Glaspagode ein paar Meter nach hinten versetzt." Der kleine, schiefe Balkon musste einfach sein. „Dort war der Baustellenlift angebracht, und weil der Ausblick so schön war, hat mein Architektenfreund vorgeschlagen, dort einen kleinen Balkon zu machen." Gesagt, getan – und gut ist's: „Zumindest einmal im Jahr ist er von großer Wichtigkeit für uns, und zwar dann, wenn wir den Weihnachtsbaum hinunterschmeißen. Dafür ist er geradezu ideal."

Eingezogen ist Familie Perneczky 1989, also gut 100 Jahre, nachdem die Grundfesten des heutigen Gebäudes errichtet worden sind. „Ich habe lange nach einem Haus wie diesem gesucht. Als Träumer, der ich bin, wollte ich etwas Altes, aber es sollte von guter Substanz sein und nicht sofort saniert werden müssen. Mein guter Freund und Architekt Werner Peters hat sich sechs Jahre lang sämtliche Objekte mit mir angeschaut und beurteilt – oder besser gesagt: Er hat meine Träume nach und nach wie Seifenblasen zerplatzen lassen, weil er jedes einzelne Haus, das erschwinglich gewesen wäre, zerpflückt und mir wieder ausgeredet hat. Dann habe ich dieses hier gefunden, und seine Reaktion war: ‚Okay, das geht. Das kannst du kaufen!'"

Ein Haus in Bewegung

Gedeon Perneczky kaufte das Haus von einem Juristen, der das Gebäude einige Zeit zuvor selbst erst erworben und sein Innenleben zumindest ein klein wenig hergerichtet hatte. „Meine Frau und ich dachten damals, das Wichtigste ist gemacht, es sieht auch gut aus

und wird schon so passen. Aber dann, so nach einem halben Jahr, hat der vordere Teil des Hauses angefangen, sich abzusenken." Das Haus ist versunken? Perneczky nickt. „Der Untergrund hat nachgegeben und das Haus hat sich nach vorn geneigt." Hintergrund war, dass ein Kanal undicht geworden war und alles unter Wasser gesetzt hatte. „Mein Architektenfreund meinte damals noch im Scherz: ‚Okay, wir warten, bis das Parterre im Keller ist, dann stocken wir auf – so hast du wenigstens vorne auch ein Untergeschoss.'"

Ob der Verkäufer von der Sache wusste, bleibt Spekulation – das Haus war jedenfalls ein Schnäppchen, meint Perneczky. Zum Glück war das mit dem Absinken dann doch nicht so schlimm. „Die vorderen zwei Drittel des Gebäudes wurden schrittweise untergraben und mit Beton unterspritzt. Das hält jetzt schon sehr lange."

Über die früheren Besitzer des Gebäudes beziehungsweise die damaligen Wohnverhältnisse weiß der Neurologe leider kaum etwas. Lediglich, dass das Haus, in das er vor mehr als 30 Jahren mit seiner Frau, den drei Kindern und seiner Mutter einzog, in den 1950er-, 1960er- und 1970er-Jahren an mehrere Parteien vermietet war und so als kleines Zinshaus fungierte. Nicht zuletzt begegneten ihm gleich zwei Leute, die eine Beziehung zum Haus hatten. „Im Erdgeschoss hatte ich meine Ordination und eines Tages war eine Patientin aus Kärnten bei mir, die sich plötzlich daran erinnerte, dass sie in diesem Haus als Kind häufig zu Gast war. Ihre Tante hatte hier gelebt und deren Familie hatte es wohl auch einmal gehört." Später habe er eine alte Jugendfreundin wiedergetroffen, die er Jahrzehnte nicht mehr gesehen hatte. „Als ich ihr gesagt habe, wo ich wohne, hat sie mir berichtet, dass sie als Studentin in einer der vier kleinen Wohnungen meines Hauses zur Miete gewohnt hat. Das war schon ein eigenartiger Zufall."

Einmal fällen, bitte!

Aber eigenartige Zufälle passieren. Genauso wie Ereignisse, die höchst ärgerlich sind, für die sich dann aber in letzter Sekunde eine Lösung findet. So geschah es eines Tages, als ein großer Ahornbaum im Garten gefällt werden musste, weil er dreist seine Wurzeln in Perneczkys Haus hineingeschlagen hatte. „Das Fällen war behördlich genehmigt worden, aber als ich abends nach Hause gekommen bin, hat sich der Ahorn noch größter Vitalität erfreut. Seine beiden ebenso großen Baumnachbarn allerdings waren schlimm zusammengestutzt worden." Am nächsten Tag versicherten die von ihm engagierten Gartengestalter, dass sie aufgrund des schlechten Wetters das Fällen des Ahorns kurzfristig verschoben und als kostenloses Service den ohnehin dringend nötigen Rückschnitt der anderen Bäume vorgenommen hatten. Und wirklich: Tags darauf gingen die Baumfäller ans Werk und taten, wozu sie ursprünglich beauftragt worden waren. So weit, so gut. Aber das war noch nicht das Ende der Geschichte, denn zwei Monate später kam ein blauer Brief daher. Die Perneczkys sollten saftige 2.000 Euro berappen, und zwar nicht fürs Roden

des Ahorns (denn das war ja genehmigt worden), nein, für den unsachgemäßen Rückschnitt der beiden anderen Bäume wurden sie zur Kasse gebeten. Als Gedeon Perneczky bei der Bezirksstelle urgierte, dass die betreffende Gartenbaufirma nicht in seinem Auftrag gehandelt hatte, bekam er zur Antwort: „Na, das können Sie ja dann bei der Firma einklagen!“ Für den Neurologen war dies keine Option. „Das wollte ich auf keinen Fall. In meiner Not habe ich mich an einen befreundeten Juristen gewandt und der hatte eine simple Lösung: ‚Du, das ist keine große Sache: Du musst nur einen Brief aufsetzen und darin erklären, dass du gar nicht zu Hause warst, als das passiert ist. Dann bist du aus dem Schneider!‘ Das habe ich natürlich gemacht, denn so war es ja auch: Ich war nicht zu Hause!“ Tatsächlich war damit die Sache für die zuständige Behörde erledigt.

Mit diesem interessanten Ausgang der Geschichte (im Geiste machen wir uns für solche Fälle eine Notiz) machen wir uns auf den Weg zum nächsten Haus. Und weil es mittlerweile schon spät ist, gehen wir lediglich zwei Minuten zu Fuß zum Schloss Hetzendorf und steigen dort für vier Stationen in die Straßenbahn. Der 62er bringt uns innerhalb weniger Minuten zur Wienerbergbrücke und von dort sind's gezählte 643 beziehungsweise 752 Schritte zur Lehrbachgasse 4.

Ein Zinshaus mit Zwilling

Lehrbachgasse 4, Michael Winter

Das Haus ist besonders. Kein Zweifel, wer durch die Lehrbachgasse spaziert, wird das braun-beige vierstöckige Gebäude mit seinem puristischen Fassadendekor und seiner geschweiften Mansard-Attika nicht links liegen lassen – auch wenn gegenüber ein Glaspalast, der Businesspark Euro Plaza, erstrahlt. Im Gegenteil: Die voll verspiegelte Fassade des Euro Plaza wirft jene der Lehrbachgasse 4 wunderschön zurück. Und so steht man an dieser Stelle der Gasse quasi zwischen Zinshaus-Zwillingen: Auf der einen Seite ragt das echte, um 1914 erbaute Gebäude empor, gegenüber glänzt dessen schönes Spiegelbild.

Verantwortlich für dieses spezielle Erlebnis war nicht zuletzt die Mutter des heutigen Eigentümers, Michael Winter. „Im Zuge der Bauverhandlung für das Euro Plaza oder besser gesagt für jenen Teil, der unserem Zinshaus gegenüberliegt, hat sich meine Mutter dafür eingesetzt, dass die Fassade komplett verspiegelt wird. Ursprünglich war nämlich nur eine Teilverspiegelung angedacht.“ Winters Mutter aber wollte für ihre Mieter durch das hohe Gegenüber nicht zu viel an Tageslicht verlieren. „Zum Glück konnte sie sich Gehör verschaffen; durch die verspiegelte Fläche bekommen die Wohnungen jetzt immer noch viel Sonne und sind schön hell.“ Ganz altruistisch war der Plan von Frau Winter freilich nicht, wie ihr Sohn schmunzelnd zugibt: „Sie hat ja damals selbst hier im ersten Stock gelebt, in der Hausherrenwohnung.“

Zuerst kam der Friseur, dann ging's in den Prater

Entworfen und errichtet wurde das Haus von Michael Winters Urgroßvater Rudolf Schoderböck, der nicht nur Architekt und Stadtbaumeister war, sondern auch eine Baufirma sein Eigen nannte. „Mein Urgroßvater war gut situiert. Dementsprechend hat er für sich und seine Familie ein schönes Haus gebaut – mit allem Drum und Dran“, sagt Winter. So gab es zum L-förmig angelegten Zinshaus auch einen Stall für vier Pferde sowie eine Garage für die Kutschen. Über diesem Kutschenhäuschen, das heute noch als Garage in Gebrauch ist, legte Rudolf Schoderböck für die 150 Quadratmeter große Hausherrenwohnung im ersten Stock eine große Terrasse an. „Meine Mutter hat mir erzählt, dass er dort jeden Morgen den Friseur empfing, um sich die Haare und den Bart machen zu lassen. Danach nahm er die Kutsche und fuhr aus, meist in den Prater.“

Gnome im Stiegenhaus

Aber noch ein paar Worte zum Baustil des Hauses: Es ist das puristische Gesicht der Wiener Werkstätte, das uns anlacht, wenn wir die fast schmucklose Fassade mit ihrer raffinierten Gliederung betrachten (Rundbögenfenster im Sockelbereich, konvex vorspringende vertikale Abschnitte und überstehendes Dachgesims). Rudolf Schoderböck scheint sich ganz dieser zeitlosen Eleganz verschrieben zu haben, das lässt sich schon am Originalplan des Hauses erkennen, und zwar nicht nur anhand der klaren Formen und des dezenten Dekors. Sogar die Überschrift, das Wort „Auswechslungsplan“, ähnelt künstlerischen Schriftzügen Koloman Mosers, eines der Begründer der Wiener Werkstätte. Der Stil der Wiener Werkstätten durchdringt aber auch das Innere des Hauses. Das Foyer besticht durch nüchterne Klarheit mit sparsam eingestreuten floralen Ornamenten, die sich in der Gitterfüllung des Treppengeländers

sowie an den Türen und Gangfenstern fortsetzen. Im Stiegenhaus erwartet uns noch eine kleine Überraschung. Auf Hinweis Michael Winters entdecken wir über unseren Köpfen kleine Gnome mit grotesken Fratzen. In jedem Stock und Zwischenstock lauern die Figuren in sprungbereiter Sitzhaltung – immer zwei einander gegenüber. Es sieht aus, als müsste man nur ein Zauberwort sprechen und schon stürmten sie los. Bloß wohin und warum? „Tja", meint Winter, „das weiß ich leider nicht. Vielleicht sind sie, wie die Wasserspeier an gotischen Kirchen zur Abwehr von Bösem gedacht."

Tatsächlich ergeben spätere Recherchen, dass es sich hierbei um Maskarone handeln muss. Wie die dämonenhaften Wasserspeier und Neidköpfe an den Fassaden außen (Erstere sollen böse Geister, Zweitere Neid und Missgunst vom Haus fernhalten) sind auch sie eine Art Drolerie, also derb-lustige und grotesk überzeichnete Figuren, die Menschen, Fabelwesen oder Tiere darstellen. Typisch für einen Maskaron sind verzerrte Gesichtszüge, ein geöffneter Mund mit wulstigen Lippen und aufgeblasene Wangen. Warum die Gnome im Stiegenhaus platziert wurden, ob als scherzhaftes Schmuckelement oder tatsächlich in dem Glauben, so das Haus beschützen zu können, bleibt im Dunkeln (Gnom siehe Cover).

Ein Babybauch als Einbrecherschreck

Dem Einbrecher, der vor langer Zeit ins Schlafzimmer von Michael Winters Eltern eindrang, vermochten sie jedenfalls nichts entgegenzusetzen. „Allerdings kam der nicht übers Stiegenhaus", gibt Winter zu bedenken. „Eines Nachts jedenfalls ist eine dunkle Gestalt über den Lagerplatz außen hinaufgeklettert und in die Wohnung im ersten Stock eingestiegen. Meine Mutter, die damals gerade schwanger war, hatte wohl einen leichten Schlaf und wurde munter. Da sah sie einen Mann mitten im Raum stehen. ‚Gerhard?', hat sie ihn laut angesprochen und sich mit ihrem schon stattlichen Babybauch aufgesetzt, weil sie glaubte, dass mein Vater dort steht. Da ist der Einbrecher getürmt, und zwar ganz geschwind. Erst da hat meine Mutter registriert, dass mein Vater, Gerhard, neben ihr gelegen ist und selig geschlafen hat." Das muss ein schöner Schock gewesen sein. „Bestimmt!", sagt Winter und grinst: „Fragt sich nur, für wen der Schock größer war. So wie der Einbrecher die Beine in die Hand genommen hat, dürfte ihn der Babybauch ganz schön beeindruckt haben."

Hietzing ist grün. Zwar wahrscheinlich nicht, was seine politische Couleur betrifft, aber doch hinsichtlich seiner Gesamtoptik: Fast zwei Drittel des Bezirks liegen nämlich innerhalb des Lainzer Tiergartens, und dieser ist zu 80 Prozent bewaldet. Dem gegenüber stehen eine unterdurchschnittliche Bebauungsrate von nur 21,5 Prozent (im Mittel sind es in Wien 33,3 Prozent) und lediglich sechs Prozent Verkehrsflächen. Fazit: Es lässt sich gute Luft schnuppern im drittgrößten Bezirk Wiens.

Nobel ist er auch. Immer noch. Damals, zu Zeiten Maria Theresias, fing es an, als mit dem Neubau des Schlosses Schönbrunn die kaiserliche Hofhaltung in Schwung kam. Ein Jahrhundert später, unter Kaiser Franz Joseph I., wandelte sich das verschlafene Nest Alt-Hietzing infolge reger Bautätigkeit dann grundlegend. Der Kaiser zog die Menschen nämlich an wie die Motten das Licht. Alle wollten in seiner Nähe sein: Adelige, Hofbeamte, Industrielle – auch Künstler und andere kaiserliche Günstlinge. Wer es sich leisten konnte, ließ sich im Umfeld von Schönbrunn eine hübsche Villa oder ein schmuckes Stadthaus errichten. So war man „in" und konnte dann und wann seiner kaiserlichen Hoheit in der Kutsche zuwinken. Es zogen auch mehr und mehr reiche Bürger ins Umfeld von Schönbrunn, sodass das bäuerliche Erscheinungsbild von Alt-Hietzing schließlich ganz verschwand und der Nobelfaktor stieg. Man ahnt es schon: Einen Bummel durch Alt-Hietzing (Am Platz, Altgasse, Hietzinger Hauptstraße, Maxingstraße, Gloriettegasse, Wattmanngasse ...) können wir sehr empfehlen, um von vergangenen Zeiten zu träumen und eine exklusive Dosis K.-&-k.-Flair zu inhalieren.

Dort, wo die Pimperlbahn gefahren ist

Weniger exklusiv, aber für uns nicht minder spannend, ist der alte Vorort Speising. Gemeinsam mit Alt-Hietzing sowie den Dörfern Hacking, Lainz, Ober- und Unter

13. BEZIRK HIETZING

Grün und groß

St. Veit wurde Speising 1892 eingemeindet und zum 13. Bezirk zusammengefasst (wobei auch der Vorort Penzing bis 1938 dazugehörte). Das Zentrum des ehemaligen Bauerndorfs befand sich rund um die heutige Speisinger Straße zwischen der Versorgungsbahn und der Feldkellergasse beziehungsweise auch über diese hinaus östlich der Gallgasse. An besagter Speisinger Straße, die sich insgesamt satte 2,6 Kilometer in die Länge zieht, bis sie am Maurer Hauptplatz im 23. Bezirk endet, liegen die beiden Zinshäuser, die wir auf den folgenden Seiten vorstellen wollen. Aber beginnen wir unseren Spaziergang bei der Versorgungsbahn beziehungsweise der Station Preyergasse – da, wo der 60er hält, der Nachfolger der ehemaligen Dampftramway (auch liebevoll Pimperlbahn genannt), die ihre erste Fahrt am 27. Oktober 1883 zwischen Hietzing und Perchtoldsdorf aufnahm. Gleich beim Bahnschranken befindet sich das Gasthaus Waldtzeile. Mit der Hausnummer 2 bildet es quasi den Auftakt zum ehemaligen Ortskern von Speising, zumal auf der gegenüberliegenden Seite die Häuser 1 und 3 fehlen. Hier stand bis in die 1950er-Jahre eine Fleischfabrik, heute gibt es an ihrer Stelle lediglich einen Parkplatz. Aber zurück zur Waldtzeile. Abgesehen davon, dass es sich dort vorzüglich speisen lässt, sei erwähnt, dass das Haus schon ein paar Jahrhunderte auf dem Buckel hat. Wann es erbaut wurde, ist nicht bekannt. Gewiss ist, dass es 1591 eines von 27 Häusern des Dorfes war und die Jesuiten 1609 als Besitzer des Hauses in seinen Gemäuern bereits Wein ausschenkten.

Wie die Waldtzeile gibt es hier noch einige Häuser, die als eingeschossige, meist traufständige Gebäude den Rest der dörflichen Verbauung bilden. Ausnahmen sind beispielsweise die Objekte mit den Nummern 16 und 18 – zwei dreigeschossige Mietshäuser, erbaut 1903 und 1907 von Arnold Heymann (dem Architekten des Parkhotels Schönbrunn), die mit ihren angedeuteten Ehrenhöfen die barocke Schlösslarchitektur imitieren. In nächster Nähe dazu, nämlich nur drei Häuser weiter, befindet sich das erste Objekt, das wir uns im 13. Bezirk anschauen wollen.

Dort, wo sich auf einmal die Fassade verabschiedete

Speisinger Straße 24, Gertraude S.

Da stehen wir nun vor der Nummer 24, und ohne das irgendwie überbewerten zu wollen: Das Haus ist schon sehr rosa. „Viel zu rosa!", stimmt Hausbesitzerin Gertraude S. amüsiert zu. Nach dem letzten Anstrich, der lachsfarben war, habe sich die Familie wieder auf Grün geeinigt. „Das hatten wir früher einmal und die Farbe haben alle gemocht. Aber irgendetwas ist dann schiefgegangen. Keiner weiß, wie uns dieses Rosa passieren konnte", fügt Siegel hinzu und lacht herzlich.

Das ebenerdige Gebäude mit dem Baujahr 1897 ist auch sonst recht schmucklos. Zwar war es laut Eigentümerin ursprünglich ein Weinhauerhäuschen (und die waren sicherlich nicht die verziertesten), aber so glatt wie jetzt war die Fassade früher nicht. „Ich weiß

es nicht mehr genau; es muss in den 1970er-Jahren gewesen sein, als wir eines Tages um 4 Uhr in der Früh von der Polizei aus dem Schlaf geläutet wurden. Vor unserer Türe lag ein Haufen Schutt – die gesamte Stuckatur war heruntergebrochen. Das war natürlich schlimm. Aber nach dem ersten Schock hat es mich ehrlich gesagt gar nicht so gewundert. Unsere enge Gasse war damals eine Durchzugsstraße, sogar die Fernlastwagen sind hier durchgedonnert. Und dann, an diesem Morgen, war es wohl der eine Laster zu viel …"

Das Zinshaus mit Gemüse-Obst-Paradies

Gertraude S. wohnt seit 1965 im Haus, allerdings im hinteren, dreigeschossigen Trakt, der um 1900 errichtet wurde. „1965 haben mein Mann und ich geheiratet und sind aus dem 15. Bezirk hierhergezogen, weil gerade eine winzige Wohnung freigeworden ist." Es war das Zinshaus ihrer Großeltern, wie uns die ehemalige Englisch- und Französischlehrerin erzählt, mit je zwei kleinen Zimmer-Küche-Wohnungen auf jeder Etage sowie einem einzelnen Kabinett, getrennt durch das Stiegenhaus. „Vorne im älteren, eingeschossigen Trakt waren zudem noch drei Einheiten vermietet. Eine davon war eine Glaserei, die andere eine Trafik und die dritte die Hausbesorgerwohnung." Die Großeltern hatten das kleine Zinshaus 1917 als Anlageobjekt gekauft. Allerdings weniger wegen der Mieteinkünfte, wie Gertraude S. vermutet, als viel mehr wegen des 2.000 Quadratmeter großen Gartens, der direkt an den schönen Innenhof mit dem alten Nussbaum anschließt. „Damals war ja Krieg, und im 15. Bezirk, wo meine Eltern und Großeltern wohnten, konnten sie kein Gemüse und Obst anbauen. Hier hingegen war genügend Platz für Erdbeeren, Ribiseln, Kartoffeln, Paradeiser und vieles mehr. Sogar Tabakpflanzen haben wir gehabt." Tabakpflanzen? „Ja, das war später, im Zweiten Weltkrieg. Mein Vater war ein starker Raucher; also hat meine Familie Tabak angebaut, aber nur zum Eigenbedarf", erzählt S. Zum Verkauf war nur der Flieder gedacht. „Wenn er geblüht hat, haben ihn meine Eltern in großen Büscheln abgeschnitten und mit der Bim in den 15. Bezirk transportiert. Dort ist er an einem Blumenstand am Schwendermarkt verkauft worden."

Ein Bett unterm Sternenhimmel

Die Hausbesitzerin kann sich noch gut an ihre Kindheit im großelterlichen Garten erinnern. „Meine Familie hat zwar nicht selbst im Haus gelebt, aber dafür hat es zwei Holzhäuschen auf dem Grundstück gegeben. Das meiner Großeltern war weiter vorne, das andere, unseres, ganz hinten. Von April bis November haben meine Eltern, meine Schwester und ich hier gewohnt. Wir haben auch Hühner, Hasen und Enten gehabt; eigentlich haben wir wie am Land gelebt. Bis es geschneit hat, dann sind wir wieder in unsere Wohnung in den Fünf-

zehnten zurückgekehrt." Viele unbeschwerte Tage und glückliche Momente gab es hier. Besonders schön sei es gewesen, wenn es im Sommer so heiß war, dass das Holzhaus zum Schlafen viel zu warm wurde. „Dann haben meine Eltern unsere Betten hinaus auf die Terrasse getragen und wir haben dort unter dem Sternenhimmel übernachtet. Daran erinnere ich mich, als wäre es gestern gewesen."

Der schrecklichste Tag

Woran sich Gertraude S. zum Glück nicht erinnert, ist der Amoklauf eines Hausbewohners. Und zwar deswegen, weil sie an jenem verhängnisvollen Tag nicht hier war. Sie kenne die Geschichte nur aus Erzählungen, so die Hauseigentümerin. „Die Hausbesorgerin hatte mit ihrem Enkelsohn vorne an der Straße im alten Haustrakt eine kleine Wohnung. Der Enkel arbeitete ganz in der Nähe in der Fleischfabrik. Eines Tages ist er mit einem Fleischermesser nach Hause gekommen und ist durchgedreht." Im Hinterhaus habe er dann sein Opfer gefunden. „Die Mieterin aus dem 2. Stock konnte durch die Glaserei flüchten, ihre Tochter hatte kein Glück; sie überlebte die Messerattacke des jungen Mannes nicht.

Warum der Hausbesorger-Enkel eine so schreckliche Tat beging, weiß Gertraude S. nicht. „Ich war nur froh, dass mein Vater an diesem Tag nicht hierher gefahren ist, so wie er es ursprünglich geplant hatte. Ihm war irgendetwas dazwischengekommen. Jedenfalls war das sein – oder besser gesagt – unser großes Glück!"

Nach so einer Geschichte kann es nicht schaden, ein paar Schritte zu tun. Und dazu haben wir nun Gelegenheit, denn unser nächstes Ziel ist die Speisinger Straße 73. Das bedeutet rund acht Minuten Fußmarsch stadtauswärts durch eine Gegend, die für Gründerzeit-Zinshausliebhaber wohl eher wenig reizvoll erscheint. Egal, da müssen wir jetzt durch, und gehen ist gesund.

Geometrisch spazieren gehen im eigenen Park

Speisinger Straße 73, Dr. Veronika Zwatz-Meise

In diesem Abschnitt der Speisinger Straße sticht das schmucke, kleine Gründerzeithaus mit seiner gelben Fassade, den grün-weißen Fenstern und dem schmiedeeisernen Balkon heraus wie ein leuchtender Löwenzahn in der grünen Wiese. Gegenüber befindet sich zwar ein zweites schönes Haus, ansonsten gleicht die Straße hier aber einer architektonischen Wüste – mit Nachkriegsbauten und Wohnanlagen jüngeren Datums. Die wenig reizvolle Umgebung ist allerdings sofort vergessen, wenn man durchs Haus in den Hof des L-förmigen Gebäudes kommt. Hier beschattet eine eindrucksvolle Birke die große Terrasse im ersten Stock und leitet den Blick auf die riesige Dachterrasse des querstehenden Gebäudetrakts. Überall grünt und blüht es, die Vögel zwitschern und tirilieren. Neben der Birke steht ein Häuschen, das beinahe ebenso alt ist wie das Haus selbst, dessen Haupttrakt 1885 erbaut wurde. Heute befindet sich darin eine Sauna, aber in früheren Zeiten war dies eine Waschküche. Die jetzige Hausbesitzerin, Frau Dr. Veronika Zwatz-Meise, erinnert sich an eine Erzählung ihres Vaters aus seiner Kindheit in der Zeit um 1910: "Einmal pro Woche kam eine Waschfrau ins Haus.Im Häuschen vor dem riesigen Kessel werkte diese stattliche Frau in einer Dampfwolke und führte das Regiment. Für uns Kinder war das entsetzlich, weil die Waschfrau von allen hofiert wurde. Jeder bot ihr Essen und Trinken an und plauderte mit ihr – wir Kinder waren an diesem Tag wie Luft für die Erwachsenen."

Ein Haus, um die Familie zu versorgen

Ein paar Stufen hinab entfaltet sich ein grünes Paradies, das knapp 2.000 Quadratmeter umfasst. Ein richtiger kleiner Park ist das. „Ja", meint Zwatz-Meise, „dabei war unser Grund ursprünglich noch viel größer. Als meine Großeltern das Haus um 1910 kauften, reichte der Garten bis zur Klitschgasse, also bis zur nächsten Straße. Nach dem Krieg musste gut ein Drittel davon verkauft werden, weil das Dach kaputt und kein Geld da war." Die Eltern der jetzigen Hausbesitzerin, die unter dem Namen K.G. Meise im Schulfunk und als bekannte Jugendschriftsteller arbeiteten, führten das im Krieg beschädigte Haus durch Reparaturen an den jetzigen Zustand heran. Während wir den Garten inspizieren, erfahren wir ein Stück Familiengeschichte. „Meine Großeltern wohnten zuerst in Perchtoldsdorf und sind hergezogen, weil sie ihre Kinder hier in die Schule geben wollten. Mein Vater war damals fünf oder sechs Jahre alt. Zudem sollte das Haus eine Absicherung sein. Da mein Großvater ahnte, dass er nicht alt werden würde, wollte er seine Frau und die beiden kleinen Söhne versorgt wissen." Um mehr Fläche zum Vermieten zu haben, wurde bald nach dem Hauskauf ein zweiter Trakt angebaut – ein guter Plan, denn zu jener Zeit war die Familie gut situiert, erzählt Zwatz-Meise: „Es war eine gesellschaftliche und finanzielle Hochblüte der Familie. Der Großvater hatte eine Dampfkraftvermietung sowie eine Drechsel-Zurichterei und die Großmutter war die Tochter des Inhabers eines großen Fuhrwerkerbetriebs mit etwa hundert Pferden." Doch dann kam der Erste Weltkrieg und die Pferde wurden eingezogen.. Gleichzeitig trat das Automobil seinen Siegeszug an und machte die Pferdefuhrwerke überflüssig. Das war aber nicht der einzige gesellschaftliche Wandel in dieser Zeit. Durch die Elektrifizierung wurde auch die Dampfkraftvermietung unnötig. So verlor die Familie ihre Haupteinnahmequellen und mussten sich beruflich völlig neu orientieren.

Abwechslungsreiche 10.000 Schritte pro Tag

Wir stiefeln ganz schön durch die Gegend, von einem Verweilplätzchen zum nächsten.

Veronika Zwatz-Meise zeigt uns auch die kleine Streuobstwiese mit den Kirsch-, Zwetschken- und Apfelbäumen, das Holzplatzl neben dem Gartenhäuschen, das Biotop mit Schilfpflanzen, die schon mehr als 50 Jahre hier gedeihen und ursprünglich aus dem Lainzer Tiergarten stammen, und vieles mehr. „Hier bin ich im ersten Lockdown meine geometrischen Figuren gewandert." Geometrische Figuren wandern? „Nun, Vierecke mit Innenkreis, Ellipsen und dergleichen", erläutert die ehemalige Meteorologin. „Das war irgendwie spannender, als immer dieselbe Strecke zu absolvieren, um auf meine 10.000 Schritte pro Tag zu kommen." Der Garten sei das Refugium ihres Mannes, so Zwatz-Meise. „Er hegt und pflegt ihn wie seinen Augapfel, damit wir es schön haben. Aber einen guten Teil davon lässt er natürlich gedeihen – für die Bienen, Hummeln und anderen Insekten." Ein Garten für alle also. Apropos alle. Ein vertragliches Nutzungsrecht haben die Mieter zwar nicht für den Garten, nutzen dürfen sie ihn dennoch, denn es herrscht untereinander ein sehr gutes Verhältnis. „So viele sind das ja nicht", sagt die Eigentümerin. „Sowohl unser Sohn als auch unsere Tochter haben Wohnungen im Haus, und dann gibt es neben unserer Wohnung nur noch zwei weitere, die vermietet sind. Und das Geschäftslokal vorne."

Fremdes, süßes Osterei

Früher sei das anders gewesen. „Der Garten war streng aufgeteilt: Hier ein Platzerl für die eine Nachbarin, da eins für die andere und dort für Herrn und Frau Hofrat. Als Kind dachte ich lange Zeit, die Familie heißt Hofrat mit Nachnamen", erzählt Zwatz-Meise. Und muss lachen. Mit ihnen verbindet sie eine Anekdote aus ihrer Kindheit. „Der Herr Hofrat hatte für seine Enkelkinder Ostereier im Garten versteckt, allerdings nicht nur in seinem Bereich, sondern unglücklicherweise auch dort, wo ich meine Osternester gesucht habe." Und dann ist natürlich passiert, was passieren musste:

„Ich habe ein Nest gefunden, bestückt mit dem Inbegriff meiner kindlichen Süßigkeitenträume – einem Ei, gefüllt mit Zuckerln und Schokolade. Ich war im siebten Himmel! Für mich war das Ostern, Weihnachten und Geburtstag zugleich. Voller Vorfreude habe ich mich damit ins Haus verzogen." Wir ahnen schon, wie es weitergeht und können den kindlichen Schmerz regelrecht nachfühlen. Veronika Zwatz-Meise muss kurz seufzen, bevor sie weitererzählt: „Die Familie des Herrn Hofrat hat dann bald gemerkt, dass etwas fehlte. So sind sie schließlich zu mir gekommen und ich musste meinen Schatz wieder herausrücken. Das war schon schlimm für mich. Heute kann man das ja gar nicht mehr nachvollziehen, aber ich bin zu einer Zeit groß geworden, wo es finanziell sehr eng war. Und obwohl wir das Haus hatten, mussten meine Eltern jeden Schilling dreimal umdrehen. Solch süße Träume hat es für mich also nicht gegeben."

Übrigens versteckt der Osterhase auch heute noch seine Eier und Kleinigkeiten für die Hausbewohner:innen im Garten. Und damit so eine Verwechslung wie damals nicht mehr passieren kann, hat der Osterhase allen Suchenden eine eigene Farbe zugedacht. Das ergibt am Ende der fröhlichen Ostersuche einen großen Berg von bunten Nesterln.

Penzing. Was macht den Vierzehnten aus, was fällt uns dazu ein? Hm, mal sehen …

Na, das ist da, wo der SK Rapid herkommt, schießt es aus einem von uns heraus. Okay. Ja. Stimmt. Auch das ist wichtig und muss erwähnt werden. Auf alle Fälle ist Penzing ein schöner Randbezirk mit hoher Lebensqualität: Man wohnt draußen und genießt – sicherlich nicht überall, aber doch vielerorts – die etwas ruhigere Umgebung. Gleichzeitig ist man durch die gute öffentliche Anbindung auch schnell dort, wo der Bär steppt – quasi Landluft trifft City.

Aber gehen wir es systematischer an: Der Vierzehnte ist der viertgrößte Bezirk Wiens mit 93.000 Einwohnern und reicht in seiner Längsausdehnung vom Technischen Museum im Osten bis in den Wienerwald im Nordwesten hinein, und zwar ein gutes Stück weit. Überhaupt nehmen Wälder und Grünflächen die Hälfte des 34 Quadratkilometer großen Bezirksgebiets ein. Aber abgesehen von seinem Grünfaktor, gibt es natürlich auch hier allerhand Sehenswertes, beispielsweise das schon erwähnte Technische Museum oder das Ernst-Fuchs-Museum, weiters die Otto-Wagner-Kirche und die Steinhofgründe, die Sargfabrik, das Palais Cumberland mit dem Max Reinhardt Seminar, das wunderschöne Wasserschloss Laudon und, ja, Rapidfans zählen auch das Allianz-Stadion zu den Top-10 der wichtigsten Attraktionen des Vierzehnten (was 50 Prozent von uns sehr gut nachvollziehen können).

Übrigens ist auch der 2010 eröffnete Wienflussweg ein Bezirksglanzlicht. Er führt vom Auhof bis zur Kennedybrücke entlang des Wientals, und zwar unten, neben dem gepflasterten Betonbachbett, wo der Fluss, der die meiste Zeit ein Rinnsal ist, seinen Weg Richtung Donaukanal macht. Radeln, joggen und spazieren gehen, abseits des motorisierten Verkehrs – Herz, was willst du mehr!

14. BEZIRK PENZING

Da, wo Rapid herkommt

Die Gasse zur A1

Apropos spazieren gehen und Wiental. Unsere Bezirkstour im Vierzehnten starten wir gegenüber dem Schloss Schönbrunn, am Anfang der Hadikgasse. Um 1870 angelegt, zieht sie sich bis nach Hütteldorf, bevor sie knapp einen Kilometer nach dem dortigen Bahnhof die Seite wechselt und kurze Zeit später in die Westautobahn A1 mündet. Die Hadikgasse führt also von Wien hinaus in die Welt, und da ist es kein Wunder, dass sie heute eine der meistbefahrenen Ausfallstraßen Wiens ist.

Fürs Wohnen an der Hadikgasse gilt also dieser eingangs erwähnte Punkt vom ruhigen Leben im Vierzehnten eher nicht. Im Gegenteil: Wer heute hier entlangmarschiert, dem kommt sicher nicht in den Sinn, dass es einmal recht begehrt war, in der Hadikgasse zu wohnen. Dennoch zeugen die vielen schönen Häuser genau davon, und nicht von ungefähr wohnten hier zwei der berühmtesten Komponisten überhaupt – Ludwig van Beethoven und Richard Wagner. Während Ersterer sowieso fast überall in Wien gewohnt hat und sich nur für einige Wochen des Jahres 1824 im ehemaligen Hadik-Schlössel (Hadikgasse 62) niederließ, residierte Wagner immerhin zwei Jahre (1862 bis 1864) in der Hadikgasse 72, einer zweigeschossigen Gründerzeitvilla mit Türmchen, und arbeitete dort an seiner Oper „Die Meistersinger von Nürnberg".

Die etappenweise Verbauung stadtauswärts ist im Übrigen bis heute gut am Baustil nachzuvollziehen: Während am Beginn der Gasse Zinshäuser aus der Früh- und Hochgründerzeit das Straßenbild prägen, säumen etwa auf Höhe der Kennedybrücke vorwiegend späthistoristisch-secessionistische Bauten – vielfach Villen und Mietvillen – den Straßenzug. Ein solch schmuckes Haus möchten wir nun porträtieren, und zwar die Hadikgasse 118.

Ein sehr entbehrlicher Untermieter

Hadikgasse 118, Mag. Britta Philipp

Wobei das Wort „schmuck" vielleicht als Begriff etwas irreführend ist. Denn gerade die schmückenden Elemente fehlen weitestgehend an der edlen hellgrauen Fassade des viergeschossigen Gebäudes. Zumindest oben herum. Erdgeschoss und Mezzanin weisen eine hübsch gebänderte Gliederung auf, und auch der mittelständige Erker sowie die mit Balustraden und Säulen ausgestatteten Balkone der beiden Hauptgeschosse werden von geschwungenen Konsolen getragen, die mit Jugendstil-Wellenornamentik verziert sind. Aber wie erwähnt: Darüber ist alles vollkommen glatt. Zu glatt eigentlich. Die Hauseigentümerin, Mag. Britta Philipp, nickt, als wir sie gleich zu Beginn unseres Gesprächs danach fragen. „Meine Mutter war Kunsthistorikerin und hat an der Akademie Malerei studiert. Ihr großes Vorbild war Adolf Loos, bei dem alles glatt sein musste. Und so hat sie den gesamten Fassadenstuck abschlagen lassen."

Als das Bett in der Nacht spazieren fuhr

Penzinger Straße 48, Wilhelmine Melzer

Das zweistöckige Haus in der Penzinger Straße 48 ist eine Augenweide. Zusätzlich dazu, dass im Inneren des dreikantigen Gebäudes ein prachtvoller Garten mit terrassierten Grünflächen und alten Bäumen vor sich hin wächst, punktet das gelb gestrichene Gebäude mit seinen grünen Fenstern von außen vor allem mit seiner Biedermeier-Fassade: einem Schmiedeeisenbalkon direkt über dem Eingangstor und Bogenfeldern über den Fenstern im ersten Obergeschoss, die Reliefs mit Vier-Jahreszeiten-Motiven tragen. Doch die Biedermeier-Optik täuscht. Denn diese wurde dem Gebäude erst in den 1830er-Jahren verpasst, als der Maler Eduard Gurk (1801–1841) das Haus erwarb und die Fassade nach seinem Geschmack und im damaligen Stil umgestalten ließ. Die Grundform des Hauses ist barocken Ursprungs, was sowohl der breit angelegte Torbogen als auch das Gewölbe der Einfahrt heute noch erkennen lassen. Der Hauskern jedoch ist viel, viel älter.

„Vor 50 Jahren gab es im Bereich der Einfahrt Trockenlegungsarbeiten. Dabei wurde festgestellt, dass die dicken Mauern zum Teil aus sehr großen Steinen bestehen, so wie man sie im 16. Jahrhundert zum Hausbau verwendet hat", erzählt Hauseigentümerin Wilhelmine, genannt Willi, Melzer.

Ursprünglich ein Winzerhaus

Somit stehen die Grundfesten des Gebäudes bereits seit 450 oder 500 Jahren – was gleichermaßen faszinierend wie unfassbar ist. Was muss das Gebäude schon alles gesehen haben! Freilich, die meisten in diesem Buch vorgestellten Häuser haben einiges an Jahren auf dem Buckel, mindestens 120, oft 150 Jahre, manchmal mehr. Aber 500 Jahre?

Ob ein Vorläuferbau von Frau Melzers Haus bereits die erste Türkenbelagerung 1529 miterlebt hat, ist ungewiss. Aus dem Jahr 1542 allerdings gibt es erste urkundliche Nachweise. Damals, im 16. Jahrhundert, war es mit Sicherheit eine Art Winzerhaus, denn Penzing blickt auf eine jahrhundertelange Weinbaugeschichte zurück.

Rekreation wurde in Penzing großgeschrieben – auch im Erzherzog-Karl-Schlössl

Die heutige Form des Hauses dagegen datiert, wie erwähnt, in der Barockzeit. Diese war eine Periode des Strukturwandels in Penzing: Weg vom Weinhauerdorf und hin zum schicken Sommerdomizil, wie der verstorbene Hausherr, Dr. Manfred Melzer, in einer von ihm recherchierten Hauschronik schreibt. „Damals war es üblich, dass sich reiche Bürger der Stadt Wien zu ihrer ‚Recreation' Häuser in den Vororten bauen ließen. Penzing war dafür beliebt, weil zu dieser Zeit auch Schloss Schönbrunn errichtet wurde und die Leute in der Nähe des Kaiserhauses wohnen wollten."

Möglicherweise erging es einer gewissen Madame Irene Tomeoni, ihres Zeichens k. k. Hoftheater-Sängerin, ganz ähnlich. Die Künstlerin erwarb das Haus in der heutigen Penzinger Straße 48 im Jahr 1804. „Von Frau Tomeoni erzählt man sich, dass sie ein Naheverhältnis zu Erzherzog Karl, dem Sohn Kaiser Leopolds II., hatte. Der Erzherzog kam anscheinend ganz gern zu seiner ‚Recreation' hierher. Zumindest wurde das Haus damals auch Erzherzog-Karl-Schlössl genannt", erzählt Willi Melzer. Nach weiteren Besitzern, wie dem schon erwähnten Maler Eduard Gurk sowie einem Hofkonzeptionisten und einem Ehepaar Maier, erwarben 1879 Manfred Melzers Urgroßeltern, die Bäckersleute Christian und Amalia Polster, die Liegenschaft. 142 Jahre ist das jetzt her, so lange ist das Polsterhaus – wie es auch heute immer noch heißt – schon in Familienbesitz. Und es hat turbulente Zeiten erlebt.

Der Zufall bescherte den Melzers nach 35 Jahren den neuen, alten Fassadenschmuck

„Vor allem im Zweiten Weltkrieg wurde das Haus in Mitleidenschaft gezogen. Zum einen gab es einen Bombentreffer direkt im Garten. Das war besonders hart für die Tante meines Mannes, Tante Gretl. Sie hat in den 1920er-Jahren hinterm Haus einen Tennisplatz bauen lassen, wo sie der Penzinger Tennisgesellschaft Trainerstunden gab. Der Platz wurde komplett zerstört. Zum anderen schlug auch eine Bombe im Haus vis-à-vis ein, worauf hier im Polsterhaus der gesamte Fassadenschmuck zu Bruch ging. Es war ein einziger Schutthaufen." Das betrübte wiederum eine andere Tante ihres Mannes, Tante Lintschi. „Jahrelang war sie verzweifelt auf der Suche nach Vier-Jahreszeiten-Reliefs, um die Fassade wieder originalgetreu herzustellen", so Melzer. Dies sollte allerdings erst viele Jahre später gelingen, als der Zufall Regie führte und Wilhelmine und Manfred Melzer den Kustos des Geymüllerschlössels in Pötzleinsdorf kennenlernten. „Er erzählte, dass er Jahreszeitenmotive über den vier Türen des großen Saals hatte montieren lassen. Diese stammten von einem abbruchreifen Haus im 2. Bezirk, das der damalige Generaldirektor der Staatsdruckerei allein der Reliefs wegen gekauft hatte." Der Kustos gestattete den Melzers, Kopien der Reliefs anfertigen zu lassen und so konnte 1979, genau 100 Jahre, nachdem das Haus in den Besitz der Familie gekommen war, die Fassade des Hauses samt Reliefs generalsaniert werden. „Die Krönung des Ganzen war, dass wir schließlich ein altes Bild auf dem Dachboden fanden. Es zeigte, dass die Reliefs, die wir nach Vorlage jener im Geymüllerschlössel haben anfertigen lassen, auch wirklich die gleichen waren, die ursprünglich an der Fassade waren."

Bäckerpaar in Bedrängnis

Dabei ist es tatsächlich ein Wunder, dass das Haus nicht schon im Jahr 1956 abgerissen und der Grund verkauft wurde. In diesem Jahr zeigte sich auf recht drastische Weise, dass das Gebäude zu diesem Zeitpunkt im Prinzip abbruchreif war. „Damals war die Bäckerei im Haus, die über mehrere Generationen von der Familie meines Mannes geführt worden war, verpachtet. Im Erdgeschoss gab es den Verkaufsladen und die Backstube und darüber, im ersten Stock, wohnte das Bäckerehepaar. Eines Nachts wachte der Bäcker auf, weil die gesamte Wohnung wackelte. Er hat daraufhin seine Frau geweckt, weil er gedacht hat, das sei ein Erdbeben." Aber weit gefehlt: Mit einem Erdbeben hatte das Ganze nichts zu tun. Mit Schrecken musste das Ehepaar feststellen, dass es ihr Bett war, das mit ihnen spazieren fuhr, weiß Willi Melzer. „Das Bett rutschte gemächlich bis zum anderen Ende des Zimmers und leider auch abwärts. Der Grund war, dass die Dippelbäume im Boden morsch geworden waren und daraufhin die Geschossdecke durchgebrochen war." Das große Glück war, dass direkt unter dem Schlafzimmer in der Bäckerei der große Backofen gestanden hat. Darauf ist das Bett samt Bäckerehepaar letztlich gelandet."

Die folgende Untersuchung ergab, dass nahezu alle Dippelbaumdecken angemorscht und somit einsturzgefährdet waren. Daraufhin habe der Familienrat hin und her überlegt, ob es sich lohne, das Haus zu sanieren. Die nüchterne Rechnung ergab: Das war es nicht. „Der Grund ohne Haus hatte damals einen Wert von einer Million Schilling, während der Grund

mit dem unter Mieterschutz stehenden abbruchreifen Haus 500.000 Schilling wert war. Und allein um das Haus zu erhalten, mussten 200.000 Schilling investiert werden. Wirtschaftlich gesehen war von einer Sanierung also dringend abzuraten. „Tante Lintschi zuliebe wurde es trotzdem gemacht", sagt Willi Melzer und schmunzelt. Und so kann das Haus heute nicht nur mit einem Gemäuer aus dem 16. Jahrhundert, einer Grundform aus der Barockzeit und einer Biedermeierfassade aufwarten, sondern auch mit zum größten Teil Betondecken aus dem 20. Jahrhundert.

Weiter geht's zum nächsten Haus, zur nächsten Geschichte – und die ist nur 150 Meter entfernt.

Wo der Wein baden ging

Penzinger Straße 34, Wolfgang W.

Wer sich für außergewöhnliche Häuser interessiert und in der Penzinger Straße spazieren geht, kommt am sogenannten Töpfelhaus nicht vorbei. Oder anders gesagt: Man müsste schon die Augen absichtlich geschlossen halten, um das zweigeschossige Bürgerhaus mit der reich verzierten und ausgesprochen gut erhaltenen Barockfassade in dezentem Altrosa-Weiß-Mix nicht zu bemerken. Es besticht in seiner Zusammenschau mit einem gebänderten Sockelgeschoss inklusive übergiebelten Korbbogenportal und vasenartigen Aufsätzen, einer durchgehenden Pilastergliederung im oberen Geschoss, Fenstern mit Parapetdekor und unterschiedlichen Verdachungen (im Wienerischen liebevoll „Augenbrauen" genannt) sowie einem Dachhäuschen, das mittig über dem Eingangstor thront.

Hat man das Glück, einen Blick ins Innere werfen zu können oder gar – wie wir – vom Hausherrn, Wolfgang W., eine kleine Hofführung zu bekommen, kann man nur weiter staunen: Die Einfahrt hinter dem Portal entspricht einem flachen, stuckierten Gewölbe und führt in einen schmalen, gepflasterten Innenhof, der links und rechts von zahlreichen Oleanderbüschen gesäumt ist. Die Seitenflügel dieser U-förmigen Anlage korrespondieren in ihrem Aussehen perfekt mit der Straßenfassade: Die Sockel sind wieder weiß gebändert und das altrosa Obergeschoss imitiert mit seinem flachen Dekor in Weiß die Pilaster, Fenstergiebel und Parapetfelder.

Allerdings ist das noch nicht alles. Am anderen Ende des Innenhofs befindet sich ein barockes Portal mit schmiedeeisernem Tor und geschweiftem Giebel. Wer hindurchtritt, kommt auf einen großzügigen, fast bühnenartigen Platz mit holzverkleideten Sitzreihen, die zum etwas höher gelegenen, 2.500 Quadratmeter großen Garten aufschließen. Hier lässt es sich zweifellos gut laue Sommerabende verbringen – und den Rest des Jahres auch.

Alte und neue Besitzer unter einem Dach

Erbaut wurde das Töpfelhaus Mitte des 18. Jahrhunderts – wobei das relativ sei, meint Wolfgang W. „Zur Zeit der zweiten Türkenbelagerung (1683, Anm.) wurde Penzing komplett zerstört. Nach und nach wurde aus den Trümmern der ehemaligen Winzerhäuser wieder Wohnraum geschaffen. An unserem Haus dürfte stückchenweise auf- und zugebaut worden sein, aber um 1750 war man wohl damit fertig." Nach wechselnden Eigentümern kam das Gebäude im Jahr 1842 in den Besitz von Alexander Matthias Töpfel, dem Bürgermeister von Penzing, und seiner Frau Katharina und blieb 165 Jahre in Familienbesitz. Frau S., von der W. das Anwesen 2007 erwarb, war eine Großnichte von Johann Töpfel, dem letzten Namensträger der Familie. Frau S. und ihr Mann (damals Ende 60 und Mitte 70 Jahre alt) konnten sich den Erhalt beziehungsweise eine neuerlich notwendige Sanierung des Hauses nicht leisten und sahen sich gezwungen, zu verkaufen. „Als wir miteinander sprachen, habe ich bemerkt, dass die beiden am liebsten gar nicht ausziehen wollen. Also habe ich ihnen gesagt, dass sie wegen mir nicht ausziehen müssen!'" Da habe Herr S. ein Hakerl hinter W.s Namen gemacht – Käufer gefunden! Heute gehören die S.s praktisch zur Familie. „Uns eint die Liebe zum Haus."

Dabei habe er damals nicht explizit nach einem alten Gebäude gesucht. „Ich wollte einfach ein Haus und einen schönen Garten in dieser Gegend hier haben. Der erste Immobilienmakler, dem ich diesbezüglich meine Wünsche geäußert habe, hat darauf recht lapidar geantwortet: ‚Schloss Schönbrunn ist schon vergeben.'" Heute kann sich W. über diese Bemerkung amüsieren. Nicht zuletzt, weil es ein halbes Jahr später so weit war. „Mein Bruder ist Architekt und hat mir bei der Suche geholfen. Als er das Grundstück gesehen hat, und zwar noch bevor er das Haus angeschaut hat, war für ihn alles klar. ‚Wolfgang, das kaufst du!', waren seine Worte."

Mitunter ist es kompliziert …

Bereut habe er es nicht, wenngleich ein denkmalgeschütztes Haus schon eine – wie W. es nennt – Aufgabe sei. „Im Prinzip kann man keinen Stein umdrehen, ohne das Denkmalamt um Erlaubnis zu fragen." Sanierungen seien nicht nur kostspielig, sondern auch kompliziert. Als Beispiel nennt er die anstehende Sanierung des Dachbodens. „Während das Denkmalamt darauf besteht, den alten Dachstuhl zu erhalten, sagt der Statiker, dass die ursprüngliche Konstruktion auf Holzschindeln ausgerichtet war und nicht auf Ziegelsteine und der Dachstuhl keiner aktuellen Schneelastnorm entspricht." W. schmunzelt, als er weiterspricht: „Dem Denkmalamt nach muss das auch nicht sein, immerhin ist es ein barocker Dachstuhl. Aber der Dachdecker wiederum sagt zu Recht, dass er das Dach nicht machen kann, wenn es außerhalb der Norm ist, weil er ja eine Gewährleistung geben muss." Das klingt haarig. „Ja!", meint W. und zuckt mit den Schultern. „Im Endeffekt bauen wir jetzt eine Konstruktion über den alten Dachstuhl, damit dieser erhalten bleibt, das Dach dann aber auch den modernen Anforderungen und Normen entspricht." Im Nachhinein hat der Hausherr auch erfahren, dass ursprünglich etliche Investoren an dem Haus interessiert waren. „Aber keiner hat gekauft. Anscheinend war die Sache mit dem Denkmalschutz jedem zu heiß."

Positiv finde er, dass die Stadt Wien sehr entgegenkommend ist. „Wenn ich ein Problem rund ums Haus habe, dann erlebe ich immer wieder, dass die Zuständigen danach trachten, eine Lösung zu finden." Zum Beispiel habe er bald nach seinem Einzug ein illegales Carport im Garten errichtet. „Also, ich wusste nicht, dass es illegal war", ergänzt W. schmunzelnd. Jedenfalls sei gefühlt noch am selben Tag ein offizieller Schrieb gekommen mit dem Abrissbescheid. „Als ich mich mit den Behörden in Verbindung setzte, fand der Bauausschuss eine Möglichkeit, mir zu helfen, und zwar, indem das Carport toleriert wird – zumindest bis auf Widerruf. Das finde ich schon toll. Es ist so eine Art Abmachung: Ich kümmere mich ums Haus, und die Behörden kümmern sich darum, mir das Leben nicht allzu schwer zu machen."

Zwei Feuerwehrmannschaften und 3.000 Flaschen Wein

Das letzte Mal so richtig schwer ums Herz wurde es W. in Zusammenhang mit dem Haus vor drei Jahren. Da konnte allerdings weder das Denkmalamt etwas dafür noch irgendwer sonst. Es war höhere Gewalt, genauer gesagt ein Starkregenereignis. „Damals war die ganze Penzinger Straße überflutet. Unser Haus und jenes nebenan liegen am tiefsten Punkt der Straße und das ist uns damals zum Verhängnis geworden." Weil die Abwasserkanäle voll waren, sammelte sich das Wasser in den Höfen der beiden Häuser und floss von dort in die Keller ab. So etwas ist natürlich immer unangenehm, in W.s Fall aber besonders, denn im Keller lagerte der gesamte Weinvorrat des Hausherrn – an die 3.000 Flaschen, und zwar aus sämtlichen Regionen Österreichs, aber auch reichlich aus Italien und Frankreich. „Zwei Feuerwehrautos sind bei uns vorgefahren. Die Feuerwehrleute waren stundenlang im Keller mit Auspumpen beschäftigt. Eigentlich war ich mir sicher, dass der Wein das nicht überleben wird", sagt W. Aber ... man stelle sich vor: Keine einzige Flasche sei zu Bruch gegangen. „Nicht einmal die Etiketten haben sich gelöst!" Lediglich Hochwassermarken seien bei jenen Flaschen festzustellen, die in den Regalen aufrecht standen. W. schüttelt den Kopf, als könne er sein Glück im Unglück noch immer nicht fassen. „Der Wermutstropfen war, dass ich ein paar Wochen vorher den Keller schön aufgeräumt, die Weine sortiert und alle Kartons beschriftet habe. Durch das Wasser sind die Kartons natürlich kaputt gegangen – und die Ordnung war hinüber." Bis heute habe er es nicht geschafft, alles erneut zu sortieren und zu beschriften. Die Folge sei, dass es viel länger dauere, eine bestimmte Weinflasche zu finden. „Und", sagt W. und muss grinsen, „dass ich meinen Gästen die Weinbegleitung wesentlich unsystematischer kredenze. Aber es soll nichts Schlimmeres passieren!"

Mit diesem Fazit machen wir uns auf den Weg zum letzten Haus; es trägt die Adresse Kienmayergasse 31. Der Weg dorthin ist der längste Abschnitt der heutigen Tour, etwa eine halbe Stunde lang, aber es ist ein netter Spaziergang entlang schöner Zinshausverbauung. Also raus beim Haus und ein paar Schritte stadteinwärts. Gleich beim Eck Penzinger Straße/Beckmanngasse erwartet uns der erste Augenschmaus, nämlich vier gefällige, späthistoristisch-secessionistische Häuser mit den Hausnummern 1,1a, 2 und 4. Weiter oben, auf Nummer 10, findet sich ein schlichtes, einstöckiges Gebäude mit einem hübschen Giebelrelief, das Musikinstrumente und Weinrankenwerk zeigt. Dabei handelt es sich um das 1840 errichtete ehemalige Palais Zichy, das heute die koreanische Botschaft beherbergt. Drei Häuser weiter thront in einem Vorgärtchen mit hohen Bäumen die Nummer 16, ein Jugendstilhaus mit Mansardengiebel, Pilastergliederung und interessant aussehenden halbrunden Eckrisaliten. Schade ist, dass sich linker Hand ein scheußlicher Nachkriegsbau an das Gebäude schmiegt. Da hilft nur: ausblenden!

Oben auf der Linzer Straße wenden wir uns nach links und biegen bei erster Gelegenheit rechts in die Reinlgasse ein. Diese ansteigende Gasse verfolgen wir 700 Meter lang, also etwa zehn, zwölf Minuten, vielleicht auch 15 oder 20, wenn man ein wenig gustieren möchte, denn auch die Reinlgasse wartet mit adretter Zinshausverbauung auf. Besonders gut gefallen uns die 1910/11 vom Architektenteam Josef Barack und Edmund Czada errichteten dreistöckigen secessionistischen Bürgermietshäuser mit den Hausnummern 24 und 26. Aber wir gehen noch ein Stück weiter bergauf bis zur Hütteldorfer Straße, überqueren sie und biegen kurz danach in die Breitenseer Straße ab, die wir nach gut 150 Metern wieder verlassen, um in die wieder leicht ansteigende Draskovichgasse einzubiegen. Nach gut 3 Minuten sind wir an der Ecke Draskovichgasse/Kienmayergasse angelangt, und genau hier befindet sich unser Ziel.

„Ein bisserl Glück war schon dabei"

Kienmayergasse 31, Dr. Georg und Dr. Elisabeth Morgenstern

Löwenköpfchen, Frauenmasken, barockisierendes Blumendekor – das viergeschossige Zinshaus mit der gelben Fassade empfängt uns mit charakteristischem, aber doch dezent eingesetztem historistischem Stuck. Dass es sich hierbei einmal um eine Arbeitermietskaserne gehandelt hat, in der auch typische Bettgeher ein- und ausgingen, kommt heute keinem mehr in den Sinn.

Im ersten Stock befindet sich die Ordination von Zahnarzt Dr. Georg Morgenstern. Er ist der Hausherr hier, und das in vierter Generation. „Das Haus ließ mein Urgroßvater im Jahr 1897 erbauen. Es war schon das dritte Gebäude, das er in Auftrag gegeben hatte. Das erste war ebenerdig, das zweite hatte zwei Stockwerke und dieses hier ... na ja, anscheinend wollte er immer höher hinaus", sagt Morgenstern und schmunzelt. „Aber Scherz beiseite, mein Urgroßvater war Feintischler und Musikinstrumentenbauer. Er hatte im Erdgeschoss seine Werkstatt und das Haus sollte seine Altersvorsorge sein."

Sockelsanierung – nein danke!

Geklappt hat das nur bedingt, denn allein von den Mieteinnahmen hätte der Urgroßvater nicht leben können. „Zuerst kam der Krieg, dann die Einführung des Friedenszinses und danach die Hyperinflation in der Zwischenkriegszeit", erläutert Morgenstern. „Die damals 27 Wohnungen haben innerhalb eines Monats dann nur mehr den Gegenwert von ein paar Suppenwürfeln abgeworfen." Bis heute ließen sich mit dem Ertrag noch keine großen Sprünge machen. „Im Gegenteil", sagt seine Frau Dr. Elisabeth Morgenstern. „Seit 1997, als wir den Lift haben einbauen lassen, sanieren wir peu à peu. Immer wenn eine Wohnung frei geworden ist, beziehungsweise mehrere, haben wir Wohneinheiten zusammengelegt und renoviert. Zum Glück geht die Ordination sehr gut. Aber bei vielen Renovierungsarbeiten haben wir selbst Hand angelegt, sonst wäre es finanziell eng geworden." Zumal das Paar eine Förderung durch Sockelsanierung kategorisch ablehnte. „Wir haben uns damals erkundigt: Für viele Jahre hätten wir auf die Mieteinnahmen verzichten und der Gemeinde eine gewisse Anzahl an Wohnungen zur Verfügung stellen müssen. Das hätte faktisch eine Enteignung bedeutet. Nein, danke, das wollten wir nicht!"

Die Morgensterns sind es daraufhin langsam angegangen. Und streng genommen sind sie auch noch nicht fertig mit der Sanierung, denn eine Zimmer-Küche-Wohnung mit Gangklo gibt es noch. „Da scheitert es an der Mieterin. Die Dame ist über 80 und wohnt seit mehr als 60 Jahren im Haus. Wir haben ihr angeboten, die Toilette in die Wohnung zu verlegen, und zwar kostenlos und ohne Mieterhöhung. Aber sie will das nicht", sagt Morgenstern und seine Frau ergänzt schmunzelnd: „Sie möchte keine Veränderung. Es soll alles bleiben, wie es ist – für sie funktioniert es gut so."

Mieter als Einbruchsprophylaxe

Die Morgensterns nehmen ihre Mieter so, wie sie sind. Mehr noch, sie sind glücklich mit den Leuten im Haus. Zwei von ihnen, eine ältere Nachbarin sowie ein Student, hätten sogar schon Einbrüche vereitelt. „Einmal, als wir fort waren, hat sich jemand an unserer Wohnungstür zu schaffen gemacht", erzählt Elisabeth Morgenstern. „Unsere Nachbarin nebenan hat etwas rumpeln gehört und gedacht, mein Mann hantiert wieder einmal herum. Sie hat das Gangfenster geöffnet und hinausgerufen: ‚Herr Doktor, was machen's denn schon wieder?' Daraufhin ist ein Mann mit dunkler Hose und weißem Sakko von unserer Tür weggesprungen und über die Stiege geflüchtet." Als die Morgensterns heimkamen, stellten sie fest, wie knapp der Einbruch verhindert worden war: Zwei der drei Schlösser an der Tür waren bereits geknackt.

Ein andermal waren zwei Männer mit Brecheisen an einer Wohnungstür zugange. Als der Student aus der Nebenwohnung herauskam, um nachzusehen, wer vor der Tür war, störte und vertrieb er die Einbrecher. „Die waren aber noch so frech zu behaupten, dass sie von der Firma Soundso kommen und haben ihn gefragt, wer denn im Haus die Alarmanlage bestellt hätte. Diese Kaltblütigkeit muss man sich vorstellen!"

Als Konsequenz dieser und noch weiterer Einbruchsversuche installierte Georg Morgenstern neben einer Kamera im Foyer auch eine Gittertür im Stiegenhaus. „Tagsüber steht sie offen, aber abends nach der Ordination sperren wir sie zu. Unsere Mieter waren sofort damit einverstanden. Sie sind alle sehr umsichtig."

Frühpensionist mit Sprengstoffpotenzial

Freilich gab es zu anderen Zeiten auch andere Mieter. Etwa den Malermeister im Erdgeschoss, der ohne bauliche Vorkehrungen zu treffen, einen Mauersafe in eine tragende Wand einstemmen ließ und diesen einfach wieder herausriss, als er das Geschäftslokal aufgab. Der Baumeister, der sich daraufhin das Loch ansah, kommentierte das Morgenstern gegenüber mit den Worten: „Das Haus steht auch nur mehr aus Gewohnheit!"

Fast im Unglück endete auch eine Episode mit einem Mieter, der schwerer Alkoholiker war. „Es war traurig. Durch einen Arbeitsunfall ist der Mann mit Mitte vierzig zum Epileptiker und Frühpensionisten geworden", erzählt Georg Morgenstern. Seine Anfälle versuchte der ehemalige Heizungsmonteur mit Hochprozentigem zu mildern. „Er hat eine Flasche Rum am Tag getrunken", weiß der Zahnarzt, „mit dem Ergebnis, dass er sturzbetrunken immer irgendwo herumgelegen ist." Irgendwann seien ihm das Gas und der

Strom abgedreht worden. „Daraufhin hat er Kerzen aufgestellt", erzählt Morgenstern. „Und als ob das noch nicht gefährlich genug gewesen wäre, hat er sich zum Heizen Propangasflaschen organisiert." Wer nun ein mulmiges Gefühl bekommt – uns geht's genauso. Eines Morgens, um vier Uhr Früh, läutete die Feuerwehr bei den Eigentümern Sturm. „Als wir die Feuerwehrleute sahen, ist uns das Herz in die Hose gerutscht", erinnert sich Elisabeth Morgenstern. Dabei sei zu diesem Zeitpunkt schon alles vorbei gewesen. „‚Sie brauchen sich nicht aufregen, das Feuer haben wir gelöscht', hat der Feuerwehrmann zu uns gesagt", so Elisabeth Morgenstern. Im Nachhinein erfuhr das Ehepaar, dessen Sohn damals erst ein paar Monate alt war, dass eine Kerze den Schlafsack des Heizungsmonteurs in Brand gesteckt und er daraufhin das brennende Teil aus dem Fenster in den Hof geworfen hatte. Ein Nachbar, der nicht schlafen konnte und den Vorgang beobachtete, rief die Feuerwehr. „Gottlob, dass die Propangasflaschen da bereits leer waren", sagt Georg Morgenstern, „sonst gäb es unsere Familie und das Haus heute nicht mehr." Bevor er weiterspricht, hält der Zahnarzt kurz inne, dann nickt er und zwinkert: „Ich muss schon sagen, ein bisserl Glück war schon dabei!"

Der Fünfzehnte wird gern unter- oder gar gering geschätzt, vor allem von jenen, die keine Berührungspunkte mit ihm haben. Dabei fragen wir uns, wie das überhaupt möglich sein kann, immerhin ist in Rudolfsheim-Fünfhaus die Stadthalle beheimatet, weiters die Schmelz und der Westbahnhof. Aber ja, diese Adressen lassen sich auch weitestgehend isoliert von der Umgebung ansteuern. Nur: Das ist schade, denn es gibt so viele interessante und nette Ecken in diesem Teil Wiens, dass es sich einfach lohnt, durch den Fünfzehnten zu streifen.

Empfehlen können wir die eingangs erwähnte Schmelz, das nordwestlichste Grätzel von Rudolfsheim-Fünfhaus, wo es neben dem Universitätssportzentrum mit seinen Sportanlagen auch die größte innerstädtische Schrebergartensiedlung Europas gibt, eine Grünoase, die herrliche Spaziergänge ermöglicht. Das Nibelungenviertel direkt daneben hat für architektonisch Interessierte etwas zu bieten: Die Gassen, die nach Figuren des Nibelungenlieds benannt sind, beherbergen nämlich eine geballte Ladung secessionistischer Nobelmietshäuser. Entstanden ist das Viertel, als der Exerzierplatz auf der Schmelz im Jahr 1910 zur großflächigen Bebauung freigegeben wurde.

Bunter Multikulti-Einkaufskosmos

Auch die äußere Mariahilfer Straße ist mit ihrem gut erhalten Zinshausbestand aus dem 19. Jahrhundert zum Entlangspazieren und Häuserschauen bestens geeignet. Freilich, die Geschäftslokale im Gründerzeitparterre fügen sich hier zu einem bunten Sammelsurium, zu einem Multikulti-Einkaufskosmos zusammen: Kleine Mode-, Blumen-, Handy- und Elektrogeschäfte wechseln sich mit Friseuren, Imbissbuden und Schnellrestaurants ab – das muss man mögen. Seinen Ruf als Schäbigster unter den 23 Stadtteilen Wiens hat der Bezirk mittlerweile weitestgehend abgelegt. Überhaupt entwickelt sich Rudolfscrime – wie manche den Fünf-

15. BEZIRK RUDOLFSHEIM-FÜNFHAUS

Von Rudolfscrime zu Boboheim

Bruder geerbt hatten, kam es schließlich in den Besitz des 55-Jährigen und seiner Frau und soll – in guter Tradition – einmal der Tochter gehören. Dementsprechend wird das Anwesen mit viel Liebe in Schuss gehalten. Gerade wurden die Steigleitungen erneuert, der Hausdurchgang ausgemalt und das Dach des Werkstattgebäudes im Innenhof neu gedeckt.

Es war einmal ein kleiner Maronibaum ...

Hier stehen wir nun, im Hof, der mit alten Steinen gepflastert und hübsch gestaltet ist: Oleanderbüsche schmiegen sich an die Hausmauer und ein gemütliches Plätzchen unter einem nicht zu übersehenden, schätzungsweise fünfzehn Meter hohen Maronibaum macht Lust, sich im Grünen niederzulassen. Dass der imposante Baum selbst gezogen ist, würde bei seinem schönen Wuchs niemand vermuten. „Das war ein Zweig, den wir vor 25 Jahren da mitten im Hof eingepflanzt haben und den meine Schwiegermutter zuvor aus einer Maroni gezogen hat. Ich hab mir damals gedacht: ‚Du bist ein alter Mann, wenn der einmal richtig groß ist.' Aber schauen S' her: So alt bin ich gar nicht!" Urbanetz lacht und recht hat er: Der Baum ist ein Riese und eine Schönheit, die ihresgleichen sucht. Und der Hausherr? Ein Mann im besten Alter, wie es so schön heißt.

Bis zum Zweiten Weltkrieg war im Haus die Feilenhauerei von Martin Urbanetz' Urgroßvater untergebracht. Urbanetz' Mutter, die sich in der Zwischenzeit zu uns gesellt hat, erinnert sich noch daran. „Wenn ich an meinen Großvater denke, habe ich ein Bild vor Augen: Er sitzt hinter der Tür, vor ihm ein Amboss auf einem Holzstamm. Sein Arm saust immer und immer wieder auf eine Feile herunter, damit sie diese typischen Rillen bekommt. Da muss ich vier oder fünf Jahre alt gewesen sein."

Mit dem Großvater ist das Handwerk der Feilenhauer in der Familie ausgestorben, denn alle männlichen Familienmitglieder wie auch die Lehrlinge mussten einrücken – und nur wenige kamen zurück. Übrig geblieben sind viele Feilen und Raspeln, die Martin Urbanetz auch heute noch sprichwörtlich im Keller ausgräbt, wenn umgeräumt wird. Fein säuberlich platziert er diese Schätze dann an der Wand in seiner Werkstätte.

Wo Kaiser Franz Joseph winkte

In dem historischen Werkstättengebäude hat Urbanetz zufolge auch einmal ein Pferd gewohnt. „Mein Ururgroßvater hatte ein Ross, das hier im hinteren Teil des Häuschens seinen kleinen Stall hatte." Zu jener Zeit war das nichts Ungewöhnliches, Hausherren hatten damals ein Pferd, Betuchtere zwei, drei und oft auch eine Droschke. Das war so natürlich wie unsereiner heute ein Auto oder zwei sein Eigen nennt. Aber Autos waren um 1900 in Wien noch selten, auch wenn die erste Kraftdroschke Gottfried Daimlers bereits 1892 das erste Mal durch die Innenstadt kurvte.

Kaiser Franz Joseph jedenfalls ließ sich per Kutsche durch Wien chauffieren, und zwar Zeit seines Lebens. Denn von der neuen Fortbewegungsart war der Monarch wenig begeistert – also blieb er beim Althergebrachten. Martin Urbanetz' Großtante konnte das des Öfteren hautnah miterleben. „Tante Mizzi hat mir als kleinem Buben erzählt, dass der Kaiser immer wieder hier bei uns vorbeigefahren oder sogar vorbeispaziert ist und gewunken hat, um die Leute zu grüßen. Es muss sein Arbeitsweg gewesen sein, von Schloss Schönbrunn zur Hofburg", vermutet der Zinshausbesitzer.

Wenn leichte Mädchen stürzen

Was die Vermietung betrifft, so sucht Martin Urbanetz seit einigen Jahren sorgfältig aus, wer ins Haus kommt. „Als ich hier vor 35 Jahren eingezogen bin, haben hier lauter Altmieter gewohnt. Die sind nach und nach gestorben und dann fing das Drama mit der Vermietung an." Drama? Urbanetz nickt. „Früher habe ich das nicht so genau genommen – und schlechte Erfahrungen gemacht. Jetzt sind meine Frau und ich vorsichtiger und wählen gut aus, wer einzieht. Wenn einer von uns beiden ein ungutes Gefühl hat, lehnen wir den Kandidaten ab. Schließlich wohnen wir selbst hier, da wollen wir keine Scherereien." Konkret möchte sich der Hauseigentümer nicht über die Mieter auslassen, die – sagen

wir – anstrengend waren. Aber ein wenig können wir ihm trotzdem entlocken. „Also, es war alles dabei: Vom Sozialschmarotzer über einen, der die Wohnung verwüstet hinterlässt und dann zur Schlichtungsstelle rennt, bis hin zum Flittchen." Flittchen? „Ja, ja. Das weiß man ja vorher nicht! Aber irgendwann fällt der häufige Herrenbesuch auf." Jetzt kann Urbanetz darüber lachen, aber damals fand er es wenig erbaulich, dass die junge Frau in seinem Haus ihrem Geschäft nachging, „zumal sie sich ständig irgendetwas eingeworfen hat und oft weggetreten war." Wohl deswegen sei sie auch immer wieder gestürzt. Das ging so weit, dass sie ihren Vermieter einmal mitten in der Nacht aus dem Bett klingelte. „Sie wollte, dass ich ihr aufmache. Auf die Frage, wo denn ihr Schlüssel ist, meinte sie: drinnen. Sie wäre aus dem Fenster gestürzt und steht jetzt auf der Straße. Als ich rausgeschaut habe, ist sie da wirklich herumgestanden – in ihrer Arbeitsmontur quasi", erzählt Urbanetz und schüttelt den Kopf. „Meine Frau und ich haben die Rettung gerufen, weil sie nicht gut ausgesehen hat. Aber das wollte sie ganz und gar nicht, und als die Sanitäter sie dann in den Wagen gesteckt haben, hat sie wild randaliert. Der ganze Wagen hat gewackelt." Zum Glück sei dann ihre Mutter gekommen und habe sie mit zu sich nach Hause genommen. Damit war dieses Kapitel beendet. „Wir haben aufgeatmet!", so Urbanetz und lacht. „Und wie gesagt, jetzt sind wir klüger." Sachen gibt's!

Von der Goldschlagstraße geht es nun weiter zur Kröllgasse, die wir in einem fünfminütigen Fußmarsch erreichen. Dazu wandern wir den Weg, den wir vorher gekommen sind, wieder ein wenig zurück, also die Goldschlagstraße stadtauswärts. Es geht vorbei an vielen meist viergeschossigen Hochgründerzeithäusern, bis sich etwa ab der Holochergasse die Umgebung zu einer eher späthistoristisch-secessionistischen Zinshausverbauung verändert. Die Kröllgasse erreichen wir nach ungefähr sechs Minuten. Dort biegen wir rechts ab und sind nach etwa 300 Schritten dort, wo wir hin wollten.

Ein Toter in der Einfahrt und a Nackerte im G'schäft

Kröllgasse 31, Renate Waltschek

Am Ende der Kröllgasse, vor der U3-Station Johnstraße, sind wir am Ziel angelangt. Hier finden sich linker Hand drei Häuser, deren Fassaden allesamt mit späthistoristisch-secessionistischem Dekor aufgeputzt sind. Das prächtigste davon ist jenes in der Mitte, die Nummer 31. Die Farbe könnte man Pfirsich nennen, eine helle Nuance als Grundierung und eine dunklere für den verzierenden Stuck, der klare Linien verfolgt. Selbst die floralen Girlanden über der Beletage haben etwas Geometrisches an sich, weil sie sich wie Säulenbögen an die mittig platzierten Medaillons schmiegen. Ganz ungeometrisch wachsen dürfen hingegen die echten Pflanzen, die mit sattem Blattgrün, roten und violetten Blüten den Balkon der Hausherrenwohnung veredeln.

Das Zinshaus, das lässt sich ohne Übertreibung sagen, ist ein Schmuckstück. Eines, das selbstbewusst dazu verlockt, auch einen Blick hinein zu werfen. Wie gut, dass wir das dürfen, denn wir sind mit der Eigentümerin, Renate Waltschek, verabredet. Und dafür sind wir dankbar, denn das, was das Gebäude draußen verspricht, kann es drinnen allemal halten: Die Fliesenböden mit dem schwarz-weißen Karomuster, die gusseisernen Bassenas und die noch originalen Ätzglasfenster bilden den perfekten Rahmen für das eindrucksvolle Jugendstil-Stiegengeländer, das sich in ovalen Schwüngen Stock für Stock durchs Treppenhaus windet.

Ein Architekt mit Sinn für Stilmix

In der Beletage erfahren wir bei einem Kaffee von Frau Waltschek und ihrer Schwiegertochter, Birgit Waltschek, dass das Zinshaus ursprünglich ebenerdig war, errichtet 1897 für einen Herrn Simon Cwerek. 13 Jahre später wurde um- und aufgebaut für die neuen Besitzer des Gebäudes, Gottfried und Johanna Buresch, die, dem Fassadenplan nach, einen Kunstschlosserbetrieb im Erdgeschoss führten. Der Architekt und Baumeister hieß damals Alfred Konnerth, und das ist kein Unbekannter. Er entwarf nicht nur im 5. und 13. Bezirk prächtige Wohnbauten mit Akzenten im Stil der Wiener Werkstätte, sondern auch hübsche Bürgermietshäuser im 15. Bezirk, etwa die Markgraf-Rüdiger-Straße 11, 13 und 15 im Nibelungenviertel und eben die Kröllgasse 31.

Verwurzelt im Späthistorismus, stand Konnerth dem Wiener Architektenlexikon zufolge den „diversen Stilströmungen in Wien nach der Jahrhundertwende offen gegenüber ... und verstand es, die verschiedenen Formelemente zu einer homogenen Einheit zu verbinden und auf diese Weise architekturästhetisch ansprechende, repräsentative Ergebnisse zu erzielen." Ein Architekt also mit Sinn für Stilmix, der formvollendete Bauten entwarf. Auf die Kröllgasse 31 trifft dies zu 100 Prozent zu.

40 Jahre Fleischergewerbe am Meiselmarkt

In Familienbesitz ist das Zinshaus seit 1961, als Renate Waltscheks Großeltern es kauften. Die Lage war sicher nicht zufällig gewählt. „Meine Mutter und mein Onkel führten am Meiselmarkt ein Fleischhauergeschäft, und hier im Haus, im hinteren Trakt, haben wir dann den Betrieb gehabt mit den Räumlichkeiten zum Kühlen, Zerlegen, Selchen und Wurschten." Waltschek selbst zog 1964 hier in die Hausherrenwohnung ein, zu den Großeltern – auch, um den Fleischhauerberuf zu erlernen. „Damals hatte ich gerade die Hauptschule beendet. Am Montag nach dem letzten Schultag bin ich schon im Betrieb gestanden – als Lehrmädchen." Nach den Lehr- und Gesellenjahren absolvierte sie die Meisterprüfung und führte das Geschäft schließlich bis zu ihrer Pensionierung im Jahr 2004. So einiges habe sich in den 40 Jahren, in denen sie als Fleischerin gearbeitet hat, verändert, meint Waltschek. „Der alte Markt auf dem Platz, wo jetzt die Wohnanlage steht, hat mit seinen Standln viel mehr ausgeschaut wie der Naschmarkt." Mehr als 60 mobile und 80 feste Stände sollen es früher gewesen sein, wo man alles bekam, was Herz und Magen begehrten. „Und es war ordentlich was los", sagt die pensionierte Fleischhauerin, „schon in aller Früh. Als ich ein Lehrmädchen war, haben wir um vier Uhr morgens aufgesperrt, weil eine Stunde später schon die erste Straßenbahn aus Hütteldorf gekommen ist und der Meiselmarkt die erste Anlaufstelle für Fleisch und Wurstwaren, Obst und Gemüse war."

Nach und nach änderte sich das freilich. Und zwar nicht nur die Infrastruktur rundherum mit den wie Schwammerl aus dem Boden wachsenden Supermärkten, sondern auch der Markt an sich bekam ein neues Gesicht. 1995, also 90 Jahre nachdem der Meiselmarkt als eine Art Provisorium seine Heimat an der Meiselstraße (benannt nach dem Rudolfsheimer Ehrenbürger Johann Meisel) gefunden hatte, wurden die Geschäftsstände im Freien abgetragen. Der Verkauf bekam im Inneren des ehemaligen Wasserspeichers, ein Niveau unter dem alten Markt, eine neue Bleibe.

Heute ist der Meiselmarkt der einzige Markt in Wien, der sich zur Gänze in einer Halle befindet.

Hausverwaltung selbst gemacht

Verändert hat sich natürlich nicht nur der Markt, im Haus habe sich ebenso einiges getan, berichtet Birgit Waltschek, die mit ihrem Mann einen Stock über ihrer Schwiegermutter wohnt. Aus den typischen Zimmer-Küche-Wohneinheiten mit Gangklo sind durch Zusammenlegen längst größere Standardwohnungen geworden. 15 Parteien und zwei Betriebe sind es insgesamt, die sich jetzt hier unter einem Dach befinden. „Das ist zum Glück nicht allzu groß. Man kennt sich und plaudert gern ein paar Worte miteinander", so Birgit Waltschek. „Es ist ein angenehmes Wohnen hier."

Ihre Schwiegermutter tut dazu ihr Übriges. Sie verwaltet das Gebäude sowie die vier weiteren Zinshäuser in Familienbesitz, seit sie eine junge Frau ist – lange Zeit gemeinsam mit ihrer Mutter. „Zuerst habe ich mich um die Indexberechnungen gekümmert und die Mieteingänge kontrolliert. Meine Mutter hat den Rest gemacht, bis auf die Abrechnungen und die Steuer, die jemand von außen erledigt hat." Nach und nach wuchs ihr Aufgabengebiet, und seit vielen Jahren stemmt sie, so wie ihre Mutter vor ihr, den Löwenanteil der Hausverwaltungsarbeit. Ihre Schwiegertochter hilft ihr aber bereits dabei. „Ich lerne", sagt Birgit Waltschek und lächelt. Alle Achtung! Fünf Häuser verwalten, einen Beruf ausüben und daneben noch Kinder großziehen – die Waltscheks sind fleißig.

Mysteriöse Besucher und ihre Geheimnisse

So richtig Arges sei Renate Waltschek in ihrer langjährigen Hausverwalterinnentätigkeit übrigens noch nicht untergekommen. „Bis auf einen Toten in der Hauseinfahrt und eine Nackerte im Geschäft", kommentiert Waltschek und lacht. Wir müssen auch grinsen. „Nein", meint die Zinshauseigentümerin und winkt ab, „es war wirklich nicht so, wie es sich anhört." Und es sei Jahrzehnte her, als einer der Burschen – also der Angestellten aus der Fleischerei – bei ihr und ihrer Mutter Hedwig am Markt aufgetaucht sei und aufgeregt gerufen habe: „Frau Hedi, Frau Hedi, kommen S' schnell! Wir haben a Nackerte im G'schäft!" Wie sich dann herausstellte, war die Dame bei einem Mieter im hinteren Trakt des Hauses zu Besuch gewesen und dann gänzlich ohne Kleidung aus dessen Wohnung geflohen, geradewegs in den Fleischereibetrieb im Erdgeschoss. „Wir haben nie erfahren, was genau vorgefallen war. Die Burschen haben ihr dann einen weißen Fleischerkittel angezogen und sie in ein Auto gesetzt, bis die Polizei da war. Ich glaube, sie wussten nicht so recht, was sie mit ihr machen sollten." Und der Tote? „Auch ein Besucher", sagt Renate Waltschek und zuckt mit den Schultern. „Den dürfte der Schlag getroffen haben oder er hatte einen Herzinfarkt. Jedenfalls konnte keine Fremdeinwirkung festgestellt werden. Allerdings hat die Polizei im Nachhinein herausgefunden, dass der Mann wohl in der Wohnung einer Mieterin gestorben ist. Warum sie ihn hinuntertransportiert und in die Einfahrt gelegt hat, ist uns ein Rätsel geblieben."

Wir wissen, es ist nicht besonders originell, dass uns als Erstes die Ottakringer Brauerei in den Sinn kommt, wenn wir an den Sechzehnten denken. Aber „a Ottakringer" ist nun einmal nicht nur ein Bewohner des gleichnamigen Bezirks, sondern eben ganz viel öfter das Bier, das man im Beisl bestellt. Das „16er-Blech" (eine Dose Ottakringer Bier), das am Würstelstand zur „Eitrigen" (Käsekrainer) getrunken wird, sagt eigentlich schon alles. Also: Die Ottakringer Brauerei ist genauso untrennbar mit Wien verbandelt wie der Steffl und der grantige Kaffeehaus-Ober.

Freilich gibt's noch anderes, das den Sechzehnten ausmacht – der Wein zum Beispiel und so urige Heurige wie der „Herrgott aus Sta" oder der älteste Heurige Wiens, die „10er-Marie", die bereits seit 1740 existiert. Das ist auch nicht verwunderlich, denn der alte Ortskern von Ottakring war ursprünglich ein Weinhauerdorf, die Hänge rundherum dicht mit Rebstöcken bewachsen. Heute gibt's noch knapp sechs Hektar Weingärten, wo aber immer noch feine Grüner Veltliner, Rieslinge oder Gemischte Sätze gedeihen. Also ab zu den Ottakringer Heurigen! Wer dort auf ein Glaserl geht (oder zwei oder drei), braucht keine Touristenmassen zu befürchten, denn die verirren sich kaum hierher.

Brunnenmarkt und Yppenplatz

Nun genug des flüssigen Themas. Kommen wir zum Feststofflichen, zum Exotischen. Ottakring ist schließlich auch bekannt für seinen mit satten 948 Metern längsten ständigen Straßenmarkt Europas, den Brunnenmarkt, wo es an 170 Ständen alles gibt, wonach den gierigen Magen verlangt, angefangen von frischem Obst und Gemüse über Backwaren, Fleisch und Fisch, Gewürze und Kräuter bis hin zu türkischen, griechischen und orientalischen Spezialitäten oder jene von heimischen Bauern. Wer hier nicht fündig wird und hungrig weggeht, ist selbst schuld.

16. BEZIRK OTTAKRING

Wo das 16er-Blech herkommt
und die 10er-Marie wohnt

Aber vielleicht zieht's ihn oder sie ja einfach nur zum nahe gelegenen Yppenplatz, wo Lokale und Cafés um die Gunst der Besucher buhlen oder besser gesagt die Besucher um freie Plätze wetteifern. Denn hier lässt sich's ganz gut bleiben, und wer einmal da ist, gibt seinen Sitz so schnell nicht wieder auf, zumal es auch kulinarisch nichts zu meckern gibt. So viele Hammerlokale auf einen Haufen muss man anderswo erst einmal suchen (Stichwort „Kent", „Café Frida", „Wirr", „mani" und und)!

Wald, Hügel und Warte

Zum Schluss sei noch erwähnt, dass der Sechzehnte auch ganz schön grün ist, und zwar im Westen, wo sich der Ottakringer Wald mit 192 Hektar Fläche als Naherholungsgebiet hinstreckt. Darin erhebt sich auch der Ottakringer Haushügel, der 449 Meter hohe Wilhelminenberg, von dem man eine sehr gute Aussicht hat – überhaupt, wenn man auf die 31 Meter hohe Jubiläumswarte klettert, die auf seinem Gipfel thront. Belohnt wird man dann mit einem atemberaubenden Panoramablick: Nach Westen über den ausufernden Wienerwald, nach Osten über das Stadtgebiet und nach Süden zu reicht die Sicht, zumindest bei Schönwetter, gar bis zum Schneeberg.

Aber genug der Bezirksübersicht. Wir starten zu unserer Tour im Sechzehnten und die führt uns zuerst in die Hasnerstraße, die eine Parallele zur Thaliastraße ist. Sie zieht sich über 2,5 Kilometer vom Lerchenfelder Gürtel bis hinauf zur Montleartstraße. Dass auf solch einer Distanz die Verbauung gemischt ausfällt, liegt auf der Hand: Zwischen den vielen am Ende des 19. Jahrhunderts beziehungsweise Anfang des 20. Jahrhunderts erbauten Häusern finden sich Nachkriegsbauten ebenso wie Gebäude moderneren Datums. Da bildet die Gegend um die Kreuzung Hasnerstraße/Pfenniggeldgasse keine Ausnahme. Allerdings prägen hier ein paar schmucke secessionistische Zinshäuser das Straßenbild, zum Beispiel die Pfenniggeldgasse 7, 9, 14, 19 und 21 sowie die Hasnerstraße 103, 105, 107, 110 und 112. Ein Haus davon greifen wir heraus, die Hasnerstraße 107.

Bassena-Raub im Künstlerhaus

Hasnerstraße 107, Friedrich Novopacky

Zwar muss man einerseits ehrlich zugeben, dass die Fassade des viergeschossigen Eckhauses in der Hasnerstraße 107 einen Anstrich vertragen könnte, andererseits ist da einfach nichts retuschiert. Das Äußere des Gebäudes ist quasi ein Original, so Hausherr Friedrich Novopacky. „Meine Schwester und Miteigentümerin ist der Meinung, dass wir die Fassade endlich in Angriff nehmen sollten. Sie ist ihr viel zu dunkel. Aber ehrlich gesagt finde ich es wichtiger, dass technisch alles in Ordnung ist. Zudem werden wir alle nicht jünger. Meine Mutter, die ebenso wie wir im Haus wohnt, ist bald 90 Jahre alt – also hat erst einmal der Lift Priorität." Das ist verständlich. Zudem hat der dunkle Putz in Kombination mit dem sparsam eingesetzten Dekor, bestehend aus Frauenmasken und floralen Elementen, sowie mit den grün gerahmten Fenstern seinen eigenen, ganz und gar ungekünstelten Charme, finden wir. Und das sehen offenbar auch andere so, denn das Haus diente schon des Öfteren als Kulisse für Kurzfilme von Absolventen der Wiener Filmakademie.

Künstler- und Familienhaus

Überhaupt lässt sich ohne Übertreibung sagen, dass die Hasnerstraße 107 eine Art Künstlerhaus ist. Immerhin haben schon einige österreichische Schauspieler hier gewohnt, wie Novopacky erzählt. Sibylla Lilian Klebow zum Beispiel (bekannt aus der Fernsehserie „SOKO Donau") und auch Andreas Kiendl („SOKO Kitzbühel" und „SOKO Donau", „Die unabsichtliche Entführung der Frau Elfriede Ott"). Zudem Gioia Osthoff, die als langjähriges Ensemblemitglied am Theater in der Josefstadt spielte, sowie die bildende Künstlerin Katrin Sturm. Eine ganz schöne Künstler-Dichte also. Kann das Zufall sein? „Nicht ganz", erwidert Novopacky und schmunzelt. Dann verrät der Hausherr, dass er nicht nur als Bautechniker und freier Mitarbeiter in diversen Hausverwaltungen arbeitet, seine Leidenschaft gehört vor allem der Bühnen- und Filmfotografie. Daher also die Connections.

Aktuell wohnen zwar keine Berühmtheiten im Haus, dafür aber vier Generationen von Novopackys, sagt der Zinshausbesitzer und zählt auf: „Meine Mutter wohnt im ersten Stock, meine Schwester direkt darüber und ich habe meine Wohnung im dritten Stock. Aber auch die Kinder meiner Schwester haben Wohnungen im Haus, die sie mit ihren Partnern und ihrem eigenen Nachwuchs bewohnen." Mittlerweile sei die Hasnerstraße 107 also ein Familienhaus in 6. Generation, denn es waren die Urgroßeltern von Friedrich Novopacky, die es 1908 errichten ließen. „Am Eingang über dem Haustor hängt noch ein Schild mit den Initialen AEN für Anton und Elisabeth Novopacky."

Drei Zinshäuser und eine Knopffabrik

Die Familie stamme aus Nechanitz im heutigen Tschechien. „Nach der Schlacht bei Königgrätz 1866 war dort aber alles kaputt. Also übersiedelten meine Vorfahren von Nechanitz nach Wien, in die Hauptstadt der Monarchie, und wurden hier ansässig. Mein Urgroßvater hatte dann eine Knopffabrik, also eine Knopfdrechslerei, die Bein- und Perlmuttknöpfe produzierte. Das war anscheinend eine typische Ottakringer Zunft, hier hat es nämlich eine Vielzahl solcher Werkstätten gegeben", weiß Friedrich Novopacky. Einträglich dürfte das Geschäft jedenfalls gewesen sein, denn die Urgroßeltern konnten damit drei Zinshäuser erwerben beziehungsweise erbauen lassen. Heute erinnern allerdings nur noch einige Fundstücke aus dem Keller an das einstige Familienbusiness. „Beim Umbau der Garage haben wir ein paar Knöpfe, Knochen- und Perlmuttreste mit

Stanzlöchern ausgegraben. Dabei hat die Fabrik gar nicht an dieser Stelle gestanden, sondern vis-à-vis. Aber wahrscheinlich war es üblich, Fabriks-Ausschuss und Reste oder Abfälle für Aufschüttungen zu verwenden. Ich stelle mir vor, man hat den Schutt einfach hier herübergekarrt. Dort war man ihn los und hier hat er genützt."

Der Bassena-Raub in den 1980er-Jahren

Ein kleiner Rundgang durchs Haus zeigt, dass die Eigentümerfamilie Wert darauf legt, das ursprüngliche Aussehen des Gebäudes zu erhalten. Die Fliesenböden, das Stiegenhaus, die Kastenfenster – alles soll so gut wie möglich bewahrt bleiben. Sogar ein Stück ursprünglicher Wandmalerei (goldene Ornamente auf beigem Hintergrund) wurde sorgsam freigelegt und darf als quadratische Fläche weiterbestehen. Freilich blieb nicht alles so, wie es einmal war. Die vormals 50 Wohneinheiten (hauptsächlich Zimmer-Küche-Räumlichkeiten) mit Klo und Bassena am Gang sind mittlerweile zu 20 Wohnungen fusioniert. Auch über einen Dachausbau denkt Friedrich Novopacky nach, aber das sei ein Langzeitprojekt. Die Bassenas wiederum gäbe es aufgrund ihrer schönen Optik heute wohl immer noch, wenn nicht – ja, wenn sie nicht, wie der Hausherr berichtet, eines Tages von dreisten Dieben „gefladert" worden wären. Wir trauen unseren Ohren nicht ... ein Bassena-Raub? „Ja, tatsächlich!", bestätigt Novopacky und nickt. „Es muss Anfang der 1980er-Jahre gewesen sein: Eines Morgens waren alle unsere schönen, alten Bassenas aus den Gängen weg. Aus jedem Stockwerk. Irgendwer von den Mietern hat dann noch gesagt, dass er abends vor dem Haus ein Lastauto gesehen hat und Männer, die etwas abtransportiert haben. Aber er habe sich nichts dabei gedacht, schon gar nicht, dass da etwas Unrechtes im Gange war. Und das Schlimme ist: Ich hab's damals rumpeln hören und habe genauso wenig irgendwas Schlechtes vermutet." Zumindest aber hätten die Diebe eine gewisse Umsicht walten lassen, meint der Zinshauseigentümer. „Bevor sie die Bassenas abmontierten, müssen sie im Keller gewesen sein, um das Wasser abzudrehen. Immerhin. Sonst wäre das ganze Haus unter Wasser gestanden."

Kann man das schon Ganoven-Ehre nennen? Wir sind unschlüssig und grübeln auf dem Weg zum nächsten Haus noch ein wenig darüber nach. Ein bisschen Zeit haben wir ja, unser gemütlicher Fußmarsch dauert eine knappe Viertelstunde. Dabei gehen wir ein paar Schritte die Hasnerstraße stadtauswärts bis zur Sulmgasse. Dort biegen wir rechts ein und wandern den Häuserblock entlang bis zur Thaliastraße, dann geht's wieder ein Stück stadtauswärts, etwa eine Minute lang, bis zur Hettenkofergasse. Diese marschieren wir wieder einen Häuserblock entlang, biegen bei der Ottakringer Straße links ab und schwenken nach einem weiteren Häuserblock rechts in die Lienfeldergasse ein. Hier steigt die Straße ein wenig an, aber nach fünf, sechs Minuten sind wir am Ziel, der Lienfeldergasse 40, angekommen.

Klingelkasten, Kirtagsbaum und K.-&-k.-Säbel

Lienfeldergasse 40, Ewald Lokaj

Es ist ein kleines Zinshaus, gelb und weiß gestrichen mit grünen Fenstern. Dass es in zwei Etappen errichtet wurde und ursprünglich ein ebenerdiges Fuhrwerkerhaus war, etwa 1880 erbaut, sieht man ihm auf den ersten Blick nicht an. Die Einreichpläne für Pferdestall und Wagenschoppen (sic!) und jene zur Aufstockung sowie zum Kanalbau legen das allerdings nahe. „Genaueres habe ich noch nicht herausgefunden“, sagt Hausherr Ewald Lokaj, als wir ihn und seine Lebensgefährtin Hanna besuchen. „Ich gebe zu, bis jetzt hat es mich noch nicht so interessiert, aber mit Ihrem Projekt haben Sie mein Interesse geweckt.“

Lokaj besitzt das Zinshaus seit 1988. Ein paar Jahre zuvor mietete er das Geschäftslokal im Erdgeschoss vom damaligen Eigentümer. „Ich habe schon länger was in der Gegend gesucht, ich wollte ein Modegeschäft eröffnen. Als der Vormieter, ein Fotograf, am Zusperren war, habe ich mich mit dem Hausbesitzer in Verbindung gesetzt.“ Für Lokaj lag das nahe, war er doch in der Gegend aufgewachsen. „Als waschechter Ottakringer will man in seinem Grätzel bleiben.“

Kastensicherung mit Glöckchenvorrichtung

Nach und nach hat der ehemalige Geschäftsmann über sein Zinshaus recherchiert. „Mit der Aufteilung in Zimmer-Küche-Wohnungen mit Gangklo ist das natürlich ein Arbeitermietshaus gewesen; mit rund 350 Quadratmetern Wohnfläche war es aber ein eher kleines. Und Bettgeher, die dafür gezahlt haben, stundenweise in einem fremden Bett zu schlafen, dürfte es auch gegeben haben. Am Dachboden haben wir jedenfalls einen alten Kasten gefunden. Der hat ein Glöckchen im Inneren. Immer, wenn man den Kasten öffnet, klingelt es.“ Bettgeher; ein gutes Stichwort. Davon gab es um die Jahrhundertwende viele: 170.000 Menschen schliefen damals quasi im Schichtbetrieb – das war jeder zehnte Einwohner Wiens. Aber den Konnex zum Klingelkasten bekommen wir trotzdem nicht auf die Reihe, bei uns klingelt's also nicht ... Unsere angestrengt nachdenkenden Gesichter amüsieren Lokaj. Zum Glück lässt er uns nicht zu lange geistig darben. „Bettgeher haben sich untereinander und auch mit den eigentlichen Mietern praktisch die Bettdecke in die Hand gegeben. Aber man dürfte einander oft nicht über den Weg getraut haben, darum wurden Glöckchen im Kasten montiert. Hat jemand die Tür aufgemacht, wenn der Besitzer schlief, ist der davon aufgewacht.“ Ah. Lokajs Lebensgefährtin Hanna nickt. „Und jetzt haben wir unsere Weihnachtssachen darin.“ Ein Christkindsafe sozusagen.

Ein Tanz auf der Rasierklinge

Der Hausherr und die Dame des Hauses bräuchten den Klingelkasten freilich nicht. Sie müssen sich nicht einmal die Etage mit anderen teilen, denn mittlerweile bewohnen sie den gesamten 1. Stock. „Nachdem eine Mieterin ausgezogen war, haben wir Wände umgerissen und eine große Wohnung daraus gemacht. Das ist jetzt unsere Hausmeisterbeletage.“ Lokaj lacht. Wir auch.

Dass man als Vermieter, der selbst im Haus wohnt, immer irgendwie gleichzeitig auch Hausmeister ist, haben wir schon oft gehört. Aber Lokaj sagt noch viel mehr, das mitten ins Schwarze trifft. Zum Beispiel, dass Altbauten zu vermieten aufgrund des geltenden Mietrechtsgesetz ein „ständiger Tanz auf der Rasierklinge“ sei. Mit diesem anschaulichen Bild dürfte er vielen Zinshausbesitzern aus tiefster Seele sprechen, vor allem jenen, die schon Bekanntschaft mit der Schlichtungsstelle gemacht haben. Lokaj hat mittlerweile nur noch zwei Wohnungen im Haus, die regulär vermietet sind, denn in der dritten Wohnung lebt seine Mutter. „Zwei reichen mir. Einer davon, ein Altmieter, zahlt für seine 88-Quadratmeter-Wohnung praktisch nichts.“ Er zuckt die Schultern: Er nehme es, wie es kommt – und zwar ganz entspannt. „Seit zwei Jahren bin ich in Pension, meine Frau und ich, wir machen es uns schön.“

Während des Gesprächs haben wir einen kleinen Rundgang durch das Haus absolviert und sind nun im begrünten Hof angekommen, wo mitten drin Ewald Lokajs Kirtagsbaum steht. „Den habe ich vor 15 Jahren vom Ottakringer Kirtag mit nach Hause genommen.“ Ein dünnes Bäumchen sei es gewesen, so hoch, dass es nicht ins Taxi gepasst habe. „Deswegen bin ich zu Fuß nach Hause gegangen. Und schauen Sie sich an, was für ein Riesenbaum das geworden ist. Wir mussten ihn schon öfter radikal stutzen!“ Tatsächlich! Schön ist er. Oder sie. Schließlich ist es eine Hainbuche.

Wer suchet, der findet (vielleicht etwas anderes)

Im ehemaligen „Pferdestall und Wagenschoppen“, der heute als Werkstätte für Lokajs zwei Renncarts fungiert, erinnert ein schwarzer Fleck an der Wand daran, dass hier irgendwann einmal eine Selche stand. „Die Wand ist an dieser Stelle so versottet, dass das Schwarze immer wieder durchkommt, obwohl wir den Putz abgeschlagen und darüber geweißelt haben, ich weiß nicht, wie oft.“ Als Waschküche haben die Räumlichkeiten ebenso gedient. „Da stand ein riesiger Kessel darin, in dem die Leute früher das Wasser erhitzt haben.“ Das, womit Lokaj den Schuppen aber immer in Verbindung bringen wird, ist ein Ereignis an einem Novembertag vor 30 Jahren.

„Meine heißgeliebte Katze ist nicht und nicht heimgekommen. Ich habe mir Sorgen gemacht. Ich weiß es noch, als wär's gestern gewesen: Es war wirklich grausiges Wetter den ganzen Tag über, kalt und nebelig. Mir hat's keine Ruhe gelassen, dass die Katze bei so einem Sauwetter draußen war, das war untypisch. Bettgehfertig, in Schlapfen und Bademantel, bin ich abends hier herüber in die Werkstatt gegangen." Lokaj zeigt nach oben: „Da oben war so ein Mauerloch, wo eine Zwischendecke eingezogen ist. Aus irgendeinem Grund habe ich geglaubt, dass sie sich dort verkrochen hat. Und wie ich mit der Taschenlampe reinleuchte, habe ich tatsächlich was aufblitzen sehen." Die Augen der Katze, mutmaßen wir – natürlich vollkommen falsch. Lokaj schüttelt den Kopf. „Ich greife ins Loch hinein und ziehe zwei alte Waffen heraus – Säbel aus der K.-&-k.-Monarchie!"

Später gehen wir nochmals zurück ins Haus und begutachten die Fundstücke. Schön sind sie mit dem eingravierten Wappen. Vielleicht stammen sie vom ersten Hausherrn? „Könnte sein", meint Lokaj. „Aber warum sie dort versteckt waren? Das wird es wohl ein Geheimnis bleiben." Und die Katze? „Ja, die", sagt Lokaj und verdreht die Augen. „Als ich mit den Säbeln zurück ins Haus gekommen bin, ist sie in aller Seelenruhe auf meinem Bett gelegen und hat geschnurrt. Ich weiß nicht, was sie sich gedacht hat. Auf ihre Art hat sie mich sicher ausgelacht." Der Hausherr grinst: „Aber indirekt hat sie mich zu einem kleinen Schatz geführt. Da konnte ich schlecht böse sein."

Wir jedenfalls verabschieden uns und ziehen weiter zum dritten und letzten Haus in Ottakring. Dazu gehen wir die Lienfeldergasse ein paar Schritte vor bis zur Wilhelminenstraße. Dort biegen wir links ab und gleich bei nächster Gelegenheit nochmals links in die Römergasse. Neben etlichen Neubauten gibt's hier vor allem Restbestände viergeschossiger späthistoristischer Zinshausverbauung sowie secessionistische Bauten wie gleich zu Beginn die Nummer 27 (graue Fassade mit dezenten geometrischen Formen und Glockenblumensträngen) und die Nummer 22 (lachsrosa Fassade mit stilisierten Blumen). Nach sechs, sieben Minuten entlang der Römergasse kommen wir wieder auf die Ottakringer Straße, wenden uns dort nach rechts und marschieren vor bis zur Weinheimergasse. In diese biegen wir links ein und folgen ihrem geschwungenen Verlauf, bis sie die Thaliastraße kreuzt. Dort geht's einen Häuserblock lang auf der Thaliastraße stadtauswärts, bis wir schließlich in die Enenkelstraße einbiegen. Nach 350 Metern oder sechs Minuten sind wir am Ziel, bei Nummer 16, angelangt.

Schmuckkästchen mit Schönheitsfehler

Enenkelstraße 16, Dipl.-Ing. Dr. Karl-Heinz Schwarz

Von außen, beim ersten Hinschauen, könnte man die Enenkelstraße 16 mit einem Gebäude jüngeren Datums verwechseln. Nicht ein Hauch von Gründerzeitstuck verziert die dunkelgrau gestrichene, durchgängig gebänderte Fassade des vierstöckigen Zinshauses. Wer aber einen längeren Blick riskiert, kann an der Stockwerkshöhe erahnen, dass es sich hierbei um ein älteres Modell mit ursprünglich lediglich drei Etagen handelt. Und wer reingeht und die Gelegenheit bekommt, den begrünten Innenhof anzuschauen, wird wie wir zu dem Schluss kommen: Das Äußere dieses Hauses ist wie ein schlichtes Schmuckkästchen, in dem sich allerhand verbirgt. Neben dem mit Bäumen und vielen verschiedenen Pflanzen begrünten Innenhof gibt es etwa noch einen Dachgarten, der sich in ein Kieferwäldchen, einen Mini-Lavendelhain und ein Terrassenplätzchen gliedert. Die Aussicht ist herrlich: Die Innenhöfe des gesamten Blocks stoßen hier zusammen. Es ist ein bunter

Mix aus Neu- und Altbauten; linker Hand schiebt sich gar ein malerischer alter Fabriksschlot ins Bild.

Arbeiterzinskaserne mit 43 Wohneinheiten

Das Haus selbst besteht aus einem Straßentrakt und einem in L-Form angegliederten einstöckigen Seitentrakt mit dem oben erwähnten Dachgarten. Den Seitentrakt mit einer Fläche von zwei Mal 110 Quadratmetern bewohnt der Hausherr allein. „Unten habe ich mir mein Büro eingerichtet und darüber meine Wohnung", erläutert Dipl.-Ing. Dr. Karl-Heinz Schwarz, nachdem wir uns an den Gartentisch im lauschigen Hof gesetzt haben und nun den Blick schweifen lassen. Büro und Wohnung sind zwei getrennte Bereiche, das obere Stockwerk nur über eine Treppe und den ehemaligen Pawlatschengang zu erreichen.

„Das Haus wurde um 1880 erbaut und war eine richtige Arbeiterzinskaserne mit sage und schreibe 43 Wohneinheiten." Donnerwetter! Wo hat man die denn untergebracht? Schwarz nickt. „Das habe ich mich auch gefragt. Der vordere Trakt war ja ursprünglich viel niedriger, erst ich habe ihn um zwei Etagen aufgestockt. Aber den alten Plänen nach war da Kabinett an Kabinett, die ganze Flucht entlang; mit einem einzigen Klo pro Etage." Als Schwarz das Gebäude im Jahr 2003 kaufte, waren bereits viele der ganz kleinen Einheiten zusammengelegt. „Statt 43 waren es nur mehr 15 Wohnungen. Die meisten hatten trotzdem lediglich um die 30 Quadratmeter, eine sogar nur neun. Auf die war ich besonders neugierig." Tatsächlich sei dann dort nicht viel zu sehen gewesen. „Es hat einen Kaminanschluss im Zimmer gegeben, und das Häuslpapier ist noch an der Rückseite der Tür gehängt."

Eine Scheidungsgeschichte …

Von Berufs wegen Architekt, baute Schwarz das Zinshaus selbst um. Dass er das Gebäude überhaupt erwarb, verdanke er einer Scheidungsgeschichte. „Nämlich meiner", sagt er und lacht. „Nachdem sich meine Frau und ich getrennt hatten, war ich auf der Suche nach einer neuen Bleibe. Ich habe an eine Dachgeschosswohnung gedacht. Vor meinem geistigen Auge habe ich einen Dachgarten mit Penthouse darauf gesehen, aber ein Freund meinte damals: ‚Warum kaufst du dir kein Zinshaus?' Und was soll ich sagen? Die Idee hat sich irgendwie bei mir festgesetzt."

Nachdem Karl-Heinz Schwarz das heruntergekommene kleine Zinshaus im 16. Bezirk zweimal angeschaut hatte, war er sich sicher, dass er es haben wollte. „Es hat mir nicht einmal was ausgemacht, dass ich zwei Altmieter übernehmen musste und die Mutter des Verkäufers ein lebenslanges Wohnrecht eingeräumt bekommen sollte. Was die Mutter des Vorbesitzers betrifft, hatte ich dann ein Riesenglück. Beim Unterschreiben teilte mir der Verkäufer nämlich mit, dass seine Frau Mama schon dabei war, ins Seniorenwohnheim umzuziehen."

Das dicke Ende kam montags um 7 Uhr früh

Hereingelegt habe ihn der Verkäufer allerdings an anderer Stelle. Etwas, das weit schlimmer wog als das angedachte Wohnrecht der Mutter, hatte dieser ihm nämlich verschwiegen. Absichtlich. „Aus heutiger Sicht verstehe ich es. Denn wenn er mir damals die Wahrheit gesagt hätte, hätte ich nicht gekauft", meint Schwarz und macht eine spannungsgeladene Pause. „Ich habe mir das Haus zweimal angesehen. Immer um die Mittagszeit." Der Verkäufer habe es angeblich immer nur zu dieser Uhrzeit einrichten können. Ihm habe das ruhige Plätzchen mit dem alten Fabriksgelände nebenan, von dem heute noch der Schlot steht, gefallen. „Und der Preis war sehr in Ordnung", kommentiert der Architekt. Also habe er zugeschlagen und sei gleich eingezogen – in eine der zwei leer stehenden Wohnungen. „Das war an einem Wochenende", erinnert sich Schwarz. Am Montag, um 7 Uhr Früh, habe es ihn dann vor Schreck fast aus dem Bett geworfen. „Auf einmal hat es buooop gemacht. Buooop. Alle paar Sekunden. Ein Mordslärm war das. Ich habe mich überhaupt nicht ausgekannt." Erst ein wenig später habe er eins und eins zusammengezählt. „Das Fabriksgelände hinterm Haus war zwar alt, aber gar nicht verlassen. ‚Zimmermann und Söhne' hat die Firma geheißen, eine Phosphorbronze- und Aluminiumgießerei war das und eine

280-Tonnen schwere Presse hat im 20-Sekundentakt Aluteile gestanzt. Von 7 bis 17 Uhr. Nur mittags haben die Arbeiter eine längere Pause gemacht. Schlagartig habe ich gewusst, warum das Haus einen so erschwinglichen Preis hatte."

Verhältnisse wie im 19. Jahrhundert

Einer der Arbeiter wohnte sogar im Haus, wie der Architekt bald herausfand. „Der war von oben bis unten schwarz, wenn er heimkam. Der hat mir auch gesagt, dass ich froh sein kann. Vor einem Jahr haben sie noch die ganze Nacht durchgemacht – im Drei-Schicht-Betrieb!" Ein wenig erleichtert war Schwarz, als sich herausstellte, dass die Presse nicht jeden Tag im Einsatz war. „Nur zweimal pro Woche", sagt Schwarz und grinst. Heute kann er darüber lachen. Nach vier Jahren war der Spuk nämlich vorbei, weil sich die Anrainer (darunter auch eine Genossenschaft) zusammenschlossen und die beiden Fabrikanten überzeugen konnten, die Gießerei zu schließen. „Aber ich muss ehrlich sagen, ich weiß nicht, wie das ausgegangen wäre, wenn die Besitzer, ein älteres Brüderpaar, nicht so nett gewesen wären und

eingelenkt hätten. Die hatten eine ganz alte Betriebsanlagenbewilligung. Sie hätten weder umbauen noch etwas verbessern müssen. Wenn sie nicht gewollt hätten, wären wir sie nie und nimmer losgeworden."

Einmal sei er rübergegangen ins Fabriksgebäude. „Das war Wahnsinn. Die hatten am Lehmboden ein offenes Feuer und schmolzen dort bei 800 Grad Aluminium. Die haben gearbeitet wie im 19. Jahrhundert und die Stanz-Anlage war natürlich überhaupt nicht schallgedämmt."

Wie gesagt, heute ist der Lärm ausgestanden und Karl-Heinz Schwarz kann sein Grünidyll voll und ganz genießen. Seinem Freund, der ihn auf die Idee mit dem Zinshauskauf brachte, wird er ewig dankbar sein. „Ich wäre selbst nie auf so etwas gekommen." Und dem Schlitzohr von Vorbesitzer habe er auch verziehen.

Hernals ist divers. Gut, das sind andere Bezirke auch, aber wir finden, der Siebzehnte ist besonders vielgesichtig. In Gürtelnähe, im Stadtteil Hernals, dominieren Gründerzeitzinshäuser und kommunale Wohnbauten, die Bevölkerungsdichte ist hoch. Westwärts dagegen wird es grün und grüner, und vor allem die Stadtteile Dornbach und Neuwaldegg mit den alten Ortskernen geben sich deutlich dörflicher und natürlich auch nobler. Biedermeierliche Land- und Vorstadthäuser sowie schicke Gründerzeitvillen prägen hier das Aussehen des Bezirks. Noch weiter im Westen wächst der Siebzehnte schließlich in den Wienerwald hinein. Dort, auf seinen Ausläufern, lässt es sich wunderbar wandern, sporteln oder einfach mit der Seele baumeln – auf den Hängen und Wiesen des 464 Meter hohen Heubergs zum Beispiel. Im Juli oder August hier zu picknicken und den Blick über den Wienerwald oder die Stadt schweifen zu lassen, ist ein bezauberndes Erlebnis.

Aber kommen wir gedanklich herunter vom Berg, schlüpfen wir vorbei am schönen Barock-Schloss Neuwaldegg und machen einen Sprung zurück in den dichter bebauten Teil von Hernals. Hier, mitten im Geschehen, beginnen wir unsere Bezirkstour durch den Siebzehnten. Und weil das erste Haus gleich ums Eck ist, starten wir beim Jörgerbad, dem ersten und ältesten Hallenbad Wiens.

Eine Augenweide von Bad

Schon von außen gibt der von 1912 bis 1914 errichtete Viergeschosser einiges her mit seiner reichlich strukturierten Fassade, seinen abgerundeten, turmartigen Ecken und den halbrunden Stiegenhausrisaliten, die mit ornamentalen Farbglasfenstern ausgestattet sind und das leicht vorspringende Portal flankieren. Darüber zieren drei Reliefs mit badenden Kindern den mittleren Teil der Fassade, der ganz oben in eine Attika übergeht. Wie prächtig das Bad allerdings wirklich ist, weiß erst, wer

17. BEZIRK HERNALS

Vom schönsten Bad Wiens zum Sportzentrum im Grünen

hineingeht. Die Augenweide beginnt schon im Foyer: Ein gelber Anstrich, dunkelgrüne Originalfliesen, historische Aufnahmen an den Wänden und zwei Gedenktafeln empfangen die eintretenden Gäste. Vor allem aber sind es die bunten Glasfenster der Türen und die wunderschöne Decke mit den floralen Medaillons und den vier Leuchten, die die Aufmerksamkeit auf sich ziehen. Nicht übersehen sollte man weiters das Treppenhaus mit dem schönen Schmiedeeisengeländer und den gemusterten Farbglasfenstern.

Das Highlight ist freilich die prächtige Schwimmhalle. Wer sie das erste Mal betritt – vielleicht frühmorgens als einer der Ersten –, wird beeindruckt sein von diesem Anblick: Arkadengänge überall, offene Galerien mit blauem Schmiedeeisengitter im ersten und zweiten Stock und ein türkisblaues Schwimmbecken, dessen Wasser glitzert und funkelt im Licht, das durch das Glasdach der kuppelförmigen Decke fällt. Das Glasdach konnte früher übrigens zum Teil geöffnet werden, um Sonne und Frischluft hereinzulassen. In den 1970er-Jahren, als renoviert wurde, war jedoch Schluss damit. Zu kostspielig. Aber auch ohne Sonnenschiebedach ist das Jörgerbad eine Perle, die angesichts ihrer Mischung aus Historismus und Jugendstil zusammen mit dem Amalienbad in Favoriten um den Titel „schönstes Bad Wiens“ buhlt. Für uns ist der Wettstreit aber eigentlich entschieden.

Jetzt aber genug der Schwärmerei. Direkt neben dem Bad steht ein Zinshaus, das wir uns anschauen wollen.

„Nein, mir kommt kein Haus ins Haus“

Rötzergasse 3, Christoph T.

Da, wo das Jörgerbad auf den Pezzl-Park trifft, beschreibt die Rötzergasse eine 90-Grad-Kurve, und genau an diesem Eck steht ein in typisch späthistoristischer Manier reich verziertes Haus, das unser Interesse geweckt hat. Aber bevor wir uns ganz dieser Adresse widmen, fällt uns auf: Die Rötzergasse 3 ist quasi ein gegengleicher Zwilling zur Rötzergasse 1, nur dass Letztere an ihrem Eck einen zweigeschossigen Erkerverbau samt Balkon-Krone trägt. Das fehlt beim Eck der Rötzergasse 3. Ansonsten sind das Ende des einen Hauses und der Anfang des anderen nur durch verschiedene beige Farbnuancen auszumachen.

Dr. Christoph T., der Hausherr, holt uns beim Eingangstor ab. Er muss schmunzeln, als wir ihm unsere Entdeckung mit den Hauszwillingen mitteilen: Ja, das komme nicht von ungefähr. Genauer gesagt habe es sogar einen glasklaren Hintergrund, verrät T. „Mein Großvater ließ unser Haus 1901 von seinem Onkel erals wir herausbekommen haben. Es war eine richtige Sparbüchse. Momentan wirft das Haus wieder ein bisschen ab, aber das kann sich schnell ändern."

Jedem Topf sein Deckel

Gerade die Räumlichkeiten im Parterre seien zum Beispiel nicht immer einfach zu vermieten. „Vor allem die eine Wohnung am Eck hat uns lange Kopfzerbrechen bereitet", erzählt Christa T. „Es ist eine Zimmer-Küche-Kabinett-Wohnung mit großem Vorzimmer, aber alle Fenster gehen nordseitig auf die Straße hinaus und die Feuchte darin haben wir auch nie herausgebracht." Früher sei dort ein Papierfachgeschäft gewesen, aber als der Laden für immer seine Pforten schloss, kam nichts nach. Ein Bekannter habe den T.s dann eine Studentin vermittelt, die anscheinend schon lange auf der Suche nach einer Wohnung war, aber nicht fündig wurde. Als sich die junge Frau das Mietobjekt gemeinsam mit ihrem Vater besah, war sie sofort begeistert. „Der Vater auch!", berichtet T. „Ich war ein wenig verwirrt. Nicht nur, dass ihnen die Wohnung so zugesagt hat, auch, dass sie das so frei von der Leber weg zugegeben haben. Das ist ja eher untypisch", sagt Christoph T. Aber für die Studentin war die Wohnung perfekt, wie T. herausfand: „Sie studierte Klavier. Für sie war eine feuchte Nordwohnung ohne direkte Sonneneinstrahlung und ohne direkte Nachbarn ideal! Sie erzählte, dass sie sich schon 30 Wohnungen angeschaut hatte, aber immer, wenn die Sprache auf ihr Klavierspiel kam, wurde sie als Mieterin abgelehnt." Nach zehn Tagen folgte noch ein kurzer Schreckensmoment, wie T. erzählt: „Der Vater hat angerufen und herumgedruckst, dass die Wohnung wirklich in einem schlechten Zustand sei. Ich dachte mir: ‚Ok, wird doch nichts draus.' Aber dann meinte er, dass die Tochter einzieht und dann erst nach ein, zwei Monaten Miete bezahlt. ‚Gut, darüber können wir reden', habe ich ganz gelassen gesagt. Aber innerlich ist mir ein Pflasterstein vom Herzen gefallen." Mittlerweile sei die Mieterin bereits 15 Jahre im Haus. „Und es ist wunderbar, wenn man nach Hause kommt und sie Klavier spielen hört."

Leider kommen wir nicht in diesen Genuss, denn wir müssen weiter zum nächsten Haus. Da wir zu Fuß etwa eine Stunde dorthin benötigen würden, wollen wir für das größte Stück des Weges den 43er nehmen. Am Elterleinplatz, wenige Minuten von der Rötzergasse 3 entfernt, steigen wir in die Straßenbahn. Es ist die Straßenbahn schlechthin im Siebzehnten, denn die Bim zuckelt die gesamte Hernalser Hauptstraße hinauf, bis diese auf Höhe der Güpferlingstraße unmerklich in die Dornbacher Straße übergeht und der 43er unbeirrt weiterfährt nach Neuwaldegg – genau da wollen wir hin. Sieben Haltestellen und elf Minuten später steigen wir an der Endhaltestelle wieder aus. Jetzt haben wir noch einen 20-minütigen Spaziergang vor uns – das passt.

Wir wandern jetzt einfach die Straße entlang und kommen gleich an einem gewinkelten Zweieinhalbgeschosser mit gelber Fassade vorbei, der ein Wappen oben auf seiner Giebelattika trägt. Es ist die ehemalige, zum Schloss Neuwaldegg gehörige Schwarzenbergsche Meierei, erbaut im ersten Viertel des 18. Jahrhunderts, wie wir im Dehio-Handbuch nachlesen.

Keine 100 Schritte weiter kommen wir auf der gegenüberliegenden Seite bei der Adresse Neuwaldegger Straße 2 an einer extrem hübschen, 1804 erbauten Biedermeier-Villa vorbei. Die nächsten 15 Minuten marschieren wir die Neuwaldegger Straße entlang, die sich – genauso wie die Dornbacher Straße zuvor – entlang der Talrinne des Alsbachs nach Nordwesten bis hinauf in den Wienerwald zieht. Die Verbauung ist gemischt, teils späthistorische Villen, aber auch biedermeierliche Land- sowie Vorstadthäuser und dazwischen größere Wohnanlagen jüngeren Datums. Wir wandern bis zum „Sportzentrum im Grünen", zur Marswiese. Denn dort, direkt neben dem Eingang, befindet sich ein wunderschönes Haus.

Wohnung zum Mieten gesucht – Haus zum Kaufen gefunden

Neuwaldegger Straße 59, Ludwig Larott

Das dreigeschossige Gebäude mit der gelben Fassade in schlichter späthistoristischer Gliederung sticht vor allem aufgrund seines imposanten Dachgeschosses ins Auge, denn das besteht aus mehreren Giebeln in Fachwerkbauweise. So, wie es ist, könnte man es getrost in die Villenkolonie am Semmering verfrachten – dem Glanz eines Südbahnhotels oder einer Villa Bündsdorf würde es in nichts nachstehen. Jedenfalls ist es schwer, am Haus vorbeizukommen, ohne ihm gebührend Aufmerksamkeit zu zollen. Und das war wohl auch die Intention, als es 1892 errichtet wurde, denn immerhin war es ein Linienamt, oder ganz korrekt: ein k. k. Verzehrungssteuer-Linienamt. Bei der Verzehrungssteuer handelte es sich um eine im Jahr 1829 eingeführte

Konsumsteuer, die vor allem auf Lebensmittel erhoben wurde. „Die Bauern sind von ihren Höfen Richtung Stadt gefahren, um ihre Waren zu verkaufen. Aber beim Linienamt hat es stopp geheißen; hier mussten sie mit ihren Fuhrwerken auf die Brückenwaage und anschließend ihren Obolus entrichten, bevor sie weiterfahren durften", berichtet Hausherr Ludwig Larott, als wir im Garten hinter dem Haus sitzen. Mit von der Partie sind seine Frau Monika Larott und seine Tochter Bettina Plattner.

Später werden wir recherchieren und Folgendes in Erfahrung bringen: An allen Einfahrtsstraßen nach Wien gab es Linienämter, wobei diese zunächst am Linienwall positioniert waren, sprich an der Außenbefestigung der eigentlichen Stadt und der Vorstädte (Letztere wurden 1850 als Bezirke 2 bis 9 eingemeindet). Hinter dem Linienwall (etwa dort, wo heute der Gürtel ist) lagen die Vororte, in denen es sich weit günstiger leben ließ als innerhalb des Walls, nicht zuletzt infolge der Steuer. Ergo siedelte sich die ärmere Bevölkerung mehr und mehr außerhalb des Linienwalls an, wo aufgrund niedriger Grundstückspreise Arbeitermietskasernen mit leistbaren Zimmer-Küche-Wohnungen entstanden. Als man 1892 aber daran ging, ebenso die Vororte einzugemeinden, wurde das Leben auch in den heutigen äußeren Bezirken teurer, denn die Verzehrungssteuergrenze rückte nach außen an die Peripherie, wo neue Linienämter entstanden – wie jenes hier bei der Marswiese.

Beim Renovieren einen kleinen Schatz gefunden

Ludwig Larott kaufte das Haus 1980 – dabei hatte er lediglich eine Mietwohnung gesucht. „Ich hatte mein Geschäft in der Nähe und war auf Wohnungssuche. Das Haus kannte ich schon, ich hatte hier beruflich zu tun gehabt. Deshalb wusste ich auch, dass eine Wohnung frei wurde." Als er sich die Wohnung angesehen hatte und mit dem damaligen Hausherrn sprach, kam eins zum anderen. „Die Bedingungen haben gepasst. Der Vorbesitzer wollte verkaufen, nicht zuletzt, weil Larott einen Bauauftrag gehabt hat. Er sollte die undichte Sickergrube erneuern oder besser gesagt eine Senkgrube bauen. Als Gas- und Wasserleitungsinstallateursmeister hab ich mich damit ausgekannt, und nach ein paar Treffen sind wir uns über den Preis einig gewesen." Freilich habe das Haus in den ersten Jahren, nachdem Ludwig Larott es erworben hatte, nichts abgeworfen. „Hier lebten nur alte Leute mit Friedenszins-Mietverträgen in Kategorie-D-Wohnungen." Sukzessive seien Mieter dann gestorben oder ins Altersheim gegangen, sodass der Hauseigentümer eine Wohnung nach der anderen herrichten konnte – und das vielfach in Eigenregie. „Ich habe vor allem Wohneinheiten zusammengelegt und Sanitäranlagen in die Räumlichkeiten integriert. Es gibt praktisch keinen Raum im Haus, an den ich nicht Hand angelegt hätte", sagt der pensionierte Geschäftsmann.

Und einmal hätte er dabei einen kleinen Schatz gefunden. „Beim Einreißen der Wände habe ich in einem Hohlraum beim Türstock ein zerbrochenes Bierkrügerl entdeckt. Darin war eine kleine Papierrolle. Neugierig habe ich sie auseinandergefaltet." Ludwig Larott grinst und lässt seine Worte wirken. Wir schnappen wie der Fisch nach dem Köder: Was war darin, eine Schatzkarte? „Fast!", antwortet der Hausherr und zeigt uns das Papier. Auf Tschechisch steht da: „Mikes und Ferro aus Budweis im Jahr 1892." Aha! „Genau", meint Larott. „Das waren wahrscheinlich zwei Maurer, die am Hausbau mitgearbeitet haben und sich mit dem Krügerl und ihren Unterschriften verewigt haben. Kein Schatz im eigentlichen Sinn, aber ein schöner Fund und ein Andenken an unbekannte Menschen, die unser Haus gebaut haben."

Dornröschen und der Brunnen

Nach all den Umbauten gibt es heute 13 Wohnungen im Haus – in der Größe von 30 bis 200 Quadratmetern. „Die 30-Quadratmeter-Einheit wird einmal mein Alterssitz", sagt Larotts Tochter Bettina Plattner. „Mein Vater hat die ursprünglich zwei Zimmerchen mit Heizung,

Pferde, Spinatwachter und Arresträume

Bevor wir gehen, zeigt uns Ludwig Larott noch seine Tischlerwerkstatt, die er sich im Wirtschaftsgebäude eingerichtet hat, „dort, wo einmal die Pferde gewohnt haben." Pferde? „Ja. Die Grenzwache hat auch Pferde gehabt, davon gibt es noch einige Bilder", erzählt der Hausherr, der uns vor dem ehemaligen Pferdestall auf einen Stein von rechteckiger Form hinweist. Dieser sei seit den Anfängen des Hernalser Linienamts hier im Schatten einer uralten Kastanie platziert. „Die Pferde waren damals relativ groß; der Stein diente als Aufstiegshilfe."

Ludwig Larott weiß auch, dass es im Haus Arresträume gegeben hat. „Das geht klar aus den Gebäudeplänen hervor." Und das aus gutem Grund, wie wir später nachlesen werden. Denn das Verhältnis zwischen den Bauern und den sogenannten „Spinatwachtern", wie die Zöllner von der Bevölkerung aufgrund ihrer Tätigkeit sowie der grünen Uniform beziehungsweise Uniformaufschläge verspottet wurden, war alles andere als friktionsfrei. Im Gegenteil. Die Interessen von Bauern und Finanzbeamten standen einander quasi diametral gegenüber: Die einen wollten keine oder zumindest nicht so hohe Abgaben leisten, die anderen lebten teilweise davon. Steuerhinterziehung auf der einen Seite und Amtswillkür auf der anderen befeuerten aufkeimende Eskalationen zusätzlich.

Überhaupt dürfte die Umgebung rund um das Linienamt den Charakter eines Grenzübergangs gehabt haben, der strikt bewacht und kontrolliert wurde. „Da haben wir es jetzt besser", meint Ludwig Larott. „Überwacht und kontrolliert werden wir nicht. Manchmal würde ich mir das fast wünschen. Gerade zur Motorradsaison könnten wir ein wenig mehr Polizei vor Ort vertragen. Aber das ist eine andere Geschichte."

Bad und Küche ausgestattet, sodass eine wunderschöne Erdgeschosswohnung daraus entstanden ist mit direktem Zugang ins Grüne. Früher gab's auch einen Hollerbusch vor dem Eingang, der alles so schön zugewachsen hat. Ich habe mich damals gefühlt wie Dornröschen höchstpersönlich."

Märchenhaft ist das Haus auf alle Fälle – und geheimnisumwoben. Zumindest lag lange Zeit im Verborgenen, dass es neben den zwei bekannten Brunnen rund ums Haus noch einen dritten gab. Bis ihn Ludwig Larotts Schwiegersohn eines Tages im Zuge von Sanierungsarbeiten „entdeckte". „Mein Mann ist wiederholt mit dem Traktor über das Gelände gefahren. Dann, auf einmal, ist er mit einem Rad in den Schacht eingebrochen", erzählt Plattner. „Zum Glück ist nichts passiert. Aber wir waren alle ganz perplex, denn auf den vorhandenen Plänen war dieser Brunnen nicht eingezeichnet." Nach dem ersten Schock war die Freude groß. Der acht Meter tiefe Brunnenschacht wurde reaktiviert und sein Wasser versorgt heute den Garten der Larotts.

Währing schaut ein bisschen aus wie ein Fuchs. Zumindest, wenn man auf den Wien-Plan schaut und die Umrisse des Bezirks nachvollzieht: Zum Gürtel hin sehen wir den Kopf mit der Schnauze am Boden; Richtung Westen verläuft der Rest des Körpers, und ganz draußen, im nördlichen Teil von Pötzleinsdorf, lässt sich die Lunte (der Schwanz) erkennen. Falls jetzt jemand meint, dazu bräuchte es schon eine gehörige Portion Fantasie: Die haben wir! Aber wir geben zu: Lieber hätten wir statt des Fuchses ein anderes Waldtier entdeckt, und zwar ein Reh, weil nämlich das wohl berühmteste Reh der Geschichte ein Währinger ist, geboren in der Cottagegasse 37. Wer vorbeispaziert, kann's lesen, denn an der secessionistischen, dreigeschossigen Mietvilla prangt eine Gedenktafel mit der Inschrift: „In diesem Haus schrieb Felix Salten 1923 Bambi".

All die Verwirrung rund um Rehe mit Hirschgeweih sind jedoch nicht Felix Salten, sondern einem gewissen Walt Disney zu verdanken. Nur: Er konnte gar nichts dafür, denn die Natur lässt sich nichts vorschreiben und Rehe gibt's nun mal nicht in Amerika. Weil Disney aber den Reh-Roman des Herrn Salten verfilmen wollte, musste er sich etwas einfallen lassen – und so wurde aus dem Wiener Reh im Roman ein waschechter amerikanischer Weißwedelhirsch im Film. So weit, so gut. Doch die Europäer hatten wiederum von Weißwedelhirschen keine Ahnung. Weil sich dann durch einen Übersetzungsfehler Bambi weiterhin als Rehkitz ausgab, war die Verwirrung perfekt. Bambi – ein Reh, Bambis Mutter – ein Reh, aber Bambis Vater – ein Hirsch mit mächtigem Geweih? Ach herrje: Tausende Kinder auf dem alten Kontinent mussten später lernen, dass das nicht geht: Ein Reh ist ein Reh, ein Hirsch ist ein Hirsch und die mischen sich nicht – die machen nicht einmal auf Patchwork.

18. BEZIRK WÄHRING

Wo sich Fuchs und Reh Hallo sagen

Ein hübscher Flecken

Aber zurück zu Felix Salten. Der wohnte auch im 8. Bezirk, wie wir schon berichtet haben, übersiedelte aber 1909 in die Cottagegasse 37 und lebte dort mit seiner Familie, bis die Saltens 1938 in die Schweiz emigrierten. Und weil wir gedanklich schon hier sind, starten wir unsere Runde auch gleich im malerischen Cottageviertel.

Zuvor aber noch ein paar Rahmendaten zum Bezirk, dem hübschen Flecken mit 51.000 Einwohnern auf 6,3 Quadratkilometern. Mit diesen Zahlen gehört Währing zu den kleineren Bezirken. Und zu den feinen, denn vor allem im westlichen Teil dominieren schicke Villen und schöne Gründerzeithäuser. Aber auch Richtung Gürtel stehen mehr schmucke Zinshäuser als gesichtslose Nachkriegsbauten. Mit dem Pötzleinsdorfer Schlosspark und dem Türkenschanzpark gibt's herrliche Naturoasen im Achtzehnten. Der Türkenschanzpark liegt sogar mittendrin in Währing und ist auch bei Studenten beliebt. Kein Wunder, denn die Universität für Bodenkultur ist gleich ums Eck.

Das Währinger und Döblinger Cottageviertel liegt auf dem Plateau der Türkenschanze (80 Meter über der Donau) und verteilt sich je zur Hälfte auf den 18. und 19. Bezirk. Angelegt im 19. Jahrhundert und ursprünglich mit einfachen Gebäuden nach Vorbild englischer Landhäuser (cottages – daher der Name) geplant, wurden bald auch schon Villen im Cottage-Stil gebaut mit roten Backsteinfassaden oder ländlichen Bauelementen, um noch ins Bild zu passen. Dieses Bild ist gefällig, das Cottage mit seinen schönen Gärten und den Gassen voller Bäumen zählt heute zu den vornehmsten und teuersten Wohngegenden Wiens. Hier starten wir also, und zwar in der Gymnasiumstraße 37.

Mieter aus Tradition

Gymnasiumstraße 37, Gabriele Stockert

Wir geben es zu: So ein Cottagehaus, wie es die Gymnasiumstraße 37 ist, passt nicht so richtig in ein Buch über Zinshäuser. Es ist eher eine Gartenvilla – eben typisch fürs Cottage. Weil aber das Viertel ein so prägender Teil Wählings ist, haben wir das hübsche Gebäude kurzerhand dazugenommen, zumal in dem ehemaligen Herrschafts-Einfamilienhaus neben der Eigentümerwohnung zwei Einheiten vermietet sind. Ein richtiges Zinshaus ist es deswegen noch nicht, aber kleine Brüche braucht es manchmal.

Das Haus wurde von Gustav Ritter von Höfken (1811–1889), einem der Begründer des Cottages und Ururgroßvater der heutigen Hauseigentümerin, Gabriele Stockert, erbaut. „Er war einer der Ersten, die hier Grundstücke gekauft haben. Die Gymnasiumstraße 37 wurde um 1870 errichtet und dürfte somit eines der ersten Häuser hier im Cottage gewesen sein.

Das erkennt man auch daran, dass es im Vergleich zu den später gebauten eher bescheiden wirkt. Denn das war ja eine der Grundideen des Cottages: Es sollten Häuser im englischen Landhausstil sein mit nicht mehr als zwei Stöcken und viel Grün rundherum", so Stockert.

Von neuen und alten Mitbewohnern

Insgesamt ließ Höfken zwölf Häuser im Viertel bauen. In Familienbesitz sind heute nur mehr die Gymnasiumstraße 37 und nebenan die Nummer 35. Letztere war in den 1920er-Jahren ein Pensionat für höhere Töchter. „Heute ist es längst wieder ein normales Haus mit Mietwohnungen und gehört meiner Schwester", so Stockert, die seit 1974 in der Gymnasiumstraße 37 wohnt. Vor ihr habe ihre Großmutter hier gelebt, die leider bald nach Gabriele Stockerts Einzug gestorben ist. Sie habe sich dann das Hochparterre mit Studierenden geteilt. „Für mich allein wäre das ganze Geschoss zu groß gewesen. Auch finanziell war es sinnvoll." Heute lebt sie allein auf ihren 168 Quadratmetern. Studentische Mitbewohner gibt es aber wieder. „Eine Portugiesin und eine Amerikanerin bewohnen die Einheit im Erdgeschoss. Die Wohnung habe ich vor Jahren für meine Kinder hergerichtet, die mittlerweile selbst Familien haben und woanders leben. Deswegen stelle ich sie jetzt für einen Unkostenbeitrag ausländischen Studierenden zur Verfügung."

Im oberen Stock wohnt seit einigen Jahren ein Herr, den Gabriele Stockert schon lange kennt. „Aber unsere Geschichte beginnt in Wirklichkeit schon vor unserer Geburt, am Ende des zweiten Weltkriegs." Das ist ein interessanter Einstieg für eine Geschichte finden wir. Stockert schmunzelt und beginnt zu erzählen:

„In der Edelhofgasse, gleich ums Eck, war eine Munitionsfabrik. Deswegen sind in unserer Gegend einige Bomben abgeworfen worden. Auch unser Haus wurde getroffen – der gesamte hintere Teil des oberen Stockes war nur mehr Schutt und Asche. Eines Tages, so hat es mir meine Großmutter erzählt, kam ein Ehepaar vorbei, das auf Wohnungssuche war. Die beiden wohnten ursprünglich im 2. Bezirk, sind aber ebenfalls ausgebombt worden. Meinen Großeltern waren die jungen Leute sympathisch, und weil sie beim Wiederaufbau des Hauses mithelfen wollten, wurden sie herzlich aufgenommen. Schließlich haben sie mehr als 50 Jahre bei uns gewohnt. Wir alle haben sie gern gehabt, genauso wie ihre zwei Söhne, die hier im Haus aufgewachsen sind und mit mir im Sandkasten gespielt haben." Aber Kinder werden irgendwann groß und ziehen aus. Und die lieben Mieter, die einem nach so vielen Jahren ein Stück Familie seien, sagt Stockert, seien natürlich alt geworden und gestorben. Das sei der schmerzhafte Part der Geschichte. Aber der Schöne kommt gleich, verrät die Hauseigentümerin. „Zwei Jahre hatte ich dann den oberen Stock an ein deutsches Paar vermietet. Und just zu der Zeit, als diese beiden ausgezogen sind, bekam ich einen Anruf. Dran war einer der Söhne unserer Langzeitmieter. Wir haben uns ewig nicht mehr gesprochen. Als ich ihm erzählte, dass ich wieder auf Mietersuche bin, hat er gelacht. Denn er war gerade auf Wohnungssuche. Also hat er mich gefragt, ob ich mir vorstellen könne, dass er wieder einzieht." Gabriele Stockert lächelt – sie konnte.

Brenzliger Poolbau

Eine andere Geschichte hat ihre Wurzeln ebenfalls im Zweiten Weltkrieg. „Damals hat mein Großvater einen Luftschutzbunker im Garten bauen lassen. Meine beiden Brüder sind 14 beziehungsweise 16 Jahre älter als ich und erinnern sich noch dunkel daran. Aber auch sie wussten später nur noch so ungefähr, wo er war." Der Bunker sei in ihrer Familie in Vergessenheit geraten. „Nach dem Krieg wurde er nicht mehr gebraucht und ich vermute ganz stark, dass meine Verwandten ihn mit dem Schutt des Bombentreffers gefüllt haben. Aber genau weiß ich das nicht."

Das führte wiederum zu einer brenzligen Episode, und zwar im Jahr 2006. „Damals habe ich meine Lebensversicherung ausbezahlt bekommen und bildete mir ein, dass ich einen Pool brauche. Dazu ist natürlich ein Bagger nötig, der alles aufgräbt, und da ist mir die Sache mit dem Bunker wieder eingefallen. Allerdings sehr spät", wie Stockert amüsiert erzählt. „Der Bagger ist schon angerollt, da habe ich dem Baumeister erst gebeichtet, dass irgendwo im Garten ein alter Luftschutzkeller, vermutlich aus Holz, im Erdreich vor sich hinmorscht. ‚Um Gottes willen', hat der Baumeister gejammert, ‚was, wenn der Bagger jetzt einbricht?' Na ja, der Bagger ist also in den Garten gefahren und als er über den Bereich gerollt ist, wo ich den Bunker vermutetet habe, hab ich die Luft angehalten. Ich habe gar nicht hinschauen können. Stattdessen habe ich den Baumeister fixiert. Der hat den Bagger angestarrt wie ein Kaninchen vor der Schlange. Und dann ist es passiert: ein riesiger Rums." Was? Der Bagger ist wirklich eingebrochen? Stockert lacht. „Nein. Der ist in die Mitte des Gartens gefahren und hat angefangen zu graben. Den Rums hab nur ich gehört. Der ist von meinem Herzen gekommen, da ist nämlich ein Felsbrocken heruntergefallen. Aber dem Baumeister dürfte es ähnlich gegangen sein; er hat gestöhnt, sich den Schweiß von der Stirne gewischt und gesagt, dass er jetzt einen Schnaps vertragen könnte."

Ausgezahlt hat sich's trotzdem. Inmitten ihres 850 Quadratmeter großen Grünparadieses funkelt ein ansehnliches Becken voll kühlem Nass vor sich hin. Ja, so geht Sommer in Wien.

Von der Gymnasiumstraße 37 wollen wir nun weiter zur Lacknerstraße 86. Dazu können wir noch ein Stück des Weges durchs Cottage spazieren. Zuerst geht's ein paar Schritte südwärts die Gymnasiumstraße entlang bis zur Sternwartegasse, wo wir rechts einbiegen. Von hier und bis hinüber zur Cottagegasse sind die Bauten schlicht und so wie das eben besuchte Haus der ersten Bauphase (1870er-Jahre) zuzurechnen. In Summe handelt es sich um gotisierende Architektur, etwa die Nummer 33 mit hübschen Treppengiebeln. Die Nummer 35 daneben schaut ähnlich aus, wurde aber später zusätzlich mit Dekor der Wiener Werkstätte veredelt. Hier wohnte übrigens der Komponist, Dirigent und Pianist Erich Wolfgang Korngold, ein Wegbegleiter Max Reinhardts. Wir gehen ein paar Schritte weiter und sehen: Auch die Fassaden der Sternwartegasse 43 und 45 wurden nachträglich etwas aufgehübscht.

Nun biegen wir links in die Weimarer Straße ein, wo sich Cottagehäuser mit strenghistoristischen Mietvillen abwechseln. Bei einer dieser Hochgründerzeitvillen (Nummer 29) biegen wir in die Hainzingergasse rechts ein. Dass hier nur mehr die Nordseite der Straße zum Cottageviertel gehört, davon zeugt bereits der Gemeindebau an der Kreuzung, aber auch die prächtigen Zinspaläste gegenüber lassen dies erkennen, zum Beispiel die Nummer 29 mit ihrem reichen Barock-Dekor inklusive Turmrisalit und Lindwurmrelief. Bis zum nächsten Block dominieren auf der Nordseite der Straße wieder ursprüngliche Cottagehäuser. Erwähnenswert ist hier zum Beispiel die Nummer 26, wenn auch nicht unbedingt wegen ihres Äußeren, denn es ist ein recht unscheinbares Cottagehaus. Aber hier wohnte für einige Jahre einer der bedeutendsten Physiker Österreichs, nämlich Ludwig Boltzmann, nach dem nicht nur etliche Institute und einen Gesellschaft benannt sind, sondern auch die Boltzmannkonstante, eine Naturkonstante, die in den Grundgleichungen der statistischen Mechanik eine wichtige Rolle spielt. Bei der nächsten Kreuzung biegen wir links in die Cottagegasse ab und verlassen damit das Viertel.

Nun befinden wir uns wieder in einer gänzlich anderen Welt. Wir sind zurück im Universum der Zinshäuser, das uns gleich mit einem geschlossenen Verband aus späthistoristischen Bauten empfängt. Bis hinunter zur Gentzgasse promenieren wir vorbei an prächtigen Viergeschossern. Dort geht's dann nach rechts, und auch hier gedeiht die geschlossene Viergeschosser-Zinshauslandschaft. Drei Häuserblocks weiter, am Ende des begrünten Aumannplatzes, biegen wir nach links ab. Zuvor werfen wir aber noch einen Blick auf das imposante Eckhaus mit der Adresse Türkenschanzgasse 2. Es reißt nicht nur wegen seiner Größe aus – es überragt die anderen Häuser um ein Stockwerk –, vor allem die beiden Schmiedeeisen-Balkone und das secessionistische Dekor an der grünen Fassade sind ein besonderer Augenschmaus. Und das kleine Wollgeschäft im Erdgeschoss fügt sich da harmonisch ein.

Nach dem Platz führen uns rechter Hand ein paar Schritte weiter auf der Währinger Straße, nach wenigen Metern kommt links die Lacknergasse. Nach knapp 300 Metern sind wir bei der Hausnummer 86 am Ziel angelangt.

Das Haus mit der Riemenscheibenfabrik – oder vom Luxus eines zweiten Zimmers

Lacknergasse 86, Evelyn Müller

Jede Wette: Das Arbeitsfeld der kleinen Manufaktur, die einmal in der Lacknergasse 86 beheimatet war, klingt für heutige Begriffe exotisch, denn Schlehan & Röhrer stellten Riemenscheiben her. Eine Riemenscheibe wird in Kraftfahrzeugen oder sonstigen Maschinen benötigt. Sie sitzt auf der Motorwelle und wird durch einen Keilriemen angetrieben. So überträgt sich die Kraft eines Motors auf einzelne Fahrzeugteile, und die Sache läuft. Heute werden Riemenscheiben als ein Ding unter vielen in riesigen Industriebetrieben gefertigt. Damals, Anfang des 20. Jahrhunderts, war das anders: 18 Riemenscheibenkleinfabriken lassen sich anhand eines alten Wiener Adressbuchauszugs zählen, untergebracht wohl in Zinshäusern wie jenem

von Evelyn Müller. An der gelben Fassade des zweistöckigen, etwa um 1880 erbauten Hauses erinnert jedoch nichts mehr an sein Erbe als Fabrik. Drinnen aber, im ehemaligen Magazin, das Müller liebevoll ihre „Rumpelkammer" nennt, verlaufen auf einem Stück Boden noch Schienen. „Da sind damals kleine Waggons gefahren, die Öl für die Maschinen rein- und raustransportiert haben", weiß Müller. Das Öl wurde in drei Meter tiefen Gruben gelagert, und diese Gruben existierten noch lange, nämlich bis ins Jahr 1991, als die Fabrik längst schon Geschichte war. „Ich kann mich noch erinnern: Die Ölgruben, es waren zwei, waren nur mit losen Brettern überdeckt und wir Kinder sind darauf herumgesprungen und balanciert. Wenn man heute so darüber nachdenkt, war das lebensgefährlich. Aber wir haben das witzig gefunden."

19.000 Schilling für ein Haus

Evelyn Müller lebt seit mittlerweile mehr als 70 Jahren in diesem Haus, seit beinahe 100 Jahren ist es in Familienbesitz. „Meine Großeltern väterlicherseits hatten an der Ecke Lacknergasse/Kreuzgasse eine Gastwirtschaft, das Gasthaus Neuringer. Als dieses Gebäude hier 1928 zum Verkauf stand, haben sie ihr Erspartes genommen und zugeschlagen – für 19.000 Schilling."

Ok. Das klingt erstmal wenig; umgerechnet nicht einmal 1.400 Euro, wenn wir von heutigen Verhältnissen ausgehen. Aber logisch: Die Kaufkraft war in den 1920er Jahren eine andere. Der historische Währungsrechner „Eurologisch" spuckt dazu aus, dass 19.000 Schilling 1928 der heutigen Kaufkraft von gerundet 71.000 Euro entsprechen würden. Das klingt nach Schnäppchen. Müller bejaht, gibt aber zu bedenken, dass auch das Wohnen damals ein anderes gewesen sei. „Als Kind habe ich mit meinen Eltern im Erdgeschoss gewohnt, in einer Zwei-Zimmer-Küche-Wohnung. Dass wir ein Waschbecken mit Kaltwasser in der Wohnung hatten, war der pure Luxus. Und das Klo", fügt die pensionierte Lehrerin hinzu, „war selbstverständlich am Gang." Die Großeltern hätten überhaupt nur einen Einzelraum gehabt, der im Parterre vom Gang aus erreichbar war. Sie seien nur zum Schlafen dorthin gekommen und hätten praktisch in ihrem Gasthaus gelebt. Erst als Evelyn Müllers Großeltern die Gastwirtschaft verkauften und in Pension gingen, gönnten sie sich den Luxus eines zweiten Zimmers. „Tagsüber haben sie den Raum im Erdgeschoss bewohnt und zum Schlafen sind sie in den zweiten Stock gegangen, dort hatten sie ein Kabinett." Unvorstellbar für heutige Verhältnisse! Die Hausherrin nickt: „Aber damals völlig normal."

Mit den Jahren haben sich die Wohnverhältnisse im Haus verändert. 1964 zog Familie Müller in den ersten Stock. „Der Dentist, der dort lange Jahre seine Ordination hatte, zog damals aus. Mein Vater hat die Wohnung renoviert und wir sind übersiedelt."

So halte sie es noch immer: „Wenn jemand auszieht, bringe ich erst einmal alles auf Vordermann, und zwar so, dass ich selbst gern dort wohnen würde. Dazu gehört ein schöner Parkettboden, eine gut ausgestattete Küche, eine helle Umgebung. Das kostet Geld, hat aber den Vorteil, dass ich mir die Leute aussuchen kann. Wir sind höchstens zu siebent im Haus, da muss die Chemie stimmen."

Neben ihrer Wohnung und der ihres Sohnes gibt es zwei Wohneinheiten, die vermietet sind: Eine Einheit mit 65 und eine mit 78 Quadratmetern. Die größere davon ist gerade wieder herzurichten – für 55.000 Euro laut Kostenvoranschlag. Ein hübsches Sümmchen. „O ja. Das, was ich einnehme, oder besser gesagt, was mein Sohn ein-

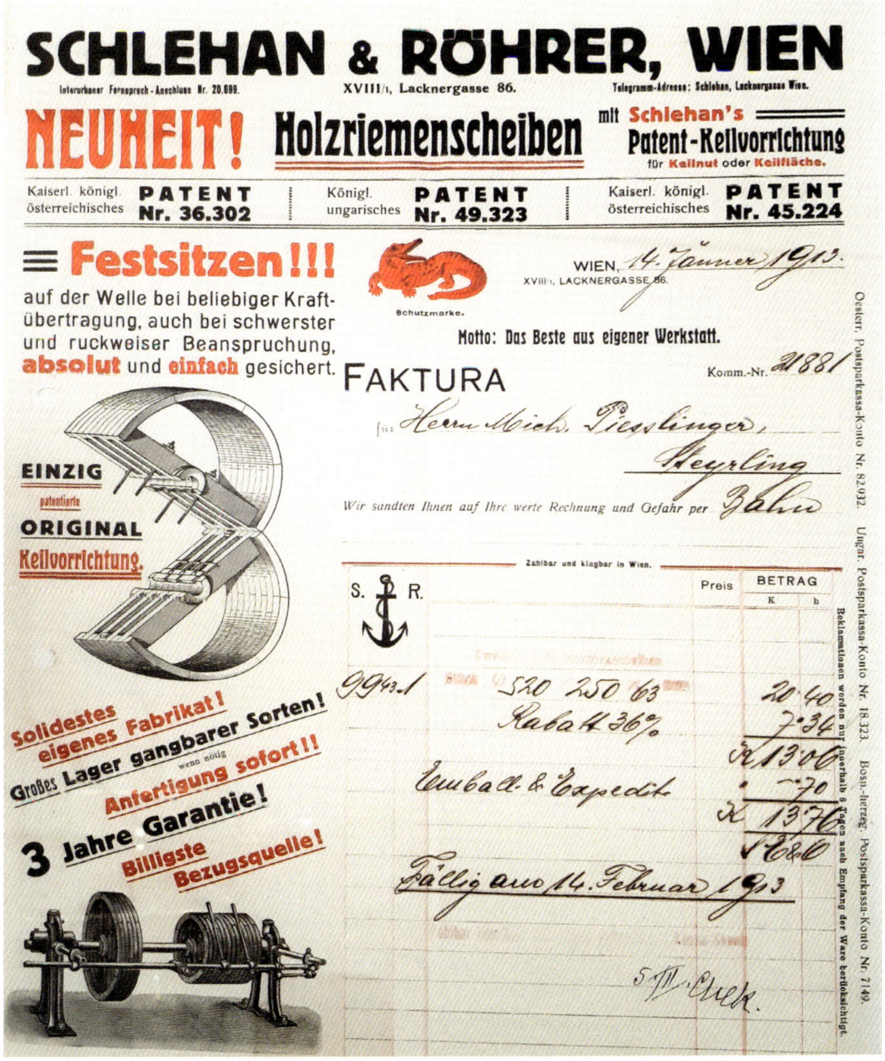
SCHLEHAN & RÖHRER, WIEN

XVIII/1, Lacknergasse 86.

NEUHEIT! Holzriemenscheiben mit Schlehan's Patent-Keilvorrichtung für Keilnut oder Keilfläche.

Kaiserl. königl. österreichisches PATENT Nr. 36.302 | Königl. ungarisches PATENT Nr. 49.323 | Kaiserl. königl. österreichisches PATENT Nr. 45.224

Festsitzen!!! auf der Welle bei beliebiger Kraftübertragung, auch bei schwerster und ruckweiser Beanspruchung, absolut und einfach gesichert.

Schutzmarke.

WIEN, 14. Jänner 1913.
XVIII/1, LACKNERGASSE 86.

Motto: Das Beste aus eigener Werkstatt.

FAKTURA

Komm.-Nr. 21881

für Herrn Mich. Piesslinger, Heyrling

Wir sandten Ihnen auf Ihre werte Rechnung und Gefahr per Bahn

EINZIG patentierte ORIGINAL Keilvorrichtung.

Zahlbar und klagbar in Wien.

S. R.

	Preis	BETRAG K	h
9943/1 520 250 63		20	40
Rabatt 36%		7	34
		K 13	06
Emball. & Expedit.			70
		K 13	76

Fällig am 14. Februar 1913

Solidestes eigenes Fabrikat! Großes Lager gangbarer Sorten! wenn nötig Anfertigung sofort!! 3 Jahre Garantie! Billigste Bezugsquelle!

Oesterr. Postsparkassa-Konto Nr. 82.932. Ungar. Postsparkassa-Konto Nr. 18.323. Bosn.-herzeg. Postsparkassa-Konto Nr. 7149.

Reklamationen werden nur innerhalb 8 Tagen nach Empfang der Ware berücksichtigt.

nimmt, denn er ist mittlerweile der Eigentümer, muss er auch wieder ins Haus reinstecken. Aber dafür wohnen wir so, wie wir wollen: familiär, ruhig, privat." Und grün, fügen wir im Geiste hinzu.

Veranda mit Gartenblick

Denn wie bei vielen Zinshäusern der Hochgründerzeit veredelt auch in der Lacknergasse 86 eine Gartenoase die Liegenschaft. Üppiges Grün empfängt den Besucher in Form von Koniferen, Wacholdersträuchern, einem Feigenbaum und einer gepflegten Rasenfläche. So sah es nicht immer aus, denn die Großeltern von Frau Müller fütterten hier Schweine, hielten Hühner und hatten Gemüsebeete angelegt. „Beim Umstechen der Beete hat mein Großvater einmal einen alten, türkischen Dolch gefunden. Den habe ich noch", erzählt die Hausherrin. Wie gesagt, heute ist alles grün. Auch die Hauswand ist über und über mit Wildem Wein bedeckt.

Die Veranda des ersten Stocks ist von weiter hinten deswegen fast nicht als solche zu erkennen, nur die

schmalen Jugendstilpfeiler verraten sie. Den verglasten Vorbau habe der ehemalige Hausherr, Max Schlehan, für seine geliebte Frau nachträglich anbauen lassen. „Sie war gehbehindert und konnte irgendwann nicht mehr rausgehen. Die Veranda mit dem schönen Gartenblick sollte sie wohl etwas dafür entschädigen." Heute profitieren von der Veranda Evelyn Müllers Sohn und dessen Frau, die den ersten Stock bewohnen. Vor einigen Jahren ist Evelyn Müller nämlich wieder zurück ins Erdgeschoss gezogen. „Stufen steigen ade", sagt Müller und zwinkert: „Ich werde ja nicht jünger." Zudem sei sie so gleich im Garten, und überhaupt biete das Parterre heute wesentlich mehr Komfort als in ihrer Kindheit. „Die ehemalige Zimmer-Küche- und die Zwei-Zimmer-Küche-Wohnung sowie das Einzelzimmer haben wir zusammengelegt, sodass ich jetzt 110 Quadratmeter für mich habe." Ein bisschen wirkt sie nachdenklich, als sie abschließend sagt: „Auf so großem Raum zu leben, hätten sich meine Großeltern wahrscheinlich nie träumen lassen."

Der Neunzehnte ist nobel. Villen und schöne Gründerzeitgebäude, aber auch die Ortskerne der ehemaligen Winzerdörfer, aus denen der Bezirk zusammengesetzt ist, prägen das Gesicht Döblings. Dazu kommt eine gute Portion Grünfläche, bestehend aus Weinbergen, Parks und Wiesen sowie, nicht zu vergessen, den bewaldeten Hausbergen, die aus dem Wienerwald hervorsprießen. Die bekanntesten sind der Kahlenberg, der Leopoldsberg und der Hermannskogel. Letzterer bildet mit der auf seinem Gipfel thronenden Habsburgwarte den höchsten Punkt Wiens. Gegen seine 542 Meter können Donauturm (252 m), DC Tower (260 m) und Stephansturm (137 m) einpacken. Auch wenn wir damit ein bisschen von unserer eigentlichen Thematik, den Zinshäusern, abschweifen, wollen wir Kahlenberg und Hermannskogel mit ihren Aussichtstürmen (Stefanie- und Habsburgwarte) unbedingt für eine Besichtigung empfehlen. Die 27 Meter hohe Habsburgwarte, 1888 in Form eines Wehrturms errichtet, erinnert zudem frappant an Rapunzels Turm (man muss sich nur den Zopf dazudenken). Wer hinauf will, sollte den Ausflug von April bis Oktober an Schönwettersamstagen in der Zeit von 13 bis 18 Uhr oder an ebensolchen Sonn- und Feiertagen von 10 bis 17 Uhr machen, denn nur da steht der Eingang offen. Es lohnt unbedingt, denn der Ausblick über das Wiener Becken, die Hügel des Wienerwalds und das Donautal ist grandios. An klaren Tagen gibt's beste Fernsicht, im Osten bis zum Leithagebirge und im Südwesten bis zum rund 70 Kilometer entfernten Schneeberg. Zudem eröffnet sich ein umfassender Blick auf das Stadtgebiet mit seinen Prachtbauten (da haben wir sie schon wieder, die Häuser).

Von Japan nach Persien

Weiter unten gibt es natürlich auch so allerhand zu sehen. Ebenfalls von April bis Oktober ist zum Beispiel ein Besuch des japanischen Setagayaparks wärmstens zu empfehlen. Er besteht seit Anfang der 1990er-Jahren, und zwar in der Gallmeyer-

19. BEZIRK DÖBLING

Wo der höchste Punkt Wiens und ein Industriebau Marke Orient zu finden sind gasse. Beim Eingang ist auf einem Steinmonument in japanischen Buchstaben das Wort Furomon eingraviert, was Paradies bedeutet. Und das passt, denn der Park ist fernöstliche Gartenkunst pur. Sie verwöhnt unsere Sinne und Seele mit ausgefallener Blumenpracht und feiner Landschaftsplanung: Idyllische Wege, Stege über Bäche und Teiche sowie Miniaturwasserfälle versetzen einen schnurstracks in ein japanisches Heile-Welt-Phantasma, aus dem man gar nicht mehr heraus will.

Nun aber doch noch schnell ein Gebäude, auf das wir abseits unseres Spaziergangs hinweisen wollen. Kein Zinshaus zwar, aber ein Gebäude mit einer wunderschönen Fassade, die so ganz anders ist als die Fassaden, die man sonst in Wien zu Gesicht bekommt. Die Rede ist von der Zacherlfabrik in der Nusswaldgasse 14. Dabei handelt es sich um einen zweigeschossigen Industriebau, der in seinem bunten, orientalischen Gewand, vor allem aber durch die prächtige Kuppel in der Mitte, an eine Moschee erinnert. Erbaut wurde die Fabrik im 19. Jahrhundert von Karl Mayreder und Hugo von Wiedenfeld nach den Wünschen des Eigentümers Johann Zacherl im Stil des orientalischen Historismus. Zacherl importierte nämlich aus dem Kaukasus Blütenpulver, aus dem er das Insektizid Zacherlin herstellte. Die persische Ornamentik der Fassade sollte also auf die wirtschaftlichen Beziehungen zum Herkunftsgebiet des Produkts hinweisen und dem Pulver ein exotisches Image verpassen. Geklappt hat's: Zacherlin war in der gesamten Monarchie ein äußerst erfolgreiches Insektenabwehrmittel.

Doch jetzt geht's los mit unserem Spaziergang im Neunzehnten. Wer schon bei der Zacherlfabrik startet, braucht etwa eine Viertelstunde zu Fuß über die Döblinger Hauptstraße zur Reithlegasse 10, dem ersten Haus unserer Tour. Man kann natürlich auch in den 37er steigen (Haltestelle Barawitzkagasse bis Gatterburggasse) und spart so ein paar Minuten.

Wo Theophil Hansen am Werk war

Reithlegasse 10, Elfriede S.

Die Reithlegasse im 19. Bezirk ist schick und punktet mit einer Reihe von hübschen Gründerzeit-Mietvillen. Als wir hindurchspazieren, können wir uns für viele dieser architektonischen Perlen erwärmen, aber die Nummer 10 sticht heraus – da sind wir uns einig. Die im strenghistoristischen Stil erbaute palaisartige Villa fällt vor allem wegen der beiden Karyatidenfiguren auf, die im Zentrum eines flachen, dreiachsigen Mittelrisalits den Balkon im Hauptgeschoss stützen. Drumherum flankieren Säulen die mit Dreiecksgiebeln und Balustern geschmückten Fenster der Beletage. Das Obergeschoss wiederum zieren Ädikulafenster und ein Fries mit Putten und Medaillons. Insgesamt ein stattliches Haus, aber dennoch nicht zu pompös.

Türbeschläge vom Musikverein

Drinnen bestätigt sich unser Gefühl, hier ein ganz besonderes Gebäude zu betreten. Nach einem kurzen

Entree kommen wir in ein atemberaubendes Stiegenhaus, das sich in seinem rechteckigen Verlauf, ausgehend vom Souterrain bis hinauf ins Obergeschoss, dreimal großzügig um die eigene Achse windet und den Blick auf eine Glaskuppel freigibt. Solchermaßen beeindruckt, folgen wir der Hauseigentümerin Elfriede S. in die Beletage, wo sich ihre Wohnung und die ihrer Tochter befindet. „Ursprünglich gab es pro Stock nur eine Wohnung“, erläutert S. „So wurde es von Architekt Theophil Hansen 1878 für ein Mitglied der Familie Schwarzenberg erbaut.“ Tatsächlich der Architekt des Parlaments, der Börse, des Wiener Musikvereinsgebäudes und und und? S. nickt. „Ja, genau der. In der anderen Wohnung habe ich sogar einige Türschnallen und Beschläge, auf denen ‚Musikverein‘ steht. Ich denke, diese dürften ihm übriggeblieben sein und so hat er sie dann hier verwendet – der Musikverein wurde ja einige Jahre zuvor fertig.“

Seit 75 Jahren in Familienbesitz

Die Frage, die uns nun auf den Lippen brennt, beantwortet Elfriede S. mit einem breiten Lächeln: „Nein, meine Familie ist nicht mit den Schwarzenbergs verwandt. Und leider weiß ich wenig darüber, wie das Haus weitervererbt oder veräußert wurde.“ Irgendwann sei es in den Besitz eines Herrn Schreiber gelangt, der es wiederum an seine Tochter Trude M. vererbte. „Sie hat hier während des Zweiten Weltkriegs mit ihren zwei Töchtern gewohnt; ihr Mann war gefallen und sie war allein mit den Mädchen. Zu allem Überfluss haben gegen Ende des Kriegs Bomben das Haus beschädigt. So ist die Frau dagestanden: verwitwet, alleinerziehend und mit einem kaputten Haus.“

Der Vater von Elfriede S. erwarb das Gebäude im Jahr 1947. „Mein Vater hatte eine Baufirma, die nach dem Krieg in den Wiederaufbau involviert war. Die Mittel und das Know-how waren also da, um das Haus herzurichten.“ Im Zuge der Sanierung entstanden dann aus einer Wohnung pro Etage zwei. Insgesamt gibt es nun also sechs Wohnungen in der Reithlegasse 10. Und im Erdgeschoss herrscht die „Rasselbande“, wie es an einer der beiden Türen steht. Elfriede S. lacht: „Ja, das Parterre ist fest in Kinderhand. Die eine Familie hat vier Kinder zwischen null und sechs Jahren. Die andere Familie hat sechs. Wobei die beiden Ältesten mit 18 und 20 Jahren natürlich keine Kinder mehr sind. Aber der Jüngste ist erst sechs Jahre alt geworden.“

Vom Überalterungshaus zum Kinderparadies

Früher sei das anders gewesen: „Als Anfang der 1980er-Jahre meine Tochter unterwegs war und mein Mann und ich beschlossen, hierher zu ziehen, war ich die Jüngste im Haus: Lauter 80- und 90-Jährige haben hier gelebt. Jetzt bin ich mit einer einzigen Ausnahme die Älteste und darüber bin ich froh. Aus einem völlig überalterten Haus ist ein Kinderparadies geworden." Durch ein kluges Wohnungsmanagement stören die vielen Kinder auch nicht die anderen Mieter. „Das Leben wohnt bei uns sozusagen im Erdgeschoss. Wenn die Jugend dort herumflitzt, hören wir das hier oben gar nicht. Die Kinder können ganz bequem raus in den Garten gelangen und nutzen das auch." Wobei Elfriede S. betont, dass ihre Grünoase kein Platz zum Austoben sei. „Wir wollen es hier schön haben, da sind wir uns alle einig. Aber das funktioniert gut. Die Eltern gehen mit ihren Kindern in den Park oder ins Schwimmbad, wo sie herumtollen können." Und sollte es im Garten trotzdem einmal hoch hergehen, dann drücke sie ein Auge zu. „Ich habe ja oben meine Terrasse, wohin ich mich zurückziehen kann, wenn es mir zu viel wird. Man muss sich nur arrangieren."

Mit den Mietern habe sie bisher Glück gehabt. „Ich denke, die Leute wissen die Wohnqualität mit den großzügigen Räumen und dem schönen Garten schon zu schätzen. Und jeder hat seine Garage, das ist auch ein Vorteil." Garage? „Ach, kommen Sie mit, dazu müssen wir in den Garten gehen."

Wo einst die Pferde parkten

Der Garten ist wirklich eine Augenweide: Neben dem Haus gedeihen rechter Hand Rhododendren, Rosmarin und Oleander-Pflanzen, während sich mittig Rosen und Wilder Wein an den Säulen hinauf in den oberen Stock ranken. Auf der anderen Seite bestimmen drei Birken, die im Dreieck angeordnet sind, das Bild. Zwischen ihnen ist für die Kinder eine große Hängematte

zum Spielen gespannt. In der Mitte des Gartens steht ein stattlicher Ahornbaum, der – wie die Eigentümerin sagt – vor 40 Jahren wild aufgegangen und nun an die zehn Meter hoch ist. Rechts hinten wiederum wächst eine alte Konifere, zwischen deren Ästen ein Eichhörnchen herumturnt, während Amseln und Meisen um die Wette zwitschern.

Wir folgen Elfriede S. quer durch den Garten nach hinten zu einer Art Wirtschaftsgebäude. Das gelbe Häuschen hat grüne Fenster und vier große Tore. „Hier waren früher die Pferde und die Kutsche untergebracht. Heute können meine Mieter ihre Autos hier abstellen." Geradewegs nach vorne gelangen die Autos über ein breiteres Kopfsteinpflaster auf die Straße. „Die Pflastersteine hat mein Mann beschafft, als wir 1982 einzogen. Sie stammen von der Prinz-Eugen-Straße; damals wurde sie gerade betoniert und das alte Pflaster entsorgt."

Der Mann, der seine Lieblinge ausstellte

Als wir auf unserem Weg hinaus seitlich am Haus vorbeikommen und dabei einen Blick durch die Souterrain-Fenster werfen, sehen wir einen Mann beim Tischlern. „Das ist einer meiner Mieter, der sich hier eine kleine Tischlerwerkstatt eingerichtet hat. Eigentlich ist er IT-Fachmann und das Tischlern ist nur sein Hobby, aber er macht wunderschöne Arbeiten. Die Bank hinterm Haus stammt zum Beispiel von ihm."

In diesem Zusammenhang erzählt S., dass diese Räumlichkeiten früher regulär vermietet waren. Mit einem älteren Herrn aus dem Souterrain verbinde sie eine seltsame Episode. „Als ich ein Kind war, haben wir anderswo gewohnt, aber manchmal habe ich meinen Vater hierher begleitet. Bei einem dieser Besuche fragte mich der Mieter, ob ich mitkommen will in seine Wohnung. ‚Kommen S', Fräulein', hat er gesagt, ‚ich zeig Ihnen was. Da werden S' staunen!'" Was für Elfriede S. vielversprechend klang, entpuppte sich als Reinfall. „Er hat mich in seine Kellerwohnung geführt und gesagt: ‚Schauen Sie, das sind meine Lieblinge!'" Was Elfriede S. dann sah, wird sie ihr Leben lang nicht mehr vergessen. „Da waren überall Hunde, aber keine lebendigen. Sie waren alle ausgestopft. Ausgestopfte Hunde, die mich mit ihren Glasaugen angeglotzt haben. Mein Gott, war das gruselig!" Elfriede S. muss schmunzeln: „Da ist mir ein Tischler weit lieber!"

Die leicht ansteigende Reithlegasse stapfen wir aufwärts bis zur Kreindlgasse, dort biegen wir nach rechts ab und verfolgen die Gasse drei Häuserblocks lang vorbei an strenghistoristischen Zinshäusern und Bauten neueren Datums sowie an einzelnen erhaltenen Vorstadthäusern, bis sie in die Pyrkergasse mündet. Da wollen wir hin, konkret zum Haus mit der Nummer 7. Wir halten uns links und sind nach 150 Metern am Ziel.

Ein Zinshaus mit dem gewissen Etwas

Pyrkergasse 7, em.o.Univ.-Prof. Wolfgang Klos

Schlichtschön ist es, das Eckhaus mit der Adresse Pyrkergasse 7. Da dieses Adjektiv dem Duden nach aber nicht existiert, so sei es hiermit erfunden – schlichtschön sitzt wie angegossen. Denn nichts an der elfenbeinfarbenen Fassade wirkt pompös, gleichzeitig könnte man nicht einfach so daran vorbeigehen. Das Zinshaus hat das gewisse Etwas.

In der Pyrkergasse sind es die mittelständigen Erker, die einem sofort ins Auge springen, vor allem aber das prächtig verzierte Eingangsportal und die zwei Gitterbalkone, deren Jugendstil-Muster sich im gusseisernen Tor wiederholt. Ansonsten sind es nur Gesimse und dezente Risalite, die die Fassade akzentuieren – schmucken Stuck sucht man vergebens. Auch das macht einen gewissen Reiz aus, vielleicht, weil man fühlt: Da war einmal was. „Korrekt", antwortet der Hauseigentümer, Prof. Wolfgang Klos. „Aber die vielen Einschusslöcher aus dem Zweiten Weltkrieg wie auch der Zahn der Zeit und endlich, meint der entspannte Vermieter, sei sein Zinshaus kein Nonnenkloster und er nicht die Sittenpolizei.

Von hier machen wir uns auf den Weg zum dritten und letzten Haus im Neunzehnten: Zuerst gehen wir die Pyrkergasse Richtung Billrothstraße. Dort machen wir einen kleinen Links-Rechts-Schwenker über die Billrothstraße in die Krottenbachgasse, aber nur kurz, denn da biegen wir schon wieder nach rechts ab in die Obersteinergasse. Am Ende der schmalen Gasse, bevor sie wieder in die Krottenbachgasse einmündet, befindet sich das Bezirksgericht Döbling, und zwar in der ehemaligen Villa des Bankiers Henikstein, erbaut Anfang des 19. Jahrhunderts. Das langgestreckte Gebäude mit dem fünfachsigen Mittelrisalit und ein Säulengang diente lange Zeit auch als Sanatorium für psychisch Kranke – in der Bevölkerung despektierlich Döblinger Privatirrenanstalt genannt.

Weiter geht's etwa fünf Minuten die Krottenbachstraße entlang, bis rechts davon die Friedlgasse abzweigt. Hier spazieren wird an ein- und zweigeschossigen Vorstadthäusern vorbei sowie an dreigeschossigen Spätgründerzeithäusern und Bauten neueren Datums. Bei der Arbesbachgasse führt die Route nach links und geradeaus weiter bis zum Olympiapark, den man über einen Weg dem gedachten Straßenverlauf nach durchqueren kann, um erneut auf die Arbesbachgasse zu kommen, die hier und ums Eck allerdings Trautenauplatz heißt. Das Eck nehmen wir und stellen nach ein paar Schritten fest, dass sich der Trautenauplatz in die Goltzgasse verwandelt hat.

Die als Einbahn genutzte schmale Goltzgasse ist zweifellos eine Zier. Die nachhistoristischen Mietshäuser – die meisten davon Anfang des 20. Jahrhunderts gebaut – haben allesamt hübsch renovierte Fassaden mit Erkergliederung und kleine, feine Vorgärten. Das Eckhaus mit der Nummer 7 sticht mit seinem zartgrünen Anstrich, dem Riefelputz und seinem dekorativen Fries nach Art der Otto-Wagner-Schule dennoch heraus. Grund genug also, sich das Schmuckstück näher anzusehen.

Dachausbau mit Granate und Gerüstturner

Goltzgasse 7, Gerlinde und Hans Hörmayer

So wie außen, kann sich auch das Innenleben des Gebäudes sehen lassen. Das fängt beim schmiedeeisernen Jugendstil-Stiegengeländer an, zieht sich weiter über die mit Ornamenten verzierten, geschnitzten Wohnungstüren in jedem Stockwerk bis hinauf zum stilvoll ausgebauten Dachgeschoss samt Dachgartenoase, von wo aus man hinüber zur UNO-City sieht und nach Norden hin bis zur Kirche am Kahlenberg. Aber der Reihe nach. Zuerst nehmen wir im Esszimmer der Hauseigentümer Gerlinde und Hans Hörmayer Platz. Bei Kaffee und Kuchen lassen wir uns von der Historie des Hauses erzählen – und die Geschichten seiner Bewohner zusammen mit dem Zucchinikuchen auf der Zunge zergehen.

Ein Haus zum Verlieben

„Errichtet hat das Haus 1910 mein Großonkel, der Stadtbaumeister Eugen Waniek. Meinen Großeltern zufolge

ist auch die ehemalige Straßenbahnremise Kreuzgasse im 18. Bezirk sein Werk", erzählt Hans Hörmayer. Und diese gibt es bis heute: In dem denkmalgeschützten Gebäude befindet sich mittlerweile eine Eurosparfiliale.

Aber zurück zum Haus. Dieses befindet sich also von Anfang an in Familienbesitz. „Ja, wobei – so ganz stimmt das nicht", schränkt Hans Hörmayer ein. „Ich habe in alten Unterlagen entdeckt, dass der Großonkel es 1922 verkauft, dann allerdings bald wieder zurückerworben hat." Über die Gründe ließe sich nur mutmaßen – er sei eben ein Lebemann gewesen. „Heute würde man sagen, er war recht volatil", sagt Hörmayer und schmunzelt. „Er hat an der Börse spekuliert und daher manchmal sehr viel Geld zur Verfügung gehabt, sodass er sich ein Auto mit Chauffeur leisten konnte. Aber es dürfte auch magerere Zeiten gegeben haben, vielleicht hat er deshalb das Haus zwischenzeitlich verkauft." Als Eugen Waniek 1938 starb, gehörte das Haus jedenfalls längst wieder ihm. Aber kinderlos, wie er war, ging es an seinen Bruder, Hans Hörmayers Großvater. Dem Erbe geht, wenn man so will, eine romantische Begebenheit voraus, denn Hörmayers Großeltern hatten einander in diesem Haus in der Goltzgasse 7 kennengelernt und sich ineinander verliebt. Hörmayers Großvater, ein stattlicher Mann, war damals k. &. k. Oberst und um 26 Jahre älter als Hörmayers Großmutter in spe, die mit ihren Eltern im Haus eingemietet war. „Ihr Vater war Werkmeister bei der Wiener Automobilfabrik Gräf und Stift, die hier ums Eck ihren Sitz hatte. Bei einem der Besuche bei seinem Bruder hier dürfte es zwischen den beiden gefunkt haben."

Ein Haus mit Ausstattung

Das Gebäude war von Anfang an als nobles Zinshaus konzipiert, das zeigt schon die ursprüngliche Aufteilung: Pro Stock gab es drei Wohnungen (zusammen mehr als 200 Quadratmeter), alle ausgestattet mit Toilette, fließendem Wasser und – ganz modern – elektrischem Licht. „Aber man vertraute der Elektrifizierung wohl nicht, denn in jedem Zimmer gab es zudem einen Gasauslass. Sicherheitshalber", berichtet Hans Hörmayer. Zusätzlich zu den normalen Wohnungen im Parterre, ersten und zweiten Stock gab es drei kleine Souterrain-Einheiten mit je einem separaten Eingang. „Ein Schneider, ein Schlosser und ein Schuster hatten dort ihre Werkstatt und Unterkunft bis in die 1950er-Jahre. Sie waren die Einzigen, die nur eine Bassena und ein Klo am Gang hatten. Das kann man sich heute gar nicht mehr vorstellen, dass man in nur zwei kleinen Zimmern wohnte und arbeitete", meint Gerlinde Hörmayer.

Als Hans und Gerlinde im Jahr 1977 heirateten und im Haus einzogen, waren diese Zeiten definitiv vorbei. Im Souterrain waren damals keine Handwerker mehr, nur noch Magazine. Und später richtete die Dame des Hauses ein Massageinstitut ein, das sie bis vor einigen Jahren führte und das heute als solches vermietet ist. Das junge Paar legte die drei Wohnungen im ersten Stock zusammen, sodass eine geräumige Wohnung entstand, die sie dann allerdings im Jahr 2010 aufgaben, jedoch nur, um ins Dachgeschoss umzuziehen. „Mit dem Ausbau waren und sind wir sehr zufrieden, nur einen Lift hätten wir uns auch gewünscht. Aber so, wie wir ihn wollten, wurde er uns nicht genehmigt, weil wir uns in einer Schutzzone befinden", seufzt Gerlinde Hörmayer.

Unangenehme Überraschungen

In Erinnerung bleiben wird den Eigentümern in Zusammenhang mit dem Ausbau jener Tag, als sie einen beängstigenden Fund machten. „Zwischen dem Dachvorsprung und der Mauerbank war ein Hohlraum, und dort haben die Bauarbeiter eine Fliegerabwehrgranate entdeckt. Wie die dorthin gekommen ist, weiß keiner. Aber sie muss dort Jahrzehnte gelegen haben", so Gerlinde Hörmayer, und ihr Mann ergänzt: „Das war schon ein kleiner Schock, als wir davon erfahren haben. Zum Glück war sie anscheinend ein Blindgänger, sodass nie etwas passiert ist."

Die Phase des Umbaus prägten noch weitere unliebsame Erlebnisse. „In dieser Zeit gab es drei Einbrüche bei uns – das Baugerüst wirkte offenbar sehr einladend auf Kriminelle", so Hans Hörmayer. „Wobei es sich beim ersten Einbrecher wahrscheinlich um einen Arbeiter gehandelt hat. Denn derjenige wusste genau, in welcher Wohnung der Dachbodenschlüssel gewesen ist. Den hat er sich besorgt und dann ganz gezielt Werkzeuge für den Innenausbau gestohlen." Beim zweiten Einbruch stieg der Täter ins Schlafzimmer der Eigentümer ein. „Dort war alles verwüstet und das Bargeld war weg. Aber zum Glück hat ihn wohl unsere Tochter gestört, die nach ihrer Katze gerufen hat. Da hat er anscheinend das Weite gesucht", erinnert sich Gerlinde Hörmayer. Einbruch Nummer drei hätte dann aber alles in den Schatten gestellt, wie ihr Ehemann berichtet: „Erstens war der Täter entweder besonders roh oder aber blind: Er stemmte einen abgesperrten Biedermeierschrank mit einem Brecheisen auf, obwohl der Schlüssel steckte. Und als er dann später vom ersten Stock übers Baugerüst nach oben geklettert ist, um seine Diebestour fortzusetzen, hat er eine akrobatische Einlage geliefert. Unser Sohn war gerade am Balkon und hat ihn am Gerüst entdeckt und ihn angeschrien, was er denn da macht. Daraufhin ist der Dieb mit einem Satz von der Höhe des ersten Stocks hinübergesprungen in den Nachbargarten und ist über die angrenzenden Gärten geflüchtet." Zum Kopfschütteln sei in diesem Zusammenhang der weitere Verlauf der Geschichte gewesen. „Wir haben sofort die Polizei verständigt. Die Beamten haben aber über eine halbe Stunde vom 18. Bezirk hierher gebraucht", erzählt Gerlinde Hörmayer. „Am nächsten Tag haben wir entdeckt, dass der Täter bereits im Parterre mit seinem Raubzug angefangen hat", ergänzt Hans Hörmayer. „In einer Wohnung dort war er leider sehr erfolgreich. Die Mieterin hatte kurz zuvor ihr Bankfach aufgelöst und Gold zu Hause gehabt. Das war natürlich weg und sehr bitter für die Dame."

Zum Glück sei seit dieser Zeit vor zwölf Jahren nichts mehr passiert. „Und so soll es auch bleiben", sagen die Hörmayers unisono, als sie uns hinaufgeleiten zum Dachgarten und wir einen atemberaubenden Blick über die Dächer Wiens genießen – inmitten von weiß blühenden Oleanderbüschen, lila Geranien, roten, violetten und gelben Zauberglöckchen und knallorangeroten Wandelröschen.

Der Zwanzigste ist wie der Zweite, nur noch nicht so hip. Aber das wird noch, meinen Stadtkenner. Ob das nun gut ist oder schlecht, sei dahingestellt – die Gentrifizierung schreitet jedenfalls auch hier unaufhörlich voran und das lässt sich nicht nur an der Anzahl der Bio-Läden messen, die langsam zwischen den Kebabbuden und Billiggeschäften zu sprießen beginnen. Auch die Preise für Eigentumswohnungen ziehen seit ein paar Jahren an. Zwar nur sachte und lange nicht so stark wie in der Leopoldstadt, aber dort sind die Gegebenheiten andere, allein schon, wenn es um Fläche und Bevölkerungsdichte geht: Der Zweite ist dreimal so groß wie der Zwanzigste, hat aber, auf Quadratkilometer umgelegt, nur ein Drittel seiner Einwohner. Dass die beiden Bezirke einander ähneln, ist nicht verwunderlich, denn sie waren 50 Jahre lang, von der Eingemeindung 1850 bis ins Jahr 1900, eins. Und seit der großen Donauregulierung (1870–1875) bilden sie zusammen eine Insel – ein Eiland im Strom zwischen Donaukanal und Donau sozusagen. Das muss doch zusammenschweißen!

So edel wohnt die MA 45

Wenn es um die Frage geht, was man sich im Zwanzigsten anschauen sollte, abgesehen von dem netten Gründerzeitviertel, in dem wir gleich unseren Spaziergang starten, fällt uns spontan der Brigittenauer Sporn ein, der äußerste Zipfel im Norden des Bezirks, und dort konkret das ehemalige Verwaltungsgebäude der Donau-Regulierungs-Commission bei der Nussdorfer Wehr. Das dreigeschossige Jugendstilhaus nach den Plänen Otto Wagners ist nämlich eine Augenweide: Ein mit Fruchtgirlanden verziertes Portal und dazu flankierende schmale, hohe Fenster, die sich im ersten Stock fortsetzen. Darüber Ädikulafenster mit den für den Secessionismus so typischen geometrischen Formen und schließlich ein Flachdach mit weit vorspringender Traufe, wieder verziert, diesmal mit blauen Blumenmedaillons. Auf der

20. BEZIRK BRIGITTENAU

Halbes Eiland im Strom

gegenüberliegenden Seite prangt statt des Portals ein Balkon über einer Glasveranda und ganz oben, auf dem Dach, ein Aufsatz, der einmal als Beobachtungsstation diente. Edel schaut das aus. Genutzt wird das Gebäude übrigens heute von der Magistratsabteilung 45 – zuständig für die Wiener Gewässer und den Wiener Hochwasserschutz.

Allerdings ist das noch nicht alles. Sehr sehenswert – und auch nicht zu übersehen – ist die Schemerlbrücke direkt neben dem Otto-Wagner-Haus. Erbaut wurde die Brücke, die über den Donaukanal nach Nussdorf, in den 19. Bezirk, hinüberführt, von 1894 bis 1899 nach den Plänen des damals schon verstorbenen Architekten und Konstrukteurs Joseph Maria Schemerl von Leythenbach. Ins Gedächtnis prägt sich die grün gestrichene Brücke aus doppelt-eisernem Fachwerk vor allem durch die beiden riesigen Bronzelöwen, die auf ihren ebenso riesigen Podesten stehend in ihrer ganzen Majestät stromaufwärts blicken und so das Geschehen im Auge behalten.

Vom nördlichsten Zipfel des Zwanzigsten springen wir nun zum südlichsten, denn hier soll unser Spaziergang durch das sogenannte Alt-Brigittenau mit seinem gutbürgerlichen Zinshausbestand beginnen. Konkret starten wir am Gaußplatz. Dazu ein kleiner und wichtiger Sidestep: Das Grätzl um den Gaußplatz, vor allem entlang der Jäger-, Wallenstein- und der Karl-Meißl-Straße, galt früher als Zentrum des jüdischen Lebens im Zwanzigsten. Zahlreiche jüdische Geschäfte, Gewerbebetriebe und Bethäuser befanden sich hier. Noch 1923 lebten in der Brigittenau 17.500 Juden, rund 18 Prozent der damaligen Bevölkerung. 1938, als der Nazifaschismus in Wien in all seiner Brutalität um sich griff und die Deportation der Juden vom 20. Bezirk aus begann, war es damit vorbei. Und das ist bis heute so geblieben, während die jüdische Kultur zumindest in der Leopoldstadt nach dem Zweiten Weltkrieg wieder aufkeimte.

Gasse mit Wow-Effekt

Jetzt geht's wirklich los, und zwar am Anfang der Wasnergasse. Unserer Meinung nach ist diese repräsentative Häuserzeile mit ihrem Verband aus vier- und fünfgeschossigen Hoch- und Spätgründerzeitbauten überhaupt eine der schönsten Gassen Wiens. Hier die Augartenmauer entlang zu promenieren (ein Stück des Augartens gehört übrigens auch zum Zwanzigsten), ist ein Hochgenuss. Das fängt mit den drei einheitlichen, strenghistoristischen Zinshäusern (Nummer 5, 7 und 9) mit großer Pilastergliederung an und hört eigentlich gar nicht mehr auf. Besonders prunkvoll ist die Nummer 21, ein Fünfgeschosser aus dem Jahr 1898 mit doppelter Erkergliederung, reichlich Dekor und Sichtziegelfassade im oberen Bereich.

Ein Tausendsassa von Architekt

Gleich danach beeindruckt uns die Nummer 25, ein fünfgeschossiges Eckzinshaus der Spätgründerzeit mit secessionistischem Dekor und Schmiedeeisenbalkonen, die von Erkern flankiert werden. Die Wasnergasse kann sich wirklich sehen lassen: Nur zwei Neubauten sind hier zu finden und zwei Gründerzeithäuser mit abgeschlagenem Stuck, ansonsten glänzt die relativ lange Gasse nur so vor Zinshausperlen. Anschließend biegen wir rechts in die Rauscherstraße ein, wo uns rechter Hand gleich ein Zinspalast begrüßt, der in Form eines Us den gesamten Block einnimmt. Gebaut wurde das Doppelhaus-Prachtstück mit den Riesensäulen und -pilastern 1897/98 vom Architekten Wilhelm Stiassny, einem der meistbeschäftigten Architekten seiner Zeit: Insgesamt schuf er an die 170 Wohn- und Geschäftsbauten, Fabriken, Schulen, Spitäler, Synagogen und Friedhofsbauten. Wir lassen das eindrucksvolle Gebäude zurück und marschieren weiter bis zur Bäuerlegasse, in die wir links einbiegen. Den geschlossenen Verband an späthistoristischen Gründerzeithäusern, der bis zur Streffleurgasse reicht, genießen wir andächtig. Am Ende der Gasse geht's um die Kurve in die mit Alleebäumen gesäumte Karl-Meißl-Gasse, dann folgt ein Schwenker in die Petraschgasse, an deren Ende rechts ein symmetrischer Verband aus Fünfgeschossern mit secessionistischem Stuck unser Auge erfreut (Nummern 1, 3, 5).

Kultur und Kulinarik

Um die Kurve geht's dann in die Staudingergasse, die nach knapp 100 Metern in die Jägerstraße mündet. Auch hier säumen hinter zarten Alleebäumen anmutige Zinshäuser die Straße, die wir an die hundert Meter nordwärts wandern. Dann sticht uns die Nummer 28 ins Auge, und das aus zwei Gründen. Erstens ist das hell gestrichene Haus mit seinem dezenten Jugendstildekor und den mittig angelegten Schmiedeeisenbalkonen ausnehmend hübsch; zweitens befindet sich im Parterre das Café Frame, ein ungekünsteltes Kulturcafé im Stil der 1950er- und 1960er-Jahre. Neben Ausstellungen, Vernissagen und Konzerten findet man hier vor allem auch eines: eine ordentliche Portion Gemütlichkeit. Nicht zuletzt drückt sich das in traditionellen kleinen Speisen aus, die hier kredenzt werden: diverse Suppen, Gulasch, Würstel.

Apropos Kultur und Kulinarik: Gleich daneben, im Haus mit der Nummer 30, ist der Eingang zur Kleinkunstbühne Vindobona, die regelmäßig feine Stücke und namhafte Kabarettisten präsentiert, die die Lachmuskeln auf Trab bringen. Im dazugehörigen Café kann man wunderbar frühstücken und abwechslungsreiche Mittagsmenüs genießen. Wie imposant das Zinshaus selbst ist, merkt man allerdings erst, wenn man um die Ecke auf den Wallensteinplatz biegt und sich ein wenig weiter wegstellt. Im Jahr 1910 erbaut, punktet das an drei Seiten freistehende Gebäude mit überkuppelten Eckaufsätzen, originalen Sprossenfenstern und reichlich Dekor in Neoempire-Stil.

Wir wandern weiter die Jägerstraße entlang etwa vier, fünf Minuten bis zum Brigittapark mit der schönen neogotischen Kirche in Backsteinbau auf der Rechten und dem Brigittaplatz auf der Linken. Den Platz überqueren wir der Breitseite nach und kommen so zum Hannovermarkt, der zwar gut besucht ist, aber unaufgeregt wirkt, bodenständig irgendwie, kein bisschen bobo. Zu bekommen ist hier in den gemauerten Marktzeilen und an den mobilen Ständen alles: Obst und Gemüse, Fleisch, Käse, Eier, Brot, Kräuter und Gewürze – eine gute Mischung aus preiswerten heimischen und orientalischen Produkten. Auch ein herzhaftes Kebab lässt sich hier gut genießen.

Zurück an der Jägerstraße, nehmen wir bei der Haltestelle Brigittaplatz die Straßenbahnlinie 33, denn den schönen Teil des Weges bis zu jenem Haus, das wir uns hier im Bezirk näher anschauen wollen, haben wir hinter uns. Da schonen wir unsere Beinkraft nun lieber für den Weg, den wir später zum eingangs erwähnten Brigittenauer Sporn noch brauchen werden. Die Bim bringt uns in nur neun Minuten zum Höchstädtplatz, von dem aus wir noch drei Minuten gehen müssen. Dazu überqueren wir die Dresdner Straße und marschieren die Marchfeldstraße entlang – und bald schon stehen wir vor der Hausnummer 9.

Da, wo sie aufeinander schauen, oder: der Corona-Klub

Marchfeldstraße 9, Mag. Corinna Gulder

Um es in seiner ganzen Größe zu erfassen, muss man auf die gegenüberliegende Seite wechseln. Erst von hier erkennt man, wie erhaben das sechsgeschossige Eckhaus über die Marchfeldstraße thront: Nüchtern und elegant steht es da mit seiner sandfarbenen Fassade, die völlig glatt ist, bis auf das Gesims, das Parterre und Mezzanin von den Geschossen darüber trennt. Und oben auf glänzt das neu ausgebaute Dachgeschoss aus Glas und Stahl. Seine Terrassenumzäunung schiebt sich an der Ecke bis zum Rand, was aussieht wie der Stirnreif einer edlen Dame, über dem ganz keck ein Schopf Grünzeug hervorblitzt: Pop Art meets Modern Art Déco.

Diese Liegenschaft ist jedenfalls ein gelungenes Beispiel dafür, dass Gründerzeithäuser durch Sanierung und Dachausbau ein modernes Gesicht bekommen können, und zwar ein gutes modernes Gesicht – eines, das so manchen Neubau grün, gelb oder blass vor Neid werden lässt. Bei einem nur flüchtigen Blick könnte man zwar denken, dass es sich ohnehin um ein Gebäude neueren Datums handelt, beim genaueren Hinschauen allerdings verrät die Geschosshöhe, dass sie für einen Neubau etwas zu großzügig dimensioniert ist.

Gründerzeitcharme inside

Mag. Corinna Gulder, Eigentümerin und Hausverwalterin in Personalunion, empfängt uns vor ihrem Zinshaus, um mit uns einen kleinen Rundgang durch ihr 2.747 Quadratmeter großes Reich zu machen. Schon im Eingangsbereich bestätigt sich unser Verdacht, dass sich hier noch allerlei Gründerzeit- und Secessionsluft schnuppern lässt: Pilaster schmücken die Seitenwände des Durchgangs und über unseren Köpfen ranken sich links und rechts der Decke florale Stuckbänder. Auch das Stiegenhaus und die Gänge verströmen Jahrhundertwende-Flair: Steinstufen und gusseiserne Geländer mit Holzlauf schrauben sich Stock für Stock empor, während die Böden mit noch originalen Zementfliesen in klassisch gelb-braunen Mustern glänzen. „Dem Architekten und mir war es wichtig, die Altsubstanz so zu erhalten, dass der typische Gründerzeitcharme nicht verloren geht", erklärt Gulder, als wir das Stiegenhaus verlassen und über den Hof zum Lift schlendern. Außen an der Fassade habe es früher wunderschönen Stuck gegeben: florale Elemente, Pfeiler und Medaillons. „Aber nach dem Zweiten Weltkrieg wäre die notwendige Renovierung mit all den Verzierungen zu teuer gewesen. Also ist damals alles an Stuck abgeschlagen worden."

Die Leute kümmern sich

Umgebaut wurde das 1904 errichtete Zinshaus zwischen 2010 und 2013 im Rahmen einer geförderten Sockelsanierung mit Dachgeschoss-Ausbau durch den Wohnfonds Wien. Auf das Ergebnis ist die Hauseigentümerin stolz, und das zu Recht: „Mit der Sanierung haben wir 2014 den zweiten Platz beim Stadterneuerungspreis gemacht." Corinna Gulder führt die Marchfeldstraße 9 in dritter Generation. Sie besitzt noch weitere Zinshäuser, aber keines dieser Objekte ist ihr so lieb wie dieses, und das liegt nicht nur an der neuen Optik. „Hier gibt es eine tolle Hausgemeinschaft. Die Mieter passen auf, sie kümmern sich – auch umeinander." Das beste Beispiel sei eine Altmieterin gewesen, Frau H., die leider kurz vor Ausbruch der Corona-Pandemie gestorben sei. „Die letzten Jahre hindurch war sie auf ein Sauerstoffgerät angewiesen und konnte ihre Wohnung nicht mehr verlassen. Aber sie wurde nicht allein gelassen: Viele ihrer Nachbarn haben sie regelmäßig besucht und sie auf dem Laufenden gehalten, was das Haus und seine Bewohner angeht." Frau H. wiederum habe Reserveschlüssel aufbewahrt, damit Handwerker in die Wohnungen der Nachbarn konnten, wenn diese bei der Arbeit waren. „Wenn sie helfen konnte, dann hat sie das gemacht. Sie war die Seele des Hauses", sagt Gulder. Und irgendwie scheint Frau H.s Spirit im Haus weiterzuleben. Denn sogar die relativ neu eingezogenen jungen Leute seien sehr hilfsbereit. „Zu Beginn von Corona haben sie Zettel aufgehängt und sind für die Älteren einkaufen gegangen."

Die Wohnungsvermittlerin

Mittlerweile haben wir die Altmieterinnen Brigitte Spacsek und Wilhelmine Markowitschka aus dem 1. und 2. Stock kennengelernt. Sie begleiten uns hinauf zum Dachgeschoss, wo wir uns die Wohnung und Terrasse einer anderen Mieterin, jene von Leopoldine Weidinger, anschauen dürfen. Dort erwarten uns nicht nur Kaffee sowie süße und salzige Snacks, es wird auch gleich ein Flasche Prosecco geköpft, weil Wilhelmine Markowitschka Geburtstag hat. Wir stoßen gemeinsam mit den drei Freundinnen an, während wir die Wahnsinnsaussicht und den liebevoll gepflegten Dachgarten von Frau Weidinger bewundern. Schön hat sie es hier! „O ja!", erwidert Weidinger und grinst, als sie nachsetzt: „Dabei wollte ich im Leben nicht in den Zwanzigsten ziehen." Aber Brigitte, sie deutet auf ihre Freundin, habe sie bekehrt. „Und nicht zuletzt die Dachterrasse. Als ich das erste Mal hier war, habe ich gewusst: Das ist sie, meine neue Bleibe!" Dabei war die Wohnung noch eine richtige Baustelle. „Ich musste über eine Leiter hier herausklettern. Es war 17:30 Uhr und die Sonne hat dermaßen hergeknallt, ich war begeistert – ich bin ein Sonnenmensch." Den Rest der Wohnung habe sie sich gar nicht angeschaut. „Ich wusste, dass sie groß war. Dazu die 64 Quadratmeter Terrasse. Danke, nehme ich!"

Brigitte Spacsek hat schon einige Freunde und Freundinnen als Mieter:innen akquiriert. Corinna Gulder ist ihr dafür dankbar. „Immer wenn ich eine Wohnung frei habe, frage ich als erstes Frau Spacsek. Meist hat sie schon jemanden an der Hand, der gerade auf Wohnungssuche ist." Es ist nicht die schlechteste Idee, die Nachbarschaft aus dem eigenen Freundes- und Bekanntenkreis zu besetzen, meinen wir. Brigitte Spacsek lächelt vielsagend. Sie selbst wohnt seit mittlerweile 50 Jahren in diesem Haus, das damals noch Corinna Gulders Großeltern gehörte. „Mit 17 bin ich eingezogen, in eine Zimmer-Küche-Wohnung mit Klo am Gang. Nach ein paar Jahren, mein Sohn war noch klein, haben mein Mann und ich dann noch eine weitere Zimmer-Küche-Wohnung nebenan dazubekommen und schließlich noch ein einzelnes Zimmer."

Wo Tarzan schrie und Maurice Chevalier sang

Ein paar Jahre, bevor Brigitte Spacsek in die Marchfeldstraße 9 einzog, schloss hier eine Institution ihre Pforten. Es war 1964, als für das 1. Brigittenauer Kino-Theater, auch Marchfeldkino genannt, nach 53 Bestandsjahren der letzte Vorhang fiel. Für heutige Verhältnisse klingt ein Fassungsvermögen von 90 Personen recht bescheiden – es entspricht gerade einmal einem der kleineren Säle im Cineplexx im Millennium Tower. Aber damals war das ausreichend. Und 1934 konnten immerhin schon 157 Personen gleichzeitig Filme wie „Die Csardasfürstin" mit Paul Hörbiger und „Die lustige Witwe" mit Maurice Chevalier über die Leinwand flackern sehen sowie Johnny Weissmüllers Dschungelgeschrei in „Tarzans Vergeltung" lauschen.

Großes Kino gibt es aber auch heute noch, und das ganz ohne Leinwand. Während des ersten Lockdowns wurde zum Beispiel in dem 40 Wohnungen zählenden Haus jeden Tag applaudiert, gesungen und getanzt. „Abends um 18 Uhr haben wir uns in die Gänge zu den geöffneten Fenstern begeben. Mit viel Abstand dazwischen. So haben wir uns Mut gemacht", erzählt Wilhelmine Markowitschka, während Brigitte Spacsek ihr Handy zückt und eine kurze Videosequenz davon präsentiert. Schaut nach Spaß aus! „Spaß pur", sagt Leopoldine Weidinger. „Bei aller Angst, die ebenso da war. Wir dachten ja, wir müssen alle sterben, wenn wir uns zu nahe kommen. Also haben wir Distanz gehalten. Aber singen und tanzen musste sein. Am Fenster oder, so wie ich, auf der Terrasse."

Kurz ist Weidinger nachdenklich, dann muss sie lachen. „Es war nicht jeder begeistert von unserem Theater. Ich erinnere mich, wie mich ein Nachbar einmal fragte, ob das denn wirklich notwendig ist." Weidinger schüttelt amüsiert den Kopf. „‚Natürlich ist es das!', hab ich gesagt." Die Freundinnen nicken und prosten ihr zu. Recht so. Darauf trinken wir: auf das Leben und die Freunde!

Und wer jetzt noch mitkommen mag: Wir machen uns auf zum Brigittenauer Sporn. Von hier aus ist das ein Fußmarsch von etwa 35 Minuten – für unsere ausgeruhten Beinmuskeln ein Klacks. Dazu marschieren wir die Marchfeldstraße nordwärts bis zum Friedrich-Engels-Platz, den wir queren und dabei unter der Floridsdorfer Hauptstraße und der Adalbert-Stifter-Straße hindurch-

wandern. Dann geht's weiter schräg über den begrünten Platz, in einer gedachten Verlängerung der Marchfeldstraße, die wir hier im Geiste fortsetzen, um zur Wehlistraße zu kommen. Dort gehen wir etwa 200 Meter nordwärts bis zur Aignerstraße, wo wir rechts abzweigen. Nach ein paar Schritten kommt eine Fußgängerüberführung über den Handelskai und die Gleisanlagen und schließlich gelangen wir zu einem Treppelweg, den wir donauaufwärts spazieren. Nach 26 Minuten Fußmarsch am Ufer der Donau entlang sind wir am Ziel: Wir stehen vor der herrlichen Jugendstil-Residenz der Magistratsabteilung 45, winken den beiden Löwen der Schemerlbrücke zu und genießen den Anblick.

Später wandern wir nochmals 200 Meter nach vorne bis zum äußersten Inselspitz. Genau hier teilt sich das Wasser in Donau und Donaukanal. Es ist ein ruhiges, gemütliches, fast meditatives Strömen. Und auch in uns macht sich eine Tiefenentspannung ungeahnten Ausmaßes breit.

Wir sind seltsam entschleunigt, als wir zur Brücke zurückkehren, und uns beschleicht der Gedanke, dass wir öfter dem Wasser beim Fließen zusehen sollten. Vielleicht liegt's aber auch an den beiden Löwen: In ihrer ganzen Majestät blicken sie wachsam stromaufwärts, so als könnten sie jeder noch so surrealen Gefahr trotzen. Wenn das nicht beruhigend ist?

Transdanubien. Darf man die Bezirke Floridsdorf und Donaustadt überhaupt noch mit diesem Begriff zusammenfassen? Früher hat man das ja oft gehört, wenn die Rede vom Einundzwanzigsten und Zweiundzwanzigsten war, aber heute – ist das politisch noch korrekt? Oder war's das eh nie? Denn, es stimmt schon, ein bisschen schwingt bei Transdanubien mit, dass nur der westliche Stadtteil so richtig Wien ist und die da drüben, über der Donau, eben nicht. Doch wenn man's genau nimmt, bedeutet es ja lediglich jenseits der Donau, und das ist dann doch eine Frage der Perspektive: Wer am Ostufer wohnt, für den sind ja eigentlich die anderen die Transdanubier ...

Geht es jedenfalls nach den Stadtverantwortlichen, soll sich heute der Begriff LiDo etablieren als geistreiche Abkürzung für die Bezirke links der Donau. Projekte dazu sind gesetzt: Mit der gemeinsamen Radkarte für Floridsdorf und Donaustadt zur Förderung der Öko-Mobilität fing es an, nun sollen mithilfe der Bevölkerung die schönsten Fußwege durch das 148 Quadratkilometer große Gebiet gefunden werden. Wir haben uns dem Gedanken, die beiden Bezirke gemeinsam vorzustellen, jedenfalls angeschlossen, und das aus zwei Gründen.

Statt Zinshauszuckerl Mister Zinshaus persönlich

Einmal, weil sie geschichtlich gesehen schon zusammengehört haben – oder zumindest Teile davon. So kamen 1904 bei der Eingemeindung von Floridsdorf auch Aspern, Hirschstetten, Kagran, Stadlau, Teile von Breitenlee sowie die Lobau zum 21. Bezirk – Stadtteile, die heute zum Zweiundzwanzigsten zählen. Die Donaustadt, so wie wir sie heute kennen, gibt es erst seit 1954, als 13 niederösterreichische Ortschaften wieder an das Land Niederösterreich zurückgegeben wurden, die von den Nationalsozialisten 1938 zusammen mit den oben angeführten Gemeinden sowie Kaisermühlen, Süßenbrunn, Essling und dem übrigen Teil Breitenlees zu einem

21. BEZIRK, FLORIDSDORF
22. BEZIRK, DONAUSTADT

Unterwegs in den LiDo-Stadtteilen

22. Bezirk mit Namen Groß-Enzersdorf vereinigt worden waren. Einzige Ausnahme: Kagran, das bis 1954 ein Teil des Einundzwanzigsten blieb.

Und zweitens, weil wir aus dem Zweiundzwanzigsten kein repräsentatives Zinshaus vorstellen können. Was Geschichtenschätze betrifft, so sind wir hier nicht fündig geworden. Zwar sind wir uns sicher, dass es auch in der Donaustadt solche geben muss, aber wir waren dabei stark auf die Mithilfe der Zinshauseigentümer:innen angewiesen und, warum auch immer, die Resonanz im 22. Bezirk war nicht groß. Leer ausgehen muss die Donaustadt trotzdem nicht. Anstelle eines Zinshauszuckerls haben wir in der Seestadt Aspern, Wiens jüngstem Hoffnungsträger zukünftiger Stadtentwicklung, Günter Kerbler getroffen – also Mister Zinshaus persönlich. Und zwar in seinem HoHo Wien, und das ist auch eine nette Geschichte. Also haben wir die beiden Bezirke kurzerhand zusammengepackt und die Spaziergänge durch die historischen Altstadtkerne zu verbinden versucht.

Unterwegs in Floridsdorf

Wir beginnen unseren Spaziergang durch Floridsdorf Am Spitz bei der Nummer 1, dem Amtshaus. 1901 bis 1903 wurde dieses Prachtstück in barockklassizistischem Stil nach den Plänen von Anton und Josef Drexler als Rathaus der Gemeinde Groß Floridsdorf erbaut. Diese war ein paar Jahre vorher aus der Vereinigung Floridsdorfs mit den Ortschaften Donaufeld, Jedlesee und Neu-Jedlersdorf entstanden. Ein prächtiges Rathaus tat also not, nicht zuletzt, weil es Anfang des 20. Jahrhunderts schien, als ob Wien im Begriff wäre, Reichsunmittelbarkeit zu erlangen. Das hätte bedeutet, dass es direkt dem Kaiser unterstellt und somit losgelöst von Niederösterreich wäre. Floridsdorf wiederum hätte sich in diesem Fall als neue Hauptstadt für Niederösterreich in Position gebracht. Aber aus den Plänen wurde nichts, stattdessen kam die Gemeinde – wie eingangs erwähnt – 1904 als 21. Bezirk zu Wien und das Rathaus mutierte zum Bezirksamt. Der Schönheit tat's zum Glück keinen Abbruch.

Schräg nach vorn zieht es uns nun zur Adresse Am Spitz 9. Das einstöckige Gebäude an der Ecke zur Floridsdorfer Straße mit dem Matratzen Concord im Erdgeschoss ist als Biedermeierhäuschen eines der älteren Bauwerke am Platz. Hier muss man unbedingt den Hoftrakt anschauen, denn er stammt von Friedrich Dietz von Weidenberg, einem Otto-Wagner-Schüler, und ist um 1900 im Jugendstil erbaut. Im hinteren Teil befindet sich zudem ein schöner, alter, baumbestandener Garten.

Wir bleiben noch ein wenig am Spitz, weil uns gleich das Eckhaus mit der Nummer 11 ins Auge springt, nicht zuletzt wegen des auf dem überkuppelten Ecktürmchen thronenden Ritters. Das sehen wir uns doch genauer an: Das zweigeschossige Haus mit seiner hübschen, grünen Fassade in neomanieristischem Dekor wurde 1884 von Alois Frömmel erbaut, und zwar als Floridsdorfer Gemeindesparkasse, wie uns das Dehio-Handbuch verrät. Heute logiert hier die Bank Austria. Zwei Häuser weiter haben wir mit der Nummer 13 unseren Platzhirsch gefunden. Das sogenannte Sildhaus ist sicherlich eines der schönsten Jugendstilhäuser Wiens! Erbaut wurde es 1905–1908 ebenfalls von Friedrich Dietz von Weidenberg für den Kaufmann Conrad Sild, dessen Familie mehr als 200 Jahre lang ein Kaufhaus in Floridsdorf betrieb. Das Gebäude mit der Fassade in hellem Terrakotta und den punktuell gesetzten blauen Quadrat-Kacheln trägt mittig eine Attika mit Löwenrelief und Palmen. Links und rechts davon flankieren zwei Weltkugeln dieses Arrangement, das die internationale Bedeutung des Handelshauses Sild betonen sollte.

Von Zinshausperlen und Durststrecken

Auf der Suche nach weiteren Zinshausperlen marschieren wir geradeaus weiter und biegen nach etwa drei Minuten links in die Frömmelgasse ein, weil uns dort gleich ums Eck drei schmucke Viergeschosser mit späthistoristisch-secessionistischem Dekor anlachen

(Frömmelgasse 33, 35 und 37). Ansonsten ist die Gasse leider eine Durststrecke. Erst drei Straßenblocks weiter, als wir in die Schwaigergasse abzweigen, werden wir entschädigt. Hier gibt es eine Reihe von schönen Gründerzeithäusern: Die Nummer 14 etwa, ein strenghistoristischer Dreigeschosser mit Karyatiden im obersten Geschoss, oder die symmetrische Zeile mit Viergeschossern (mit den Hausnummern 18, 20, 22, 24 und 26), erbaut Anfang des 20. Jahrhunderts. Auch gegenüber finden sich mit den Nummern 25, 27, 35 und 39 Zinshäuser, die uns mit ihren Reliefdekors erfreuen.

Zurück am Floridsdorfer Spitz, wandern wir direkt beim Amtshaus vorbei, dem wir nochmals gedanklich Rosen streuen, und begeben uns auf die andere Seite des Platzes. Bei der ersten Möglichkeit biegen wir rechts ab in die Schlosshofer Straße, die wir tapfer entlangmarschieren. Tapfer deswegen, weil kein einziges interessantes Haus unseren Weg säumt. Wir passieren Neubauten jüngeren und älteren Datums, gehen unter der Bahn hindurch und vorbei an der S- und U-Bahn-Station etwa 450 Meter bis zur Freytaggasse. Lediglich dort an der Kreuzung gibt es einen Hingucker: Das ursprünglich dreigeschossige Eckzinshaus mit dem modernen Dachaufbau hat die Adresse Freytaggasse 23 und ist mit seiner Pilastergliederung, den reich verzierten Gesimsen und vor allem der Frauenskulptur in der Ecke der Beletage wirklich hübsch.

Wir wandern weiter nach links die Freytaggasse nordwärts bis vor zum Kreisverkehr. Dort geradeaus drüber und nach wenigen Metern sind wir endlich angekommen in der Leopoldauer Straße 5.

Ein Jugendstiljuwel in Floridsdorf

Leopoldauer Straße 5, Dr. Andrea Pach

Dieses Zinshaus ist nicht zu übersehen. Unten ein dunkelbrauner Sockelfuß mit dunkelblau gebändertem Erdgeschoss, braunen Fenstern und Türen, darüber, ab dem ersten Stock, eine hellblau gestrichene Fassade mit weißen Akzenten und goldener Ornamentik – geometrisch und floral – und ganz oben im geschwungenen Giebel thront ein goldbezopfter Frauenkopf. Darunter prangt das Baujahr: 1910.

Wie es damals aussah? Leider wissen wir das nicht. Seit 2017 jedenfalls hüllt sich die Leopoldauer Straße 5 in diesen blau-weiß-goldenen Mantel – und der sitzt ganz ausgezeichnet. „Meine Mutter hat die Fassade 1980 erneuern lassen. Mein Bruder hat ihr damals zu Grün, Weiß, Gold geraten, typisch Jugendstil eben", erzählt uns die Eigentümerin, Dr. Andrea Pach, die wir vor ihrem schmucken Haus treffen. „Aber meine Mutter hat sich das nicht getraut", verrät Pach, „ihr war das zu auffällig hier in Floridsdorf." Stattdessen habe ihre Mutter das Gebäude in verschiedenen Beigetönen streichen lassen. „Das hat auch sehr gut ausgesehen." Aber als knapp 40 Jahre später wieder eine Fassadensanierung anstand, sollte es peppiger werden. „Zuerst habe ich überlegt, der Idee meines Bruders zu folgen. Aber mit dem Grün war das so eine Sache: Das Zinshaus meines Vaters sollte zeitgleich gestrichen werden. Das war immer schon grün und sollte auf Wunsch meines Vaters auch grün bleiben. Aber zwei grüne Häuser?" Andrea Pach schüttelt den Kopf. Also habe sie recherchiert, welche Farbtöne noch infrage kämen für ein Jugendstilhaus, und schließlich habe sie den Fassadenplan groß ausgedruckt und sich mit Buntstiften an die Arbeit gemacht. Das Ergebnis kann sich sehen lassen.

Eine Orgel zum Mitnehmen

Im Inneren des viergeschossigen Hauses empfangen uns – passend zum äußeren Erscheinungsbild – überall kleine Jugendstildetails: Das schmiedeeiserne Geländer im Stiegenhaus etwa, die Deckenlampen sowie die Bassenas. „Das Haus ist ein familiäres Gesamtkunstwerk. Mein Bruder hat sich viel ausgedacht, um das Innenleben stilecht herzurichten, und meine Eltern haben es in Auftrag gegeben oder selbst umgesetzt." Etwa die blaue geometrische Zierborte an den Gangwänden. Um die Ornamente gleichmäßig auftragen zu können, schnitzte Pachs Vater das Muster in eine Gummirolle. „Mein Vater war erfinderisch und hat weltweite Patente angemeldet."

Das Erfinder-Gen konnte der Vater auch an die Tochter weitergeben – Andrea Pach besitzt das Europapatent auf die erste transportable Orgel. Doch wer jetzt eine handliche Elektroorgel vor Augen hat, denkt in zu kleinen Dimensionen. Wer würde vermuten, dass sich hinter dem Begriff „transportable Orgel" ein 3,40 Meter hohes Instrument mit dreiteiligem Pfeifenwerk verbirgt, dessen Seitenteile man umlegen und dessen Mittelteil man durch ein integriertes Hubwerk bis auf den Boden hinunterfahren kann? Und zwar so, dass die nun in drei Teile zerlegte Orgel durch jede Normtür passt? Allerhand! Und wie kommt man auf so eine Idee? „Na ja, eigentlich ist das wie bei vielem anderen auch", antwortet Pach, „aus Not und Leid heraus geboren." Als Organistin sei sie Kummer gewöhnt, das fange schon beim Üben an. „Oft darf man nicht dann, wenn man will und kann, nicht selten muss man dafür bezahlen. Und dann ärgern einen die Leute auch noch: Zum Beispiel, wenn man eine CD-Aufnahme mit Orchester geplant hat und die Mesnerin beschließt, dass sie noch die gesamte Kirche staubzusaugen hat, während die ganze Belegschaft derweil vor der Türe sitzt – wo jede Minute ein Heidengeld kostet. Tja, da ist der Weg nicht mehr weit zum Gedanken: ‚Was, wenn die Orgel nicht in einer Kirche stünde, sondern daheim bei mir und ich sie überall hin mitnehmen könnte, zum Beispiel auf eine Opernbühne?'" Mit ihrem Vater habe sie ihr Vorhaben zwischen 1996 und 1997 in die Tat umgesetzt. „Ich weiß nicht, wie viele Firmen abgewunken haben, als ich meine Pläne vorgetragen habe. Aber mein Vater hat sich meine Idee angehört und gesagt: ‚Das geht!'" Fast ein Jahr tüftelten und testeten die beiden daran, bis die Orgel mit einem vom Vater erfundenen transportablen Windsystem für die Größe einer Domorgel fertig war.

Der Prominente im Kellerstüberl

Während Andrea Pach erzählt, wandern wir weiter in den Keller, genauer gesagt ins Kellerstüberl. Es sind zwei gemütliche, mit Holz verkleidete kleine Räume: Vorne neben dem offenen Kamin ist eine kleine Bar installiert, hinten stehen ein Tisch und zwei Bänke. Als wir Platz nehmen, erzählt uns Andrea Pach, dass das Stüberl ein Geschenk ihres Vaters an die Mutter war. „Für ihren 50. Geburtstag haben mein Vater, mein Bruder und ich es zusammen hergerichtet. Leider haben wir es in der Folge viel zu wenig genützt, wenn man bedenkt, wie viel Arbeit das war."

Einmal allerdings hatte das Stüberl eine ganz wichtige Rolle. „Vor 22 Jahren, da hat meine Mutter hier einen ganz besonderen Gast empfangen, nämlich den

Neffen einer älteren Dame, die einmal hier im Haus als Mieterin gewohnt hat und die von meiner Mutter eine Zeit lang gepflegt wurde.“ Andrea Pach macht es spannend, bevor sie das Geheimnis lüftet: „Der Neffe der ehemaligen Mieterin war niemand Geringerer als Hermann Nitsch. Meine Mutter hat ihn kennengelernt, als er noch jung war und um Anerkennung seiner Werke kämpfen musste. Er war damals öfter hier, aus Sorge um seine Tante. Und die wiederum hat öfter zu meiner Mutter gesagt, dass sie gar nicht erzählen will, was ihr Neffe alles so macht“, meint Pach verschmitzt. Da, wo wir jetzt sitzen, seien sie damals auch zusammengesessen. „Wir haben Blunzen gegessen und über meine Orgel geredet. Die hat er sich dann auch angeschaut und war ganz begeistert, er spielt ja selbst Orgel. Letztlich wollte er sich meine transportable Pfeifenorgel für sein Fünf-Tages-Fest ausleihen – eine große Ehre.“

Wenn Bilder Musik hervorbringen

Leider sei es dazu nie gekommen. „Beim Transport ist ein Unglück geschehen. Bei der Fahrt mit dem Hubstapler eines Konzertveranstalters ist der Spieltisch abgestürzt und war komplett kaputt“, erzählt Pach. „Der Konzertveranstalter und die Versicherung waren so dreist, das meinem Vater in die Schuhe schieben zu wollen, weil er den Transport beaufsichtigt hat; es war furchtbar!“ Nach fünf Jahre des Prozessierens bekam Pach am Obersten Gerichtshof Recht. Die Orgel musste auf Kosten der Versicherung nachgebaut werden. „Der Unfall hat also ein gutes Ende gefunden, aber mich hat er viele schlaflose Nächte gekostet. Immerhin haben wir damals fast eine Million Schilling in das Projekt gesteckt, obwohl wir den Hauptteil selbst gemacht haben.“

Mit Hermann Nitsch ist Andrea Pach weiterhin in Verbindung. Aktuell vertont sie mehrere Bilder aus seinem Auferstehungszyklus. „Das ist extrem spannend. Im Vorfeld haben wir uns auf Schloss Prinzendorf getroffen und viele Stunden über die Philosophie hinter seinem Gesamtkunstwerk unterhalten. Ich durfte Partituren zu seinem 5-Tages-Fest sehen, die mich fasziniert haben. Seine künstlerischen Ideen enthalten für mich sogar einen therapeutischen Aspekt. Wenn ich seine Bilder betrachte, fühle ich tief in ihre Energie hinein. Das ist ein wahres inneres Erlebnis, das in meinem Kopf einerseits Musik, andererseits auch Worte entstehen lässt, die ich festhalte."

Schön gesagt. Mit diesem Einblick in künstlerische Gefilde verabschieden wir uns, denn Andrea Pach zieht es wieder zurück an ihre transportable Orgel und zum musikalischen Auftrag, den sie wohl indirekt durch ihr Haus vermittelt bekam.

Als Nächstes, bevor wir in die Seestadt Aspern pilgern, wollen wir im Zweiundzwanzigsten zwischen alten, schönen Zinshäusern wandeln, und dazu steigen wir in Ermangelung eines Fahrrads zuerst einmal in die Bim. Denn dorthin, wo die Donaustadt noch den letzten verbliebenen Rest ihres historischen Gesichts zeigt – zwischen all den Gemeindebauten, modernen Wohnhäusern und gesichtslosen Nachkriegsgebäuden –, braucht man zu Fuß von der Leopoldauer Straße aus eine Stunde. Mit den Öffis sind wir wesentlich schneller und fußschonender am Ziel. Die Rede ist von Kaisermühlen, dem Dorf zwischen Alter und Neuer Donau.

Unterwegs in der Donaustadt

Nach rund 20 Minuten, die wir im 25er und der U1 zubringen, sind wir am Vienna International Center angelangt. Von hier aus geht's idyllisch am Ufer des Kaiserwassers entlang über den Promenaden- und Laberlweg und weiter die Bellegardegasse, wo wir als erstes fündig werden: die Nummer 31, ein viergeschossiges Eckzinshaus mit betonter Kante und secessionistischem Dekor, floralen Girlanden, Blumenmotiven, Karos, Medaillons und Frauenmasken.

Wir spazieren die Gasse drei Minuten lang weiter Richtung Neue Donau. An der Ecke zur Schiffmühlenstraße leuchtet uns ein einstöckiges Zinshaus mit reduziertem secessionistischem Stuck in Signalgrün den Weg, und wir biegen links in die Schiffmühlenstraße ein. Zwischen Neu- und Gemeindebauten finden sich hier am ehemaligen Weg zur Schiffsmühle am Kaiserwasser noch ein paar Schönheiten. Die Nummer 76 etwa, die, 1918 erbaut, eher still und leise mit wenig secessionistischem Parapetdekor in den oberen zwei Stockwerken glänzt, und, ganz im Gegensatz dazu, die Nummer 78. Der Dreigeschosser in Weiß und Mintgrün, 1874 zur Hochgründerzeit erbaut, ist vergleichsweise üppig mit Masken und Ranken verziert.

Die Schiffmühlenstraße 80 wiederum ist ein klassisches viergeschossiges Jugendstilhaus mit Medaillons, floralen Girlanden und Schmiedeeisenzäunchen vor den Fenstern der oberen beiden Stockwerke. Im Erdgeschoss beherbergt das Haus das Beisl „Plaudertaschl" vulgo „Backofen", das mit Wiener Hausmannskost und einem Straßenschanigarten punkten kann und nicht zuletzt auch ein Schauplatz der Serie Kaisermühlenblues war, wo die Bezirksräte Schoitl und Gneisser miteinander diskutierten und dabei regelmäßig zu tief ins Glas schauten. Direkt daneben, mit der Nummer 82, wartet noch ein schönes Zinshaus darauf, für sein edles, rein geometrisches Dekor bewundert zu werden. Das machen wir natürlich gerne.

Von hier gehen wir noch etwa zwei Minuten die Gasse entlang, bis sie die Berchtoldgasse kreuzt. Dort biegen wir links ab. Es geht vorbei an unspektakulären Neubauten älteren Datums, aber wir halten durch und werden belohnt: Das letzte Haus der Gasse, die Nummer 19, ein 1906 im Jugendstil erbauter Viergeschosser mit Sprossenfenstern, Relief-Parapetdekor und reich verzierten Emblemen ist wirklich ausgesprochen hübsch.

Jetzt müssen wir ein paar Schritte zurückgehen, um wieder zur Schüttaustraße zu kommen. Mit der Nummer 70 und 67 begrüßen uns zwei etwas angeschlagen wirkende viergeschossige Hochgründerzeithäuser, die aber mit ihren dezenten Giebelreliefen in Form von Pflanzenranken hübsch anzusehen sind. Weiter geht's: Beim Schüttauplatz biegen wir rechts ab, auch hier gibt es den einen oder anderen hübschen Gründerzeit-Viergeschosser, und geradeaus weiter, in der Moissigasse 17, thront eine Jugendstilperle. Die in einem hellen Blau gestrichene Fassade des ebenfalls viergeschossigen Gebäudes wird durch pfeilerartige Muster in heller Ziegel- beziehungsweise Riefelputzoptik gestreckt. Den Abschluss bilden kleine Masken und geometrische Formen – ein Schmuckstück.

Anschließend kehren wir zurück zur Schüttaustraße und genießen die Häuser mit den Nummern 64 (hier ist der Vorstadtwirt daheim) bis 58 – eine einheitliche viergeschossige Verbauung mit späthistoristischen Zinshäusern. Auch gegenüber die Nummern 59 (zweigeschossig) und 57 (mit vier Geschossen) können sich sehen lassen. Den Abschluss bilden die Nummern 52 und 46, beides secessionistische Viergeschosser. Während Ersterer aber schon einiges an Stuck eingebüßt haben dürfte, erstrahlt die Nummer 46 mit den typischen Jugendstil-Fassadenelementen: Blumengirlanden, Lorbeerkränzen, Vierecken und Karos sowie Riefelputzpilaster.

Mit diesen schönen Eindrücken spazieren wir geradeaus weiter und kommen nach exakt neun Minuten wieder bei der U-Bahn-Station Kaisermühlen-VIC an. Schnell springen wir rein, denn wir haben noch einen Termin an diesem Tag. Und zwar in der Seestadt Aspern: Mit der U1 geht's zurück zum Praterstern, wo wir in die U2 wechseln und 19 Minuten später vor dem HoHo Wien stehen, um eine Legende der Zinshausbranche zu treffen.

Mister Zinshaus und sein Baby

Janis-Joplin-Promenade 26, Günter Kerbler

Das HoHo Wien in der Seestadt ist natürlich kein Zinshaus im eigentlichen Sinn, allein schon deswegen, weil es sich bei den Mieter:innen um Gewerbetreibende handelt und die Einheiten Büros, Fitness- oder Hotelräumlichkeiten sind. Zwei Punkte sprechen dennoch dafür, es vorzustellen. Punkt eins: Es ist das Baby von Günter Kerbler, Mister Zinshaus himself. Punkt zwei: Günter Kerbler.

Wir treffen den Immobilienmagnaten im Mai 2021 im 8. Stockwerk seines 84 Meter hohen Holzhochhauses, wo er zu diesem Zeitpunkt zwar noch mit seiner Gesellschaft, der Kerbler Holding, logiert, das Gebäude aber bereits weiterverkauft hat. Darauf angesprochen, grinst der smarte Geschäftsmann und verrät sein Credo: „Ist der Handel noch so klein, bringt er mehr als Arbeit ein." So ist das also! „Schaut", sagt Kerbler zu uns, als wir im Besprechungsraum zusammensitzen, wo bodentiefe

Fenster die Sicht auf den 50.000 Quadratmeter großen, künstlich angelegten See freigeben, „das Projekt ist fertig und da drüben", er weist mit dem Kinn in Richtung freies Feld, „hab ich noch einen Bauplatz, wo ich wieder bauen könnte, aber ich bin jetzt 65." Na, das ist doch für jemanden wie ihn kein Grund aufzuhören, oder? „Das hab ich auch nicht gesagt", antwortet Kerbler und zwinkert uns zu. Das dachten wir uns, denn er ist seit mehr als 30 Jahren im Geschäft, hat seither mehr als 10.000 Kaufverträge unterschrieben und mit seiner Firma Conwert bis zu 1.000 Zinshäuser besessen. Wir lassen uns das auf der Zunge zergehen: 1.000 Zinshäuser! Ja, dazu braucht es schon den richtigen Riecher – der übrigens über Österreich hinausging. „In Berlin habe ich um 1.000 Euro pro Quadratmeter gekauft, während man in Wien in vergleichbarer Lage schon 3.000 gezahlt hat."

Der Mann mit dem richtigen Riecher

Das mit dem richtigen Riecher hat aber schon in den 1980er-Jahren begonnen, als er noch Versicherungsmakler war. „Da hab ich ein paar Garçonnièren besessen und vermietet. Aber das war zäh. Mit Müh und Not haben die Mieteinnahmen die Raten abgedeckt. Und wenn ein Mieter ausgefallen ist, hab ich selbst ins Börsl greifen müssen", sagt Kerbler. „Ich habe damals gespürt: Das muss besser gehen." 1984 oder 1985, Kerbler weiß es nicht mehr genau, jedenfalls nach Einführung des neuen Erhaltungs- und Verbesserungsbeitrags (EVB), sei er ins Zinshausgeschäft eingestiegen. „Da hat's Häuser gegeben mit Mieten von einem Schilling am Quadratmeter. Mit dem EVB hat man dann selbst für die bescheidenste Hütte plötzlich 2,50 Schilling bekommen. Da sind die Renditen von vier, fünf Prozent plötzlich aufs Doppelte gestiegen. Das war schon was. Aber viele haben gezaudert aus Angst, dass sie den EVB zurückzahlen müssen. Ich hab mir gedacht: ‚Was soll's, mal schauen!'"

Sein erstes eigenes Zinshaus stand in der Benedikt-Schellinger-Gasse. „Das hab ich um 900.000 Schilling gekauft und mit beträchtlichem Gewinn weiterverkauft. Fast hab ich deswegen ein schlechtes Gewissen gehabt: Denn so viel Geld nur fürs Weiterverscherbeln ... Aber der Käufer hat es noch viel teurer weiterverscherbelt, da war das dann mit dem schlechten Gewissen gegessen."

Damals wäre alles sehr verrückt gewesen. Noch in den 1990er-Jahren waren Quadratmeterpreise von 5.000 Schilling

innerhalb des Gürtels normal, heute zahle man 5.000 Euro. „Und die Renditen sind irgendwo zwischen finster und i-siech-di-net", witzelt Kerbler. Aber kein Wunder: Der Markt sei dünn, die Preise schon leicht überhitzt. „Ein ganzes Zinshaus kauft nur, wer es zerlegen oder eine Anlage machen will. Das Problem mit der Wertanlage ist: Das Haus, in das du nicht investieren musst, gibt's nicht. Du steckst rein, was du rausbekommst. Im besten Fall."

So richtig „Flieder machen" könne man mit einem Zinshaus nur durchs Parifizieren, wenn man also die Wohnungen einzeln abverkauft. Die Folge sei, so Kerbler, dass es über kurz oder lang Zinshäuser, die per definitionem im Eintel-Besitz sind, nicht mehr geben wird. Bauchweh kriegt er davon keines. Im Gegenteil. Er gibt zu, dass sein Geschäft die Parifizierung ist. Wenngleich er auch gerne baut. „Aber das mache ich fürs Ego und die Außenwirkung, da will ich ehrlich sein!", sagt Kerbler und grinst. Seine Offenheit ist entwaffnend und sympathisch.

Der Immobilientycoon zündet sich eine Zigarette an, lässt nebenbei fallen, dass er nächsten Mittwoch mit diesem Laster aufhört und er früher ohnehin mehr geraucht habe. Damals, als er mit seiner Firma Conwert Megadeals gemacht hat. „2006 haben wir den kompletten österreichischen Immobilienbestand der Allianzversicherung gekauft. Das waren 150 Zinshäuser, Kostenpunkt 470 Millionen Euro." Halleluja! Kerbler lacht. „‚You always have to think big!', das hat zumindest Richard Gere zu mir gesagt." Mit dem Hollywood-Star wollte der Unternehmer in der Dominikanischen Republik Villen für Superreiche bauen. Ein 1,5 Quadratkilometer großes Areal habe er dafür schon besessen. „Aber der Gere wollte das immer noch größer und größer! Da ist mir die Luft ausgegangen. Aber der Leitspruch hat schon was: Groß denken!"

„Und groß bauen", ergänzen wir im Geiste, denn das hat er ja gemacht. Sein Holzhochhaus mit 84 Metern und 24 Stockwerken war als höchstes Holzhaus der Welt angelegt. Den Titel eingefahren hat dann allerdings das im norwegischen Brumunddal stehende Mjøstårnet, das 2019 fertiggestellt wurde und eineinhalb Meter höher ist als Kerblers HoHo. Dabei war das Mjøstårnet ursprünglich mit 81 Metern geplant. Warum es schlussendlich mit einer vier Meter hohen zusätzlichen Dachkonstruktion versehen wurde, bleibt Spekulation.

Der Titel ist aber ohnehin nicht von Dauer. Holzhochhaus-Projekte gibt's in den Niederlanden wie auch in Kanada, und die Japaner planen im erdbebengebeutelten Tokio einen Plyscaper, also einen Wolkenkratzer aus Holz mit schwindelerregenden 350 Metern Höhe für 2041. Na ja, wer's mag. Uns wäre das doch etwas too big ...

Einmal geht's noch. Ein letztes Mal haben wir die Gelegenheit, eine Bezirkssilhouette mit einem Tier zu vergleichen. Und das nutzen wir, zumal uns die Assoziation laut schreiend anspringt. Deshalb jetzt frei heraus: Liesing schaut aus wie ein Scottish Terrier im Schweinsgalopp. Was uns das sagen soll? Vielleicht, dass es im Bezirk viele Hunde gibt, denn das tut es – an die 4.000 nämlich. Aber in der Donaustadt (8.000), in Floridsdorf (7.000) und Favoriten (5.000) gibt's noch mehr, doch natürlich korreliert das mit der Einwohnerzahl.

Wahrscheinlicher ist, dass es die üppigen Grünflächen im Dreiundzwanzigsten sind, durch die wir auf den Hund gekommen sind. Natur pur, wo sich Rex und Bello austoben oder mit Herrl und Frauerl spazieren gehen können. Im Maurer Wald zum Beispiel, im Draschepark, am Wienerberg oder einfach entlang der Liesing. Zudem beginnt gleich beim Kollegium Kalksburg der Wienerwald. Wer also einen Faible für ausgedehntere Wanderrouten hat, egal ob mit oder ohne Hund, kann im 23. Bezirk ordentlich Auslauf bekommen.

Für jene, die mit der Gegend nicht so vertraut sind und daher Anleitung brauchen, eignet sich der Wiener Stadtwanderweg Nr. 6, der durch die Bezirksviertel Rodaun, Kalksburg und Mauer, aber auch ins nahe Niederösterreich führt.

Von Schloss zu Schloss

Der Weg beginnt bei der Endstation der Straßenbahnlinie 60 und führt vorbei am ehemaligen Rodauner Schlössel (heute die Privatschule Santa Christiana) über den Zugberg mit der Mizzi-Langer-Wand (ein Geheimtipp für Kletter-Aficionados!) nach Kaltenleutgeben zur Wiener Hütte. Hier kann man köstliche Rindsrouladen oder Eiernockerl mit Kürbis, Schafskäse und Rucola genießen und anschließend gestärkt weiterwandern. Und zwar über Breitenfurt, die Eichwiese, das Gütenbachtal und die Antonshöhe zum Maurer Wald, wo ein Abstecher auf den Georgenberg

23. BEZIRK LIESING

Wandern und wunderbare Bananenschnitten im Westen

zur sehr sehenswerten Wotrubakirche lohnt, bevor es vorbei am Pappelteich abwärts nach Kalksburg und von dort zurück nach Rodaun geht.

Fünf, sechs Minuten, bevor man wieder bei der Endstation des 60er ankommt, passiert man das barocke Hofmannsthal-Schlössl, das Maria Theresia einst ihrer Erzieherin Maria Caroline Gräfin von Fuchs zum Geschenk machte und wo später Hugo von Hofmannsthal fast 30 Jahre lang lebte.

Wer den gesamten Weg gehen möchte, sollte vier Stunden einplanen, denn es sind immerhin 13,5 Kilometer und 350 Höhenmeter zu bewältigen. Gegen Hunger und Durst empfehlen wir am Schluss den urigen Heurigen Weinbau Beranek in der Ketzergase 429. Nur zwei Minuten zu Fuß von der 60er-Endhaltestelle entfernt, überzeugt er mit einer ordentlichen Dosis Gemütlichkeit, hervorragender Küche und dem einen oder anderen prämierten Tropfen. Zur warmen Jahreszeit im lauschigen Gastgarten sitzen, herzhafte Schmankerln und ein gutes Glaserl zu sehr moderaten Preisen genießen – Herz, was willst du mehr? Ach ja, und die Bananenschnitten sind ein Traum, aber Vorsicht mit der Portionsgröße: Ein Stück reicht zumeist für zwei Naschkatzen, selbst wenn sie so stark zuckersüchtig sind wie wir.

Solchermaßen gestärkt, nehmen wir jetzt den Bus (255) zum Bahnhof Liesing und starten dort mit unserer Tour durch das Grätzel, das so heißt wie der ganze Bezirk und der gleichnamige Fluss, der allerdings meistens als Rinnsal in Erscheinung tritt.

Von schön zu schöner

Am Liesinger Platz und Busbahnhof angekommen, der ein bisschen sehr grau ist, erspähen wir gleich das imposanteste Gebäude der Umgebung – das Bezirksamt mit der Adresse Perchtoldsdorfer Straße 2. Der Dreigeschosser mit Uhrturm, der an drei Seiten frei steht, wurde 1903 vom Architektenduo Ferdinand Fellner und Hermann Helmer als Liesinger Rathaus erbaut. Und die beiden haben sich nicht lumpen lassen – der neobarocke Bau spielt alle Stückerln: Ein Mittelrisalit mit mächtig geschweiftem Giebel samt Wappenrelief bildet den Rahmen für das Säulenportal mit allegorischen Frauenskulpturen sowie für das mit Halbsäulen gerahmte Mittelfenster in der Beletage. Daneben prangen zwei Balkone, seitlich gibt es runde Ecktürme mit Helmchen-Kuppeln und so weiter.

Nachdem wir uns sattgesehen haben, biegen wir links vom Bezirksamt in die Haeckelgasse ein, wo uns gleich ein paar Zinshaus- und Vorstadtzuckerl erwarten. Als Erstes spricht uns die Nummer 10 an, ein zweigeschossiges späthistoristisches Mietshaus, erbaut 1902 von Richard Merz, wie das Dehio-Handbuch weiß. Das komplett frei stehende, gelbe Gebäude glänzt durch sein Zusammenspiel von Mittelrisalit, Erker, Balusterattika und vielfältiger Stuckatur.

Schräg gegenüber, die Nummer 1, ist sicherlich das prächtigste Haus der Straße oder des Grätzels überhaupt. In zartem Fassadenfarbton (irgendetwas zwischen Beige und Rosé) mit Scheiben- und Lorbeerdekor sowie Frauen- und Löwenmasken thront der späthistoristisch-secessionistische Dreigeschosser mit einem runden, überkuppelten Eckerker sowie zwei Mittelerkern an der Ecke zur Josef-Kutscha-Gasse; die beiden unteren Geschosse sind gebändert. Das Zinshaus, das der Liesinger Baumeister Hubert Maresch 1904 errichtete, taufte er nach seiner Mutter Franziska (Fanny) Maresch Fanny-Hof. Daran schmiegt sich gleich das nächste Gebäude an, ein zweigeschossiges Wohnhaus mit Pilastergliederung und reichem Jugendstildekor: quadratische blaue Kacheln, Frauenmasken und florale Elemente. Erbaut wurde dieses kleine, feine Schmuckstück 1899 von Josef Maresch, dem Vater Hubert Mareschs.

Nach einigen Neubauten und einem späthistoristischen Zweigeschosser (Nummer 9) entzücken uns erneut zwei Josef-Maresch-Bauten. Bei den Nummern 11 und 13 handelt es sich um zwei eingeschossige Vorstadthäuser in streng- beziehungsweise späthistoristischem Stil. Ersteres sticht als Sichtziegelbau heraus, Zweiteres mit seiner unaufdringlichen Präsenz in Altrosa und seinen zarten Frauenköpfen als Giebelschmuck. Auch das nächste Haus stammt von Josef Maresch, ein zweigeschossiges Mietshaus in neomanieristischem Stuck, das neben seinen Understatement-Nachbarn fast ein wenig protzig wirkt.

Bei Nummer 17 handelt es sich um ein Neobiedermeierwohnhaus samt Fenstern mit Lunettenrahmung im Wiener-Werkstätten-Dekor und einem Obergeschoss, das von geschwungenen Helmen gekrönt ist. Und auch das nachfolgende gelbe Vorstadthaus ist ein hübsches: Eingeschossig mit dezentem und sparsam eingesetztem Giebelstuck, lässt es sich als Frühgründerzeitgebäude identifizieren.

Nach etwa fünf Minuten Gehzeit weiter die Haeckelstraße entlang und vorbei an begrünten Gärten und dem Herbert-Mayr-Park, schiebt sich nun das Aquädukt der 1. Wiener Hochquellwasserleitung in unser Blickfeld. Etwa auf derselben Höhe erfreuen die fünf gefälligen ehemaligen Werkswohnhäuser der Liesinger Brauerei unser Auge. Dabei handelt es sich um zwei- und dreigeschossige rote beziehungsweise gelbe Sichtziegelbauten mit Vorgärten, die in den Jahren 1900 bis 1914 für die Arbeiter und Angestellten des Brauereibetriebes gebaut wurden. Risalite, Portalvorbauten, Loggien, Balkone, Dacherker und Gaupen verleihen den Gebäuden gemeinsam mit der Sichtziegeloptik Charakter.

Vorne an der Ecke biegen wir links in die Untere Aquäduktstraße ein und spazieren etwa 130 Meter vor, bis die Straße die Elisenstraße kreuzt. Westwärts prägen nun hauptsächlich Einfamilienhäuser neueren Datums den Straßenzug und ostwärts kommen wir wieder an hübschen Zinshäusern vorbei. Eines davon erzählt eine höchst romantische Geschichte.

Ein Zinshaus zum Hochzeitstag

Elisenstraße, Johann M.

Wir treffen Johann M. vor seinem wunderschönen dreigeschossigen Zinshaus in der Elisenstraße. Die genaue Adresse soll geheim bleiben, der Unternehmer wünscht sich das so. Das Gebäude ist ein Augenschmaus, es besticht mit seiner geschmackvollen, aber dezenten Fassade, die mit floralen und geometrischen Formen verziert ist, dazwischen prangen Frauenmasken und über dem Eingang thront ein Schmiedeeisenbalkon. Erbaut wurde das Gebäude im Jahr 1907, wie M. berichtet. „In Familienbesitz ist es aber erst seit etwa 60 Jahren. Da war mein Vater 30 und hat es mit seinem ersten Ersparten gekauft." Lange besessen hat der Vater sein Zinshaus allerdings nicht. Denn just an dem Tag, als M.s Vater die Verträge für das Haus unterschrieben hatte, lernte er eine junge Frau kennen, in die er sich Hals über Kopf verliebte. Es war, wie M. sagt, wirklich Liebe auf den ersten Blick. „Diese junge Frau war die Sekretärin des Notars. Und wie mein Vater später nicht müde wurde zu betonen, hat sie ihn bei diesem Termin beim Notar die ganze Zeit derart angelächelt, dass sie ihm damit den Kopf verdrehte. Darauf machte er ihr den Hof und ein paar Monate später haben sie tatsächlich geheiratet."

Ein Geschenk und Gegengeschenk

„Das war Anfang der 1960er-Jahren", sagt M. und schmunzelt. „Damals war man offenbar recht schnell bereit, Nägel mit Köpfen zu machen." Aber es kommt noch besser: „Als Überraschung am ersten Hochzeitstag ließ mein Vater seiner Frau das Haus überschreiben. Er wollte es so. Er war überglücklich mit ihr. Die entsprechenden Papiere hat er zusammengerollt und in die Tageszeitung eingewickelt. Als sie die Zeitung beim Frühstück ausgerollt hat, um sie zu lesen, ist sie fast vom Sessel gekippt."

Allerdings hielt auch sie eine Überraschung für ihn parat, wie der Unternehmer weiter erzählt: „Als sie sich vom ersten Schock erholt hatte, konnte sie ihm endlich auch sagen, was sie schon einige Zeit lang gewusst hat, sich aber für diesen besonderen Tag aufgespart hat: Nämlich dass sie mit mir schwanger war." „Meine Eltern waren ihr Leben lang glücklich miteinander. Leider bekam mein Vater in seinen letzten Jahren eine schwere Form von Demenz. Und dabei hat er das zweite Zinshaus der Familie regelrecht entwertet."

Auch dieses zweite Zinshaus des Vaters steht im 23. Bezirk, erzählt Johann M. „Allerdings in einer ganz anderen Ecke. Mein Vater hat es erst vor 20 Jahren gekauft und es war sehr heruntergekommen. Ein wenig hat er es saniert, aber recht unorganisiert. Zuerst habe ich geglaubt, dass er das als Spielerei betrachtet, als Ablenkung in seinem Pensionistendasein. Die trauri-

ge Wahrheit ist, dass meine Mutter, mein Bruder und ich lange Zeit nicht gemerkt haben, wie schlecht es um seine mentale Gesundheit bestellt war", erinnert sich M. und muss schlucken.

Der listige Herr K.

„Wie dem auch sei, eines Tages ist er heimgekommen und hat meiner Mutter erzählt, dass die Sanierung der restlichen fünf Substandard-Wohnungen jetzt ein kompetenter Mann, der Herr K., übernimmt. Er hätte alles vertraglich fixiert. Dabei haben wir uns nicht viel gedacht." Etwa ein Jahr später kam dann das böse Erwachen. „Weil es mit meinem Vater geistig immer mehr bergab ging, waren mein Bruder und ich gezwungen, die Finanzen der beiden Häuser zu übernehmen. Es war offensichtlich, dass er das nicht mehr konnte. Und da sind wir dann bei dem einen Haus draufgekommen, dass der besagte Herr K, der die fünf Substandard-Wohnungen renoviert hatte, dafür einen unbefristeten Mietvertrag mit Weitergabe- und Untervermietrecht erhalten hat. Und zwar für den lächerlichen Mietzins von 1 Euro pro Quadratmeter. Das bedeutet also: Solange Herr K. lebt und eigentlich auch noch länger, weil er dieses Untervermietrecht weitergeben darf, kann er die Wohnungen zu einem sehr guten Preis vermieten, ohne dafür weitere Leistungen zu erbringen. Ihm gehört quasi ein Viertel des Hauses. Zwar besitzt er die Wohnungen nicht offiziell, aber unterm Strich läuft es darauf hinaus. Das Geld ist für alle Zeit futsch. Und wenn wir das Haus verkaufen wollten, dann würden wir kaum etwas dafür bekommen mit diesem speziellen Mieter als Belastung. Und das ist unanfechtbar. Wir haben schon alles versucht."

Das ist starker Tobak! Wie ging man in der Familie damit um? „Ich fürchte, wir haben meinem Vater zuerst Vorhaltungen gemacht. Aber er hat das gar nicht mehr verstanden. Im Endeffekt waren wir auch selbst schuld." Im Nachhinein betrachtet, sagt M., seien die Erinnerungslücken des Vaters immer größer geworden, aber die Familie habe darüber hinweggesehen. „Ich denke, wir haben es nicht wahrhaben wollen. Wissen Sie, mein Vater war immer das unantastbare Oberhaupt der Familie, sein Wort war Gesetz. Aber nicht ungut, er war einfach ein ... hm ... er war ein Checker, würde man heute sagen. Und für uns war es unverständlich, dass sich ein Mensch so verändern kann."

Diesmal sind wir recht still, nachdem wir uns verabschiedet haben. Das Hochgefühl, das uns oft nach einem Interview befällt, bleibt aus. Nachdenklich machen wir uns auf den Heimweg.

Kleines architektonisches Glossar

ATLANT	Gebälkträger in Form einer männlichen Figur
ATTIKA	geschlossene, fensterlose Aufmauerung über dem Hauptgesims
BALUSTER	kleine Säule als Stütze eines Geländers (Balustrade) mit rechteckigem Querschnitt
FRIES	Streifen zum Abgrenzen von Flächen, oft mit Figuren oder Ornamenten verziert
GESIMS	ein meist horizontales Bauelement, das fensterbrettartig aus der Wand ragt und der Gliederung dient
HERMEN	Pfeiler beziehungsweise Säule, die mit einer Büste gekrönt ist, die ursprünglich den Gott Hermes darstellt
KARYATIDEN	eine weibliche Statue in langem Gewand, die anstelle einer Säule das Gebälk eines Bauwerks trägt
LISENEN	eine schwach vortretende, senkrechte Mauerverstärkung (ohne Basis und Kapitell), die der vertikalen Fassadengliederung dient
PILASTER	ein flach aus der Wand hervortretender, in Fuß, Schaft und Kapitell gegliederter Pfeiler, der meist keine tragende Funktion besitzt und der vertikalen Gliederung dient
PALMETTEN	Schmuckmotive in Form von symmetrisch abstrahierten Palmblättern
PUTTEN	kleine, meist nackte Knabenfiguren mit oder ohne Flügel, die auf Darstellungen des Liebesgottes Eros zurückgehen
RELIEF	plastische Komposition, die jedoch immer mit dem Mauergrund verbunden ist
RISALIT	ein vorspringender Baukörper, der meist die Höhe des gesamten Gebäudes einnimmt oder sogar darüber hinausragt (oft mit eigenem Dach)

Danksagung

Das war sie nun, unsere wunderbare Reise durch die 23 Bezirke Wiens, der Stadt mit den vielen Zinshaus-Gesichtern. Und obwohl wir längst nicht alle lebens- und liebenswerten Grätzel vorgestellt haben und die Mehrzahl der geführten Interviews keinen Platz gefunden hat, ist das Buch weit dicker geraten als beabsichtigt. Nicht zuletzt, weil es ergänzt wurde um die fantastischen Fotos von Karoline Rais, die Häuser und Menschen genial in Szene gesetzt hat (und dazu manchmal dreimal vor Ort war, um das perfekte Foto zu schießen), sowie um die herzhaft kernigen Illustrationen von Mele Brink, die so manch einer Geschichte noch den letzten Schliff verpasst hat. Ein herzliches Dankeschön an euch beide!

Weiters gilt unser besonderer Dank natürlich den 192 Zinshausbesitzer:innen fürs Mitmachen: Es war uns ein Fest, mit Ihnen über Ihre Häuser zu plaudern, und das nicht nur, weil ohne Sie das Buch nur eine geistreiche Idee geblieben wäre. Nein, auch weil wir dadurch viele private Einblicke ins Zinshausgeschäft bekommen haben und zudem etliche amüsante Stunden erleben durften. Jene, deren Geschichten es nicht ins Buch geschafft haben, bitten wir aufrichtig um Entschuldigung. Gern hätten wir alles untergebracht – allein das war unmöglich.

Weiters bedanken wir uns bei Philip Huter, der ebenfalls sehr oft mit von der Partie und uns eine Stütze bei den Interviews war, sowie bei Markus Schuh, der mit seiner Ruhe und Ausgeglichenheit für das nötige Fingerspitzengefühl bei heiklen Themen gesorgt hat.

Wir danken auch Herrn Felix Huber, der mit Fachexpertise die Liegenschaften vor Ort besichtigt hat, sowie Richard Amm, der sich mit uns ins Auto gesetzt hat und manchmal mehrere Stunden gefahren ist, um einen Eigentümer, eine Eigentümerin zu Hause zu treffen und ihre Geschichten zu hören.

Clemens Riha

entdeckte recht früh seine Leidenschaft für Immobilien. Als gelernter Immobilientreuhänder gründete er mit 22 Jahren zusammen mit seinem Bruder Bernhard eine eigene Firma, die sich seither mit der Entwicklung von Zinshäusern beschäftigt. Vor allem geschichtsträchtige Objekte haben es ihm angetan, wie er mit der Idee zu diesem Buch anschaulich unter Beweis stellt. Privat brennt der mittlerweile zweifache Vater voll und ganz für seine Familie. www.gr-real.at

Bernhard Riha

steckte sich bereits im Alter von 15 Jahren mit dem Immobilienfieber an, wobei Wiener Zinshäuser seine große Liebe sind. Der gelernte Immobilientreuhänder war bei der gemeinsamen Firmengründung 25 Jahre alt. Er lebt dafür, aus Altem wieder Neues zu machen, deshalb ist das Sanieren von Altbauten seine größte Erfüllung. www.gr-real.at

Silke Farmer-Wichmann

studierte Zoologie und arbeitete einige Jahre als Ökopädagogin, bevor sie durch Zufall oder Schicksal zum Zeitungswesen fand. Nach 14 Jahren als Redakteurin bei Tages- und Wochenzeitungen beschloss sie 2020, den Journalismus an den Nagel zu hängen. Seither widmet sie sich vorwiegend Sachbuch- und Kinderbuchprojekten.
www.kinderbuchautorin-silke-farmer.com

Karoline Rais

entdeckte die Faszination Fotografie schon in der frühesten Kindheit. Mit der Kamera ihres Großvaters hielt sie, wann immer es möglich war, Bauwerke, Sehenswürdigkeiten, sowie eindrucksvolle Momente fest. Jahre später machte sie ihre Leidenschaft zum Beruf und arbeitet heute, nach einer fundierten Fotografie- und Mediendesign-Ausbildung, als Werbe- und Immobilienfotografin in Wien. Bilder erzählen Geschichten – in ihren Fotografien möchte sie den Charme und die Einzigartigkeit jedes Gebäudes festhalten und für die Betrachter:innen spürbar machen. www.karolinerais.com

Literaturauswahl und Quellen

Abrihan, Cristian: Wien. Dekorative Fassadenelemente in der Gründerzeit zwischen 1840 und 1918: Gestaltungsgrundsätze. Wien: Stadtentwicklung Wien, 2013.

Beyerl, Beppo; Hofmann, Thomas: Die Dörfer von Wien: Geschichten einst und jetzt. Wien: Braumüller GmbH, 2021.

Dehio Wien. I. Bezirk – Innere Stadt. (bearb. von Günther Buchinger et al.; Beiträge von Christa Farka et al.) Wien: Verlag Berger, 2003.

Dehio Wien. II. bis IX. und XX. Bezirk (bearbeitet von Wolfgang Czerny et al.; Beiträge von Ingrid Kastel et al.) Wien: Verlag Berger, 2014.

Dehio Wien. X. bis XIX. und XXI. bis XXIII. Bezirk (bearbeitet von Wolfgang Czerny et al.; Beiträge von Peter Adam et al.) Wien: Verlag Berger, 2017.

Förster, Wolfgang: 2000 Jahre Wohnen in Wien: Vom keltischen Oppidum bis zum Wohnquartier der Zukunft. Wohnen als Sozialgeschichte. Berlin: Jovis Verlag, 2021.

Musil, Robert et. al.: Die Transformation der Wiener Gründerzeitstadt. Dynamiken am Wiener Zinshausmarkt 2007 – 2019. Wien: Verlag der Österreichische Akademie der Wissenschaften, 2021.

Schmid, Michael: Biedermeier in Wien. Der Kunst- und Kulturführer zur Architektur zwischen 1800 und 1850. Wien: echomedia buchverlag, 2017.

Seiler, Christian: Besser gehen. In Wien: 89 Spaziergänge ins Innere der schönsten Stadt der Welt. Wien: CSV, 2020.

Szegő, Johann: Vorstadt-Spaziergänge. Das alte Wien zwischen Ring und Gürtel. Wien: Ueberreuter, 2004.

Urrisk-Obertyński, Rolf M.: Wien. 2000 Jahre Garnisonsstadt Bd. 4/1. Graz: Weishaupt, 2017

Villgratter, Stefanie: Architekturführer Wien. Berlin: DOM publishers, 2014.

www.architektenlexikon.at
www.geschichtewiki.wien.gv.at
www.militaergeschichte.at
www.wien.gv.at/statistik

www.kremayr-scheriau.at
ISBN 978-3-218-01334-5

Text: Silke Farmer-Wichmann, kinderbuchautorin-silke-farmer.com
Bernhard Riha, Clemens Riha, gr-real.at
Fotos: © Karoline Rais Photography, karolinerais.com
Illustrationen: Mele Brink, melebrink.de
Projektleitung und Lektorat: Sonja Franzke, vielseitig.co.at
Umschlaggestaltung und Typografie: Silvia Wahrstätter, buchgestaltung.at
Druck und Bindung: Finidr s.r.o., Tschechische Republik